中学德育问题与对策

李 季　贾高见 ◎ 著

中国轻工业出版社

图书在版编目(CIP)数据

中学德育问题与对策/李季，贾高见著. —北京：中国轻工业出版社，2014.2（2025.1重印）
ISBN 978-7-5019-9604-9

Ⅰ.①中… Ⅱ.①李… ②贾… Ⅲ.①中学-德育工作 Ⅳ.①G631

中国版本图书馆CIP数据核字（2013）第299416号

保留所有权利。非经中国轻工业出版社"万千教育"书面授权，任何人不得以任何方式（包括但不限于电子、机械、手工或其他尚未被发明或应用的技术手段）复印、拍照、扫描、录音、朗读、存储、发表本书中任何部分或本书全部内容（包括但不限于光盘、音频、视频等）。中国轻工业出版社"万千教育"未授权任何机构提供源自本书内容的电子文件阅览、收听或下载服务。如有此类非法行为，查实必究。

责任编辑：牟　聪　　　责任终审：杜文勇
策划编辑：孔胜楠　　　责任校对：刘志颖　　　责任监印：吴维斌

出版发行：中国轻工业出版社（北京鲁谷东街5号，邮编：100040）
印　　刷：三河市鑫金马印装有限公司
经　　销：各地新华书店
版　　次：2025年1月第1版第6次印刷
开　　本：710×1000　1/16　印张：17.5
字　　数：210千字
印　　数：13001—15000
书　　号：ISBN 978-7-5019-9604-9　　定价：35.00元
读者热线：010-65181109
发行电话：010-85119832　　010-85119912
网　　址：http://www.chlip.com.cn　　http://www.wqedu.com
电子信箱：1012305542@qq.com
版权所有　侵权必究
如发现图书残缺请拨打读者热线联系调换
242252Y1C106ZBW

前言 中学德育问题"杠杆解"

"德育怎么啦?"在社会对教育的质问中,德育问题往往首当其冲。这可以理解。在学校教育中,德育本来就处于"为首""为先""为重"的地位,更何况,注重德行乃中国之优秀文化传统,因此德育问题自然会受到更多的来自方方面面的关注。

一、中学德育问题与困扰

学校德育到底存在哪些问题与困扰?有德育管理方面的问题,有学校德育与教学"两张皮"的困扰,有来自社会媒体文化影响的困扰,也有家校合作方面的问题。当然,更多的还是学生品德行为方面的问题。

1. 成长"第一影响源"倒序的困扰

事实上,学校德育最大的困扰莫过于德育低效的问题。其中,最突出的表现是"5+2≤0"现象,即五天的学校正面教育效果被两天的校外影响抵消,造成了"0"效果甚至负效果。这是德育的老大难问题。

在青少年成长第一影响源"倒序"的背景下,即对青少年个体社会化影响最大的家庭、学校、同辈群体和社会文化四大影响源,由原来的"家庭教育—学校教育—同辈群体影响—社会文化影响"排序程式改变为"社会大众媒介影响—同辈群体影响—学校教育—家庭教育"的排序程式。

"5+2≤0"现象愈演愈烈,中学阶段尤甚。中学生正处于青春发育期和"心理闭锁期"。青春发育期被喻为心理行为的"暴风疾雨期",又称心理发展动荡期,其基本特征是强烈的矛盾冲突和心理动荡性,表现为各种心理行为的矛盾冲突——独立性与依赖性的矛盾冲突,闭锁性与强烈交往需要的矛盾冲突,求知欲强与识别力低的矛盾冲突,理想向往与现实困惑的矛盾冲突，性意识发展与异性交往限制的矛盾冲突，等等，而且这些矛盾冲突往往交织在一起。

"心理闭锁期"的主要特点是，内心世界对成年人闭锁，对同龄人开放，表现为不愿意与成人沟通，而对同伴友谊十分渴求。这个时期对同伴友谊的寻求是对减少成人接触的补偿。因此，来自同龄人的"同伴压力"是这一时期青少年成长的主要压力。在15岁左右，青少年对友谊的焦虑最高。

以初中生为例，这个时期的学生处于心理矛盾与困扰、同伴压力最强烈的"特殊时期"。初中生的心理困扰主要包括：价值困扰——缺乏理想、信念、信仰；情绪困扰——情感丰富而不稳定，对自我形象不满；学习困扰——学业不良、升学压力和学习分化；人际困扰——社会交往的盲目性。

人们通常用8个"特殊期"来形容处于青春期的初中生：

- 心理断乳期——独立性与依赖性的矛盾；
- 第二逆反期——不满现实，批判成人，标新立异；
- 暴风疾雨期——精力充沛，情绪波动，行为冲动；
- 心理闭锁期——对成人闭锁，对同伴开放；
- 自我专注期——关注自我，自尊、敏感；
- 异性向往期——向往异性交往，有性冲动的烦恼；
- 同伴压力期——同伴友谊增强，同辈压力增大；
- 学习分化期——学习方式转折点，学习成绩分水岭。

具体而言，初中一年级学生面对的问题主要有对新环境不适应、学习方法不当、学习目标不明、人际交往敏感、与家长有代沟、学习自信心不足、对自我的评价不完整等问题；初中二年级学生面对的问题主要有学习分化与情绪焦虑、"早恋"、自我形象设计与校规冲突、价值观的形成与文化多元性难以调和、亲子关系淡漠、心理的可塑性和敏感性与教育要求的理性化之间的矛盾等问题；初中三年级学生面对的问题主要有学习负担过重与学习适应不良、理想的期望与现实的能力之间的差距造成的心理困惑和各种心身疾病如焦虑症、疑病症、神经衰弱、考试恐惧症等问题。

成长第一影响源"倒序"现象，带来了德育的"乱象"：担负正面教育角色的家庭教育、学校教育的功能在不断萎缩，鱼龙混杂的社会尤其是媒体文化的影响成为"龙头老大"。媒体文化的影响，尤其是以互动交流为主要特征的"第二媒介时代"和以移动交流为主要特征的"第三媒介时代"的影响已成为当代青少年成长的名副其实的第一影响源，它不仅影响时间最长、影响范围最广，而且影响的实效性和深刻程度也最高。

相较而言，家庭教育、学校教育对青少年的教育影响是正面的，而媒体文化对青少年的影响良莠不齐，正负面影响通常是并存的。原来靠权威和榜样作用维持的正面教育受到前所未有的挑战，青少年健康成长的风险性和德育的复杂程度及难度都在增大。这是我们不能不正视的现象。

2. "问题学生"和学生的"问题行为"越来越普遍

中学德育面临的第二道难题就是"问题学生"和学生的"问题行为"越来越普遍。比如：

- "迷途族"——理想失落、信念缺失群体现象；
- "眼高族"——知行脱节群体现象；
- "炫富（官）代"——富二代、官二代群体现象；
- "草莓族"——心理脆弱群体现象；
- "抑郁族"——孤独、抑郁、自闭等成为常见心理行为问题；
- "迷网族"——网络沉迷群体现象；
- "青苹果族"——性行为低龄化现象；
- "追星族"——非主流文化热群体现象。

……

学生的品德行为表现和形成发展与社会规范要求距离越来越远，反差越来越大，而且问题越来越普遍，程度越来越严重。这是我们不能不反思的现象。新加坡前国家领导人李光耀先生曾说，中国要想在 21 世纪有成就，就必须解决下一代有没有理想、有没有信念和能不能廉政的问题。这一论断随着时间的推移，越来越被证明富有前瞻性。

3. 如何破解德育困境问题

中学德育面临的第三道难题，也是真正的难题，就是如何破解德育困境问题，也就是如何对德育问题做出真实而正确的判断、进行清晰而理性的分析，以及采取科学而有效的教育对策的问题。虽然这是人们解决问题最常用的"是什么""为什么""怎么办"的思维三部曲，但对德育问题"是什么"诊断的准确性，对德育问题现象"为什么"分析的正确性，以及如何解决德育"怎么办"的问题才更科学有效，需要教育者拥有先进的德育理念、理性的德育智慧和有效的德育策略。

我们通过长期的实践观察与研究发现，中学生心理行为中存在三个明显的"80%现象"——80%的品行问题源于学习不良，80%的学习障碍是动机性学习障碍，80%的情绪不良源自成人世界——父母和教师的影响。

以"学生80%的情绪不良源自父母和教师的影响"为例。"学生80%的情绪不良源自父母和教师的影响"现象的实质是什么？它是一种亲子关系和师生关系中的沟通障碍。主要原因是父母和老师常常以"家长""师长"自居（为正确化身），存在以权威和榜样产生影响作用的传统教育思维。物极必反，由此导致正面的动机产生了负面的效果。教育心理学把这种现象称之为"亲源性心理障碍"或"师源性心理障碍"。这是一种需要纠正的教育观念、思维方法和行为方式。

那么，在亲子沟通和师生沟通中，怎样做才能达到和谐有效沟通的效果呢？人际沟通的基本原则是积极主动和平等尊重，我们称之为"EQ沟通"（高情感智商的沟通），这对于正处于"心理闭锁期"和"同伴压力期"的中学生来说，尤为重要。因为这个时期的他们的内心世界是对成年人闭锁、对同龄人开放的，他们对同伴的友谊十分渴求，但同伴压力感明显，在师生交往、亲子沟通中逆反性很强，自尊、敏感，很容易产生对立情绪和沟通障碍。这就特别需要成人们放下"师长""家长"的尊严和固有的思维方式，自觉成为孩子"心理上的同龄人"，以"EQ沟通"和"助人自助"的态度方式，引导和激励他们在学习和品德上进行"自我建构"，由此才能真正成为他们生命成长中的"重要他人"。

二、没有"问题学生",只有"问题行为"

德育问题,既有"影响源"方面的问题,也有"受影响体"方面的问题,更有"影响源"和"受影响体"互动影响和相互作用的问题。

中学德育常见的问题有常规德育问题、班级管理问题、课堂行为问题、青春期情感问题、学习行为问题、心理行为问题、师生关系问题、亲子沟通问题、社会适应问题、理想迷失问题、网络成瘾问题等。

在学校教育教学实践中,人们常常把德育问题等同于品行问题或学生问题。如果把学生问题和学生品行问题作为聚焦点来透视中学德育问题的话,那么,作为教育者,我们应该如何看待和对待学生问题、学生品行问题呢?

当然,我们首先需要弄清楚,中学德育问题是学生问题还是学生品行问题,是问题学生还是问题行为,是品行问题还是成长问题,是成长问题还是教育问题。

作为教育者,作为学生生命成长的指导者和引路人,我们应该坚持的看法和坚定的信念是:

(1) 没有"问题学生",只有"问题行为"。"问题学生"是对学生人格的一种否定;而"问题行为"的关注点是相信学生的行为问题主要是成长问题,问题行为是可以改变的,着眼于从改变行为来改变学生。

(2) "问题学生"只是"问题行为"。每个学生在成长的过程中都会存在这样或那样的问题,有行为问题,有习惯问题,也有品德问题,但更多的是成长过程中的情绪困扰问题和心理行为适应问题。其中大部分是由于学习不良引起的品行表现问题。中学生的问题行为类型很多,有学习问题、情绪问题、沟通问题、行为问题、性格问题,适应问题、品行问题等。因此,我们不能把学生的"问题行为"完全等同于"品行问题",更不能简单地把他们归类为"问题学生"。

(3) 问题行为的成因复杂。中学生的问题行为具有多元性、综合性的特点,既有家庭教育、学校教育方面的原因,也有媒体文化和社会影响方面的原因,更有成长过程中的不适应或自我困扰方面的原因。

然而,在每一个教育者的心中,每一个学生的成长都是一篇独特的诗篇和感人的故事,各有各的风景与精彩,也各有各的困惑与烦恼。成长总伴随问题,问题与成长如影随形,它是成长的伴侣,也是成长的向导。发现了问题,才能寻求解决的途径和方法;了解成因,才能对症下药,提出富有针对性和实效性的教育对策。作为教育者,我们应该始终有着"咬定青山不放松"的信念,坚信办法总比问题多。

(4)改变问题行为,必先改变学生的自我期待。作为学生成长的引领者,我们深深懂得并信守这样的教育信条:改变一个学生,先要改变他的自我期待。学生的自我期待受老师"美丽眼神"的感应。心理学中的"罗森塔尔效应"(期望效应)告诉我们,老师对学生的积极期待会转化为学生的自我期待。基于学生的问题行为大都是成长问题的认识,作为教师,我们要用等待的心态看待学生的成长问题,用积极的眼光看待学生的成长问题,用研究的态度看待学生的成长问题。

(5)改变问题行为,重要的是改变自己。播撒阳光要先拥有太阳。作为教师,我们要学会先改变自己,再改变学生的思维方式,学会通过改变态度方式来感染学生,帮助学生找到自己的价值,成为学生成长的"重要他人"。

智慧型的教师不是直接改变学生,而是通过影响学生,让他们自己改变自己。教师要学会通过改变自己的行为方式来转变学生,要让学生好好学习,教师自己首先要好好学习。"教师好好学习,学生才能天天向上。"作为知识的传播者与创造者,作为学生成长的指导者和引路人,教师应牢记,这是为师从教的一条永不过时的定律。

三、寻找中学德育问题的"杠杆解"

在解决中学德育问题的对策上,过去经常采取的是"经验式"的问题解决思维导向。毋庸置疑,经验具有实效性、操作性,然而,经验毕竟是"过去的故事",具有时效、情景的局限性,未必能够登上"今天的客船"。

理念是一种先进的思想，是对规律的把握，具有与时俱进的时代性和审时度势的灵活性与变通性。因此，我们主张采取把经验化为理念的"理念导向式"问题解决思维导图模式，"把经验化为理念—把理念化为原理—把原理化为策略—把策略化为技术—把技术化为行动"。

教育，是很有意义的事情，但有意义的事情要做得很有趣、很感人、很恰当，才能有效抵达人的心灵。这需要教育理想、教育情怀、教育智慧和教育自觉。具有教育理想、教育情怀、教育智慧和教育自觉的教师，善于把经验化为理念，把理念化为原理，把原理化为策略，把策略化为技术，把技术化为方法。

把经验化为理念是一种抽象思维，把理念化为原理是一种逻辑思维，把原理化为策略是一种联想思维，把策略化为技术是一种具象思维，把技术化为方法是一种行动思维。我们习惯于转变学生。事实上，转变自己才是转变学生的最有效的策略。转变自己，最关键的是转变自己的思维方式。

本书对下面各章介绍的中学德育问题，采取的正是"理念—原理—策略—技术—行动"的思维程式，在明确的德育理念指导下，对"案例情景"（德育问题）进行"问题分析"和性质定位，进而制定解决问题的"对策措施"，选择解决问题的途径和方法，如"班会活动""心理辅导"等，然后实施解决问题的实际行动。这是一个完整的解决问题的思维程式、心路历程和实践行动的体系。各个环节相辅相成，不可或缺，形成一体。

实施"理念导向"解决中学德育问题思维程式的关键，是要找到解决德育问题的"杠杆解"。

"给我一个支点，我可以撬动地球。"这是古希腊科学家阿基米德的名言。这里所说的"杠杆解"，就是寻找支点——问题的症结所在，进而采取富有针对性和实效性的对策，使问题迎刃而解。

什么是中学德育问题的"杠杆解"呢？

我们首先要找到"杠杆解"的支点——"杠杆点"。中学德育问题的"杠杆解"是由解决德育问题的一系列"杠杆点"组成的。德育问题"杠杆解"至少包括理念杠杆点、原理杠杆点、策略杠杆点、技术杠杆点和行动杠杆点五大具有内在关联性的杠杆点。

理念杠杆点是德育问题"杠杆解"的导航系统,其功能是指引解决德育问题的方向;原理杠杆点是德育问题"杠杆解"的制导系统,其作用是分析、诊断、定位真实情况和案例情景中解决德育问题的关键点、确定破解思路和进行过程的效果监控;策略杠杆点是德育问题"杠杆解"的线路系统,其功能是选择解决德育问题的有效途径与载体;技术杠杆点是德育问题"杠杆解"的措施系统,其作用是采取最合适的方式方法来解决实际情景中的德育问题;行动杠杆点是德育问题"杠杆解"的实施系统,其作用是通过实际行为来达成解决德育问题的目标。

1. 理念杠杆点

思想决定行为,观念影响行动。构成中学德育问题"杠杆解"的第一杠杆点,是教育者头脑中的德育理念。具体地说,就是教育者的"德育问题观"及由此派生的"学生成长问题观"。从某种意义上说,人的态度、情绪、意志、行为等都是理念的派生物。因此,教育者首先要明确树立正确的"德育问题观"和"成长问题观",从生命成长过程和引导生命健康成长的价值取向上看待学生的成长问题。成长总是伴随着问题和"试误",教育者要用宽容之心和积极的心态去悦纳学生成长过程中的问题,就像"铅笔头上的橡皮擦"一样,要允许学生在成长的过程中犯错。

2. 原理杠杆点

认识规律才能懂得原理,懂得原理才能把握本质,把握本质才能对症下药。中学德育问题"杠杆解"的第二杠杆点,是教育者要学会依据规律和原理来分析真实情景和案例情景中的德育问题,做出准确判断与正确的性质定位。例如,对于"80%的品行问题源于学习不良",我们就要寻找学习不良导致的品行问题的成因及机理;对于"80%的学习障碍是动机性学习障碍",我们就要分析"愿不愿学"与"会不会学"之间的内在联系,寻找学习障碍背后的"不愿学"的原因是缺乏理想、兴趣、需要、爱好、乐趣还是缺乏探索精神和求知欲;对于"80%的情绪不良源自成人世界的影响",我们就要分析其主要原因是"亲源性心理障碍"还是"师源性心理障碍",

教育者应该如何改变自己来改变受教育者等。

3. 策略杠杆点

策略是行动的纲领和线路图，是解决问题的途径与方式方法，是实施解决德育问题的具体行动的指南，也是教育者智慧和专业能力的体现。中学德育问题"杠杆解"的第三杠杆点，是教育者解决德育问题的思维策略和行动策略。唤醒激情策略、拓潜励志策略、团队合作策略、成长规划策略、活动体悟策略、叙事感悟策略、心理自助策略、群体动力策略、品德自构策略等，都是解决中学德育问题的有效策略。

以品德自构策略为例。品德自构是指促进学生品德的内在生成与自我构建过程。在我们多年的实践探索中，"管束要求是下策，说教灌输是中策，启发引导是上策，体验感悟是上上策，促进自我建构是至上之策"是我们得到的最宝贵的经验和体会，我们把它称为"德育宝典"。它是对师生教育教学关系中的"教与育""授与导"的原则和道理的深刻的概括和提炼。对于这个原则和道理，教育者不仅应该认识和把握，并把它应用在教育教学实践中，还应该指导和帮助家长，把它运用到亲子教育中去。

4. 技术杠杆点

技术指依据一定原理和策略制定出来的解决问题的途径、载体、手段和方式方法，它是达成"理念导向"问题解决思维程式的具体措施。中学德育问题"杠杆解"的第四杠杆点，是教育者解决德育问题的技术。在解决中学德育问题的技术体系中，我们常用的技术有行为强化技术、说理教育技术、团康活动技术、思维导图技术、心理辅导技术、情景对话技术、"头脑风暴"技术、活动体验技术、叙事德育技术、综合实践技术、主题探究技术、班会活动技术、"世界咖啡"（深度汇谈）技术、教练技术等。

以教练技术为例。为师从教者最容易形成如下三种"职业性思维定式"。第一，"好为人师"，喜欢诲人不倦地、喋喋不休地说教；第二，"马太效应"，对"好学生"，将"赏识教育"进行到底，对"后进生"，剥夺其公平教育的权利；第三，"以裁判自居"，最喜欢以"法官"的思维方式去简单甚至粗暴地"裁定"学生的"是与非""对与错"或"正与误"。

对自主意识、独立性和叛逆性并存的中学生而言，这三种"职业性思维定式"带来的负面效应常常大于正面效果。"把道理重复1000次"，产生的可能是"知行脱节"；将"赏识教育"进行到底，带来的可能是面临缺乏"赏识"的新环境时的束手无策和适应障碍；"裁判式"教育，造成的可能是"好学生"和"差生"的两极分化和有关自尊心的心理问题。

教练技术是一种强调教育者通过激励心向、唤醒情绪、激发潜能和完善心智等方式来提升学生身心活动效能的教育教学方式和技巧。在"裁判型教师"那里，教师永远是正确的化身，学生的对与错由教师说了算，学生只能被动等待教师的裁判。教练型教师则善于通过积极心理学的原理和技术来唤醒、激励和支持学生，促进学生通过激发自身的心智潜能来达成目标和自主成长。教练让被教练者自己觉醒并自我改变，教练型教师是智慧型的教育者。"智慧型的教师不会解决学生的问题，而只会引导学生自己解决他的问题。""智慧型教师处理情绪冲突采取'三明治'式的技巧：先谈情（认同对方情绪），后说爱（表达真诚的关爱），再讲理（最后再分析情景讲道理）。"这些都是采用教练技术解决德育问题尤其是中学德育问题的行之有效的做法。

5. 行动杠杆点

中学德育问题"杠杆解"的第五杠杆点，是教育者在真实情景中通过创设情景、见诸行动的实践操作方式来解决德育问题的具体行动和实践行为。教育者的实践行动及行动结果是解决德育问题的落脚点，是检验德育问题解决理念、原理、策略、方法的唯一标准。德育问题行动杠杆点是"理念—原理—策略—技术—行动""杠杆解"的最后一个环节，它不仅要求教育者具有解决问题的行动意识和实践思维，具有实施解决德育问题的组织能力和执行能力，还要求教育者富有根据情景变化创新实践和根据对象个性灵活变通的行动技巧。只有这样，才能在解决德育问题时做到化消极为积极、化被动为主动、化危机为契机、化不利为有利，生成以不变应万变的智慧。

目 录

前　言　中学德育问题"杠杆解"……………………………………Ⅰ

第一章　常规德育问题与对策………………………………… 1

　　"学生吸烟现象""迟到现象""被老师冤枉现象""班规卡壳现象"……学校班级常规管理庞杂而琐碎，班主任工作平凡而烦琐。然而，这些正是班主任工作的主业。繁杂处显情怀，细微处显身手，平凡处见真情。用心、用情、用智，爱心、诚心、耐心，优秀的班主任善于把常规做到精致，将琐碎做得精细，把平凡做到精彩。

第二章　青春期情感教育问题与对策……………………… 49

　　"早恋"，是鲜艳的玫瑰还是诱人的罂粟，抑或是那个传说中的伊甸园故事？青苹果的困惑和门神般的棒喝，花季少年的情怀和无处不在的"性文化"，困惑的何止是少男少女？不妨来一个假设，假如我们今天处于青葱岁月，我们如何面对"早恋"？"当事人"的迷惘，需要"过来人"的教育智慧，更需要"关怀者"的人文情怀。

第三章　学习行为问题与对策………………………………… 77

　　具有教育自觉和专业思维的教师、班主任，善于从学习不良问题溯源品行问题，善于从学习动力方面寻根动机性学习障碍，善于从学习意志方面洞察学习成效。找出问题的症结和根源，找到事物或要素之间的内在联系，就能找到药到病除的"灵丹妙药"和"柳暗花明"的新出路。

第四章　心理行为问题与对策 ……………………………… 99

成长中的青少年学生的许多行为问题都是"成长中的心理问题"，或者是一种心理障碍或心理疾病。"心病还须心药医"，班主任作为"中小学生健康成长的引领者"，学会从健康成长和心理教育角度看待学生的问题行为，提升自身的心理教育意识、能力，更有利于有效解决学生的问题行为，也更有利于自己的专业成长。

第五章　师生关系问题与对策 ……………………………… 127

教师可以是良好师生关系的营造者，也可以是学生"师源性心理障碍"的引发者。"价值认同""心理相容""EQ沟通""平等对话""激励成长"等心理技术，尤其是"通过改变自己来改变学生"策略，都是改善或修复师生关系的行之有效的手段和方法。营造良好的师生关系，是教师的教育智慧，更是教师的教育理念。

第六章　家校关系问题与对策 ……………………………… 155

从学校和班级资源管理的角度来说，家长是重要的教育资源。而善用资源是优秀教师尤其是班主任的最高管理智慧。对于教师而言，增强作为家校沟通的桥梁、纽带的意识，教育资源整合意识，以及家校有效合作的指导能力，是一种与时俱进的专业素养；对于家长来说，积极参与学校和班级事务，热情支持学校和教师的工作，与学校及教师齐心协力、同心同德、相互合作、共同成长，是合力教育好孩子的需要，也是现代父母应该具备的素质。

第七章　责任缺失问题与对策 …………………………………… 181

  智者说："天下兴亡，匹夫有责！""天下兴亡，我的责任！""我们留给孩子怎样的世界，取决于我们留给世界怎样的孩子。"德育无须冠冕堂皇的大话、空话，却不能忽视脚踏实地的真话实话。没有责任感的孩子，永远不能长大成人；没有责任教育的学校教育，不是真正的教育。责任感教育的实质是唤醒学生自觉的责任意识和需要。

第八章　理想迷失问题与对策 …………………………………… 205

  改变一个学生，先改变他的自我期望；改变一个教师，先改变他的价值取向；改变一所学校，先改变它的精神追求。一切改变的基础是自我改变，自我改变的根本是内驱力，而对于对未来充满憧憬和期待的青少年学生来说，对理想、抱负、志向的追求是最大的内驱力。教师是学生成长的心灵鼓手，是学生理想的激励者和成就者。唤醒学生对学习、对生活、对人生、对未来的积极追求和热情向往，帮助和引导学生将理想目标转化为成长动力、生涯规划、学习计划和日常行为，是教育的使命，是教师的职责。

第九章　网络成瘾问题与对策 …………………………………… 237

  任何一种社会行为现象，可以形成，自然也可以被消除，关键在于找到它形成的规律和消除它的原理、途径与方法。建立全社会合力联动的共同防控机制、网上问题网下解决、虚拟世界问题现实世界找出路、丰富学生的校内外生活、帮助学生寻找自我价值、通过亲情陪伴修复学生的情感缺失，这些都是行之有效的方法。

第一章　常规德育问题与对策

如何教育学生不吸烟

 现象扫描

在学校门外小卖部或课间，经常看到学生三五成群吞云吐雾地在吸烟，其中有男同学也有女同学。调查发现，他们认为吸烟显得有男（女）人味。但是，吸烟危害青少年健康，同时违反学校纪律。数据显示，2006 年中国青少年吸烟人数高达 5000 万，并呈逐渐上升趋势。吸烟对青少年的健康具有极大的威胁，许多成年人的疾病都与青少年时期的吸烟有关。

 案例情景

【案例1】"你能读懂我吗？"

又一次，你吸烟了！应该是第 N 次了吧。今天，在厕所，你被张主任逮了个正着。

于是，你又一次被带到了我的身旁，张主任依然情绪激动、语无伦次，但我依然能懂，懂他的意思，懂他的心情。我把目光转向你，表情凝重。你快速地瞥了我一眼，深深地埋下头。良久，无语的我深深地叹了口气。

孩子，你怎么就不能争口气呢？

9月份，咱们师生还没谋面，听说我是你的班主任，你母亲就和我面谈了你的情况，你的音乐才能，你的体育天赋，你的聪明伶俐，但更多的是学习不主动，曾想放弃学业而辍学在家，特别是染上了吸烟的坏习惯。我很惊愕——你们年龄这么小，怎么会有这样的习惯呢？但直觉告诉我——你不是个坏孩子，仅仅是有些坏习惯而已。我与你母亲达成了共识，决定一齐携手，把你的坏习惯改掉！

开学了，我让同学们毛遂自荐参与班委理事会理事的竞选，你也参加了，并被推选为文艺委员。我很高兴，相信拥有良好开端的你一定会有一个华丽的转身。我时刻关注着你，关注着你的言谈举止，并未发现你母亲所谈的陋习。我窃喜，暗自得意——这么顽劣的孩子都被我的尊重与信任感化了，这让我更坚信生命润泽生命的魅力！

然而，一日，晚自习后，你畏畏缩缩地走到我跟前，在你的吞吞吐吐中，我心头开始翻滚起热浪。强压怒火的我低声道："我很失望！你怎么把老师的信任都抛到九霄云外了！我该怎么说你呢？"你深深地埋下头，一言不发。

我依然相信你能改掉坏习惯。于是，在我的担保下，学校没有公开处理你。我认为给你留点自尊，你才能有充足的时间去愈合伤口，若在大庭广众下无情地去撕裂你的伤口，那将会把你推到另一个深渊。我不想！

于是，我和你定下了协议，写下了协议书：

协议人：×××

监督人：×××

协议内容：今天，我与张老师达成协议，从今以后不再沾染香烟，远离烟友。若戒掉陋习，则当选为班级行为之星。

于是，我把信任的目光再一次投向你，我期待你改过自新，因为好习惯才能成就好未来。

然而，就在那个晚上，你竟然在半夜爬起来去厕所吸烟了！

第二天，我又一次和你促膝谈心，推心置腹中依然是我无尽的期待。可你呢？

我去上海学习了，你竟然又一次演绎了吸烟事件，学校开会公开处理了你，可你依然没有认真思过。两周后，我学习回来，你竟然在当天晚上又一次"旧病复发"。我气愤了!

孩子啊,你竟然用这种方式来迎接我吗?我不再相信你的谎言,我还能相信你的所谓的"改过自新"吗?第二天,当家长被请至学校时,当年级领导与家长交流你的在校表现时,你竟然被学生又一次检举,袖筒里藏着一盒烟。我不敢相信自己的耳朵,但事实确实如此!

我抱起书大步流星地离开了办公室,丢下一句话:"按学校的规章制度处理吧!"

是啊,一次次,你怎么就不能读懂我的心呢?我怎样才能唤醒你沉睡的灵魂呢?

于是,你的家长来学校陪读了!11月的天气啊,每天早晨7点,你母亲准时陪你到校,坐在你身边,和你一起上课下课,每天下午5点陪你一起回家。

说心里话,每当你母子二人跃入我的视野,我心中总有一种别样的情感。你的母亲告诉我,早晨喊不起,晚上又不学。孩子,你为什么要这样?难道你连对父母的尊重和感恩都不知道吗?后来,在你的作文中,你打开了心窗。你曾经勤奋好学,是老师的宠儿。从上幼儿园开始你就跟奶奶生活在一起,父母在打拼自己的事业,也算家境殷实。可后来,生活与父亲开了一个天大的玩笑,他被骗了,只好回乡走上了打工的行列,但他从未呵斥过儿子,一如既往地爱着自己的儿子。可是,你呢,却在一个哥哥的教唆下学会了吸烟。你讨厌母亲,讨厌母亲与奶奶的争吵,讨厌母亲对你动辄的打骂,特别是在心情郁闷时,极想吸根烟消解苦闷。

此时此刻,我心情沉重了许多,想不到一个孩子心中竟然装着如此多的秘密,想不到一个孩子也竟然能承受这么多。那天,你和我面对面坐着,足足聊了一个小时,从一根烟开始,到每一次吸烟违纪的过程,再到吸烟时的想法,最后还谈到你假期的生活、平时的交友。我开始自责,怎样才能打开你的心窗呢?如果我真的关注你的内心世界,怎么会有你今天的违纪呢?

虽然我对你彻底改正错误没有信心,虽然你给班级创造了37分的最高违纪纪录,虽然你的成绩的下滑幅度不可估量,但我还是留下了你,免除了陪读一个月的决定。但你怎么就读不懂我的心呢?

如今，新学期开学的第四周周日，你，竟然劣习再次上演。张主任告诉我，你承认已经吸了四盒了，最少是一周一盒，但不一定是你自己吸的。孩子，怎么说你好呢？我曾经劝告你，不要违反校规，吸烟在我们学校属于严重违纪，你是未成年人，吸烟严重地损害你的健康，还有，特别是陌生人的烟，千万不能吸，遇到不法之徒，或许会染上毒瘾。如果你真的无法忍受，就来找老师，老师给你提供场所和烟具，但一定不能再被学校领导逮住，因为，你再被逮住一次，或许就再也没有机会上学了。

可你呢，把我的话当作耳旁风，竟然在新学期重蹈覆辙，你怎么就那么不长记性呢？

后来，我了解到，假期里你和几个不上学的孩子掺和在一起，又一次吸上了，再加上正好有压岁钱揣在兜里，就买了烟。有钱时就买好一点的，没钱就吸劣质的。当我问你"还吸吗"，你抬起头看着我，告诉我上一周发誓再也不吸了！良久，我无语，但我依然不想放弃你！良久，我让你抬起头，看着我的眼睛，我说："我再给你一次机会，你要给自己争口气，也让我这个老班说得起话，行吗？"说到这儿，我的鼻子酸酸的，泪差点流下来。

你又一次，被带走写检查了！可是，接下来，对你的告状依然在持续，作业不交，自习课说话、做小动作，甚至于昨天晚上敲桌子，张主任的口气里无不包含着恨铁不成钢的意味。

但当我翻开你的日记，我又一次释然了！因为你说你敲桌子是因为班里太乱，想让同学们静下来，我相信你的话。因为你的眼睛告诉我，你会给自己争气的，一定会争气的！

也许，你采用的维护班级荣誉的方式不对，但我相信，你真的读懂了我！不是吗？

(河南省新乡市优秀教师、优秀班主任　张爱敏)

【案例2】"给我一支烟！"

那天下课后，我走得稍微有点晚，不经意瞥见操场边有点点火光，显然有人在吸烟。悄悄走近，我听见了几个颇为熟悉的声音，其中一个是我班的邝同学，另外两个好像是隔壁班他的球友。

我停住了脚步，想了一下，就大踏步地跨过树丛绕到他们面前。"从天而降"的老师显然让几个男孩大吃一惊，其中一个快速地把手里燃着的烟扔到了旁边的树丛里。我笑了起来："干吗干吗？小心失火！来，独乐乐不如众乐乐，也给我一支！"几个男生像听不懂中国话一样呆站着没什么反应。我自说自话地从邝同学手里拿过烟盒，真的就抽出一支点上了，然后随意地坐在台阶上，同时示意他们也坐下。

一口烟喷出来，我就被那辛辣涩滞的气息给弄得直皱眉。"这是我第一次吸烟，但我一直都想吸，尤其在你们这么大的时候。"

"啊？"几个小子兴奋起来，"敢情老师你以前也是坏学生啊？"

"什么叫也是坏学生啊？你们是坏学生吗？吸烟就是坏学生？胡说八道！十六七岁的时候，成人感强烈，就是好奇呗。我爸以前高兴了、苦闷了，甚至饭后睡前都要吸烟，那烟简直就是'万灵丹'，你说我能不也想试试吗？可是家里管得太严，而且大人总强调吸烟不好，其实他们自己还不是吸得不亦乐乎？"

"就是就是，我爸每天差不多都要吸两包，我手里这包就是从我们家柜子里拿的。"邝同学抢着说。

"那老师你后来怎么不吸呀？上大学后，你爸妈也管不到你了。"另一个男孩好奇地接着问。

"上大学后好奇心没么强了，而且女孩吸烟太另类，我怕没人追，哈哈。你还别说，大三时有次熬夜了，第二天没买到咖啡，就想买包烟提提神。半路刚好见到生物系办的人体器官实物展，我就顺路进去看热闹，结果啊——我看到了一个烟龄 22 年的肺！它被泡在福尔马林里，哎呀！黑得像煤球，上面还有些奇怪的突起，我这胃里一通翻江倒海，就别提了……"

几个男孩子同时面露恶心状。

"那老师你从那以后是不是再也不想吸烟了？"邝同学讪讪地问。

"是啊，"我调整了一下表情，继续说，"后来有次我出国，在新加坡机场见到一奇观：一透明的吸烟房，那些烟民就在四面都是玻璃的房子里吞云吐雾，从外面看，那房子就跟失火了一样，过埠的游客全都用看怪物的眼神瞧着他们，各个是满脸嫌恶。"

"哈哈哈……"几个男孩子被我描绘的情景逗得哈哈大笑。

"从那以后,我是彻底死心喽!今天是我第一次也是最后一次吸烟,好奇心满足了,也就够了。这烟可真不是啥好东西,才一根,我这喉咙就火烧火燎地痛。走吧,我请你们喝汽水,你们不渴吗?"

"早都渴了。"邝同学不好意思地说。

我把手里的烟蒂交到他手上,示意他扔到旁边的垃圾桶里去,借着傍晚暗淡的天光,我清楚地看到他把几个烟蒂连同手里那包没吸完的烟都塞进了垃圾桶。

后来我常常想:如果那天不是黄金周前的最后一个工作日,如果事情不是发生在下班以后,我还会用轻松的心态、亲和的态度面对犯错的学生吗?

如果我随时都能用冷静、理性、宽容、真诚的态度面对学生,那么,还怕没有智慧的火花一直闪现在我的工作中吗?

(广东省中小学名班主任工作室主持人　张彤)

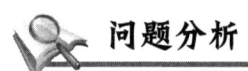 问题分析

两个故事都很让人动容。案例1中张爱敏老师的无奈和期待,案例2中张彤老师的冷静和真诚。案例1中张爱敏老师的拳拳之心,"你能读懂我吗",是张老师发自肺腑的呼唤,是张老师在对学生经历了无数次教诲、宽容、期待、帮助之后依然无效的痛苦的呐喊;案例2中张彤老师的平和和智慧,是张老师深厚积淀和应急智慧的迸发。这一切,都体现了两位老师对学生深深的爱和对学生健康成长、远离吸烟陋习的期待。

1. **教师要把爱转化为教育力**

教育需要爱,爱是教育的基础。但需要强调的是,具有师爱并不等于具有专业能力。面对学生存在的问题,教师需要把爱转化为教育力。教师如果不去分析具体的原因,不去做多种假设、科学地求证,只是一味地试图用爱来改变学生,无疑是浪漫而幼稚的。热情并不能让沙漠生长出绿草。教师缺乏育人的专业能力,纵使"爱满天下",也很难有效地转化学生。就

如同一个医生如果医术不精,无论他多么同情和关爱病人,也无法把病人的病治愈一样。

令人欣慰的是,无论是案例1中的张爱敏老师还是案例2中的张彤老师,都不只是简单地发出爱的呼唤,而是给出了一些具体的方法,如"协议""见闻分享"(人体器官实物展、新加坡机场的吸烟房),这些方法对教师教育学生戒除吸烟的不良习惯是非常有借鉴价值的。

2. 中学生吸烟问题原因分析

回归到问题上来,要思考如何解决中学生吸烟的问题,比具体方法更重要的是我们应有的思考和定位:案例中的学生为什么吸烟(即吸烟对他们的意义是什么,他们想通过吸烟得到什么)?作为教育工作者,我们应该如何看待中学生吸烟问题(即吸烟是学生问题还是行为问题,是行为问题还是品德问题)?有了这种思考和定位,我们才能摆正心态,合理客观地帮助学生面对吸烟问题,和学生一起解决吸烟问题。

所以,首先,我们需要认真分析:案例中的学生为什么吸烟?任何现象都有缘由,只有找到真正的原因才能给出对症的策略,才能真正帮助学生实现转变。(通常我们遇到学生问题时的第一反应总是"怎么办",却不习惯先探究一下"为什么"。如果我们连真正的原因都不知道,怎么可能做到对症下药呢)

中学生吸烟的原因可能是多方面的,对此很多人做过很有针对性的调查研究。比如,西南师范大学心理学系的钱敏、王振勇在《中学生吸烟原因调查》一文中指出:"我国心理学工作者对中学生吸烟现象做过心理分析,总结出好奇心理、模仿心理、交往心理等个人原因,以及'吸烟无害论'、烟民间的诱惑、家庭教育、传播媒介等社会原因。"他们通过对四川省多个地区的学生进行调查、分析,得出以下结论:"无论是经常吸烟者还是偶尔吸烟者,为了镇静都是中学生吸烟的首要原因。所测高中生的情况表明,高中生吸烟的主要原因依次为镇静、享乐、心理意象、刺激;所测初中生的情况表明,初中生吸烟的主要原因依次为心理意象、享乐、口手活动、镇静。"综合前人的研究成果,中学生吸烟的主要原因可以归结为:

(1) 成人意识和独立意识增强。吸烟是学生在心理上寻求成人感的一种方式。中学阶段是学生身心迅速发展的时期，伴随着生理上的急剧变化，学生的情感、意志等心理特征也在发生剧烈变化，自我意识迅猛觉醒，渐渐产生"成熟感"，感到自己已长大成人，潜意识中有一种强烈的独立倾向；为了证明自己是个"大人"，喜欢在公众场合表现自己，以显示自己的"不凡"与"成熟"。这种成人意识和独立意识使得他们的自尊心、好胜心不断强化，促进了其个性的发展。但伴随这种独立性的还有幼稚性、片面性，他们有时候不能合理客观地认识和评价世界。

在学生成长的过程中，教师、家长经常告诉他们不要吸烟，"长大了才能吸烟"，这使得很多青少年把能不能吸烟当作是否长大、是否成熟的标志。所以，很多学生选择吸烟，并不是因为吸烟能带给人美好的感受（恰恰相反，刚开始吸烟的人感受到的是不舒服），而是因为吸烟是他们在心理上寻求成人感的一种方式。正因为如此，才会出现老师和学生之间"猫捉老鼠"的游戏，学校和家长越是不让学生吸烟，学生内心里越是渴望吸烟；成人的"加强管理"只能逼迫学生把吸烟行为转移到"地下"甚至呈现"愈演愈烈"的趋势。归根结底，强制性的管理与学生独立意识的增强、对成人感的追求是相互冲突的。

(2) 虚荣心理作怪。有些学生借助吸烟吸引注意力，从而获得自尊心的满足。奥地利精神病学家、个体心理学创始人阿尔弗雷德·阿德勒在《自卑与超越》一书中指出："人人都有对优越感的追求，这种追求像一首自创的美妙曲子贯穿人的一生。"

阿德勒举了一个男孩子的例子。男孩是学校中最懒的学生。有一次，老师问他："为什么你的成绩总是那么差？"他却说："如果我是班里最懒的孩子，你就会把更多精力放在我身上。你几乎很少注意那些上课安安静静、按时完成作业的好学生。"他的目的就是吸引老师的目光，而这种做法偏偏达到了他的目的，所以他的毛病就不需要改正了，懒惰反而成就了他的愿望。从这一角度来说，他没有任何错误，如果他将自己的毛病改掉，反而成了一个十足的傻瓜。

同样，有些学生吸烟，不是因为他喜欢吸烟，而是因为他认为吸烟时髦、潇洒，给人成熟的感觉，能够吸引老师和其他同学（尤其是异性同学）的注意。尤其是学习成绩不太好的学生，他们由于无法通过优异的成绩和优秀的表现来得到老师、同学的关注，于是选择吸烟这一途径来吸引注意力，从而获得自尊心的满足。

（3）**从众心理**。有些学生借助吸烟获得群体的接受和认同。从众心理指个人受到外界人群行为的影响，在自己的知觉、判断、认识上表现出符合公众舆论或多数人的行为方式。从众心理是大部分个体普遍所有的心理现象，通俗地说就是"随大流"。不难发现，最早吸烟的学生大多是出于好奇心理，后来吸烟的学生大多是因为他的身边出现了吸烟的朋友（即从众）。吸烟的学生总是喜欢和吸烟的学生在一起，一个不吸烟的学生如果和吸烟的学生在一起，很容易学会吸烟，因为他们要借助吸烟来获得群体的接受和认同。

（4）**困惑多、压力大，意志力不稳定，靠烟草来缓解压力**。中学生正处于少年期与青年初期，开始从儿童期（幼稚期）向青年期（成熟期）发展、过渡，身处过渡阶段的他们心理素质还不够稳定，属于心理上的"断乳期"，因而自我意识也呈现出两重性倾向，如独立性和幼稚性并存、自尊心和自卑感并存、闭锁性与开放性并存等。他们的意志力还不够稳定，行为主导动机不够清晰，遭遇挫折时容易困惑、不安。

不得不承认的是，现在的中学生和以往相比承受着更多的压力，同学之间的竞争更加激烈，来自父母、教师和社会的期待更多，评价标准更加单一（当前，在很多学校、班级、家庭，成绩甚至已经成为衡量学生优劣的唯一标准）。面对困惑和压力，吸烟可暂时麻醉他们的神经，使他们暂时失去或忘却不平衡的心理，获得短暂的快乐，即所谓"一吸解千愁"，所以，有些学生选择靠烟草的"镇静"或"麻醉"作用来缓解压力。

当然，导致学生吸烟的原因是多方面的，这些分析的目的是帮助我们从整体上了解学生吸烟的原因，以便于我们以正确的态度看待学生吸烟问题，并为下一步寻求合理的解决办法做准备。

3. 中学生吸烟现象认识与定位

作为教师,我们应该如何看待中学生吸烟问题?吸烟是学生的生活行为问题还是道德行为问题,是成长经历问题还是道德品质问题?有时,我们会陷入这样的一种误区,就是对学生出现的问题进行简单化归因:态度挂帅——行为不端;道德归因——品德不良。然而,真实的生活情景和学生的实际情况并不那么简单。譬如,两个案例中的学生都出现了吸烟行为,只是第一个案例中的学生是"惯犯",已经吸烟上瘾,第二个案例中的学生还没么严重,但是也出现了吸烟行为。那么,是不是这些学生都是坏学生?这个问题很值得思考。

其实,两个案例已经明确告诉我们:吸烟的学生并不都是坏学生!在案例1中,从张爱敏老师对孩子一次次的期待、一次次的宽容、一次次的帮助中,我们可以看到,张老师深信孩子是善良的,只是染上了不良的习惯;从孩子一次次的努力中,我们也可以看到,孩子本人也有改掉这个坏习惯的主观愿望,只是心有余而力不足。从案例2张彤老师的"给我一支烟"和"什么叫也是坏学生啊?你们是坏学生吗?吸烟就是坏学生?胡说八道!十六七岁的时候,成人感强烈,就是好奇呗"可以看出,张老师也坚信,吸烟的孩子并不都是坏学生。

因此,作为学生生命成长的引路人,教师面对吸烟的学生,应有这样的认知与态度定位:

- 吸烟的学生不一定是坏学生,吸烟是学生的一种模仿性社会习得行为问题,而非十恶不赦的品德不良问题;
- 对很多有吸烟经历的学生来说,吸烟不一定就是一种万劫不复的可怕灾难,而只是伴随成人感出现的成长过程中的一种经历;
- 吸烟现象是中学生在社会化过程中出现的一种"非常规"行为,需要教师进行正确而适当的引导,以防止它成为学生的生活习惯,但是,也不必视其为洪水猛兽,或用猫抓老鼠的强暴方式来简单打压。

第一章 常规德育问题与对策 11

 对策措施

1. **明确立场：做教育者、协助者，而不是管理者、胁迫者**

在解决问题之前，首先需要说明的是，教师面对学生问题应有的态度应该是：面对学生问题，教师要做一个教育者、协助者，而不是管理者、胁迫者。

- 真正的教育者不是简单地向学生提"你必须怎么样"的要求，而是和学生一起探寻"我们可以怎么样"的方法；
- 真正的教育者不是简单地对学生发出"如果你做不到，我就怎么处理你"的恐吓，而是和学生一起面对挑战困难的艰辛，一起享受进步的喜悦，一起承受问题反复无常的挫折；
- 真正的教育者不是简单地约束学生的行为，而是更关注学生在被约束过程中的成长；
- 真正的教育者不只关注学生存在的现实问题，他们更关注学生未来的发展。

在这种定位的基础上，我们才能让学生感受到我们是教育者而不是管理者，我们是协助者而不是胁迫者，我们和学生的目标是一致的而不是敌对的，我们在朝着同一个方向努力。唯其如此，教师和学生之间才可能实现高层次的生命的交织和相互推动、相互成就。

2. **召开主题班会**

教师可根据班情召开主题班会，在整体上形成抵制吸烟、抵制"二手烟"的氛围。

但对于是否召开相应的主题班会要视班级吸烟学生的比例大小来确定。如果吸烟学生数量较多，或者学生虽少（只有一两个）但影响面较大（如个别学生在公共场所吸烟），则在班级召开诸如主题为"对香烟说'NO'"的主题班会；如果吸烟学生较少且没有对班级整体氛围和公共空间造成不良影响，则可以省去这一步，直接面向吸烟个体进行个案诊断。

主题班会的好处是面向全体，通过讲解吸烟的危害（尤其是突出"二手烟"的危害），不仅让全班学生认识到吸烟的危害，培养学生正确对待香烟的态度，也让学生认识到个别同学在公共场所的吸烟行为很可能演变成和我们每个人的健康息息相关的公共事件。这有助于全班整体上形成抵制吸烟、抵制"二手烟"的氛围，为纠正个别吸烟学生的行为奠定环境基础。（课例见本节附录）

在面向集体的工作完成后，有了整体的环境基础，从下一步开始，教师要面向吸烟个体或吸烟小群体开展工作，这会使工作更有针对性，从而增强工作的实效性。

3. 坚定信念，帮助学生做好戒烟的心理准备

我们要让学生明确、坚信：不良习惯是可以改变的。

要告诉学生，研究指出，不管你吸烟有多久，当你停止吸烟时，几乎所有与吸烟有关的健康危险都会减少。例如，得心脏病的概率会急速下降，经过5年不吸烟之后，因易患与吸烟有关疾病而早死的危险，几乎减少了一半；经过15年不吸烟，这种危险已完全消失。每5个吸烟者中就有4人想停止吸烟，但是想停止吸烟的4个人中，却只有1个人能设法停止吸烟。那些戒烟失败的人，就是那些不肯忍受戒烟时一定会发生的不便情况及烟瘾发作的人。

所以，只要有足够强大的决心，有坚强的意志力，有合理的方法和良好的环境，戒烟的目标是可以实现的。

4. 推荐方法，教给学生戒烟的可行办法

有一种"六步戒烟法"被证明相当有效，很多人借助这种方法顺利实现了戒烟。作为教师，我们也可以让学生通过"六步戒烟法"实现戒烟（以下内容来自网络，使用时有修改）。

- **分析吸烟习惯**。把你在24小时期间所吸的每一支香烟及你自动点烟的时间（如每次回到宿舍就点一支烟，饭后一定来一支烟），登记在一张表上。花上两三周时间去研究，在什么时候及为什么你需要吸烟，这样你才会对自己所吸的每一口烟加以注意。这也会使你愈来

第一章 常规德育问题与对策

愈关心你的吸烟动作,有助于为戒烟做好准备。

- **下定决心,永不回头。** 把你为什么要戒烟的理由都写下来,其中包括戒烟后有哪些好处。例如,戒烟后吃东西能更好地品尝滋味、早晨不再咳嗽等。在开始实际行动之前,自己一定要坚信,戒烟是值得一试的事情。

- **在日历上圈选一个日子,在这一天完全不吸烟。** 这是最为成功的办法,而且是痛苦最少的戒除吸烟的方法。如果家人或好友能跟你一起行动,在同一时间戒烟,在戒烟期前几天最困难的日子里,互相支持,抵抗烟瘾,对戒烟是很有好处的。你也可选择在由于别的原因而改变日常生活时(例如在你去度假时)戒烟。

  有些吸烟者发现,以小题大做的方式向所有人宣布自己要戒烟了,对戒烟很有帮助。这可帮助你在意志薄弱时不屈服。

- **在最初的戒烟困难期内,尽量使用任何代替香烟的东西。** 吸电子烟、嚼口香糖或者使用戒烟贴都有帮助。如果你手指缝间不夹支香烟就觉得很空虚的话,那你就夹支铅笔或钢笔。此外可做些松弛运动,以缓解香烟能够为你消除的紧张感。

  放弃(至少是暂时放弃)一些与吸烟有关联的活动对戒烟也有帮助。例如,如果你在你家附近的网吧上网时,会习惯性地点上一支烟,那你就暂时不要去网吧。避开对吸烟有鼓励作用的情景。例如,坐火车、公共汽车及飞机旅行时,选择坐在非吸烟区,这对戒烟也有帮助。

- **享受不吸烟的乐趣。** 别忘记,你不吸烟,每周就可省下几十元钱。你可以用省下来的原本用于买烟的钱,去买一样你本来无力购买的东西,作为对自己的奖励。

- **在戒烟前期的数周,尽量多吃想吃的低热量食物。** 你的胃口一定会变得好起来。当你觉得紧张及不安时(戒除一种成瘾习惯时的自然结果),你常会被逼去找点东西来啃啃咬咬,因此,你的体重可能会增加几公斤。记住,戒烟的前四周是最困难的。大约八周之后,你对香烟的强烈渴求感就会消失,此时,你可以开始减少零食了。

5. 营造戒烟环境，给学生戒烟提供外部支援

在学生实施"六步戒烟法"的过程中，教师要积极营造有助于学生戒烟的外部环境，比如帮助他结交一些不吸烟的朋友、尽量避免和烟瘾重的人在一起等。通过这种外部环境，教师可以给学生戒烟以有力的外部支援。同时，还可以和学生一起寻求更多有助于戒烟的方法，比如：

- 饭后刷牙或漱口，穿干净没烟味的衣服；
- 在自己经常吸烟的地方写上"坚持戒烟"等提示语；
- 将大部分时间花在教室、图书馆或其他不准吸烟的地方；
- 给自己积极的心理暗示，及时肯定自己，感受自己努力坚持的价值；
- 故意向身边的人宣布自己正在戒烟，用舆论压力帮自己戒烟。

6. 积极跟踪，允许反复，在反复中看到进步和希望

在学生戒烟的过程中，教师要及时关注并跟踪，了解其效果。无论是对成人还是对中学生而言，戒烟都是件很困难的事情。对于这一点，不仅学生需要做好心理准备，教师也需要做好心理准备。

在戒烟的过程中，学生最需要具备的是自制力，自制力是决定戒烟成败的关键，同样也是人应该具备的重要品质。教育的根本目的不是为了管住学生，而是为了通过培养学生的主体性、自制力来让学生自己管住自己。

自制力的培养不是一天两天的事情，需要一个过程，甚至可能需要一个相当长的过程，在此过程中肯定会有反复。教师和学生不要因为有了反复就否定和忽视学生在此过程中的努力，在反复中要继续冷静思考、合理分析，在反复中看到进步和希望，也看到下一步努力的方向。

学生戒烟的过程，也是学生强大自制力形成的过程，是学生不断挑战自我、超越自我、实现成长的过程。

7. 后续跟踪，让不吸烟成为习惯

根据行为心理学原理，21天以上的重复会形成习惯，90天的重复会形成稳定的习惯。通过"干预"，教师要预防吸烟成为学生的习惯，防止新一代烟民的规模扩大。

【附录】主题班会课例：对香烟说"NO"

活动目标

（1）帮助学生了解吸烟的危害，意识到拒绝吸烟和拒绝"二手烟"的必要性。

（2）和学生一起寻找拒绝吸烟和拒绝"二手烟"的方法，并做追踪管理。

活动准备

提前准备好班会课课件。

活动过程

一、知识简介，认识香烟

教师开场：香烟，烟草制品的一种。制法是把烟草烤干后切丝，然后以纸卷成长约120mm、直径10mm的圆筒形条状。吸食时把其中一端点燃，然后在另一端用口吸啜产生的烟雾。

大部分的香烟成分之中并不只有烟草。生产商通常在香烟内加入大量不同的添加剂，目的是控制烟丝的成分和质量，防腐，以及改变点燃时烟雾对吸食者所能产生的感觉。有些香烟中加入了丁香，目的是令吸烟者的口及肺部出现少许麻痹，从而产生轻微的快感。

据研究，香烟燃烧后的烟雾中含有4000多种有害物质，就医学观点来看可分为四大类：尼古丁、一氧化碳、刺激性物质、致癌物质。下面我们一起来看看香烟烟雾的"自白"吧！

（出示课件）

我是大名鼎鼎的香烟烟雾，我的成员众多，其中骁勇善战、威猛无比、能使人类患病的大将多达20多位。看看我手下的大将们吧：

我是尼古丁小姐，我的绝技是使用"迷魂大法"。只需7.5秒，我就能到达你的大脑，在进入你的身体后，我可以让你四肢末梢血管收缩、心跳加快、血压上升、呼吸变快、精神状况改变（变得情绪稳定或精神兴奋），并促进血小板凝集，我是造成心脏血管阻塞、高血压、中风等心血管疾病的主要帮凶。我的杀伤力也了不得，25支烟的（尼古丁）含量就可以让一头冲劲十足的公牛死于我的红裙之下。

我，一氧化碳，我的绝技是偷梁换柱。我能冒充氧气，偷偷登上血液循环的列车。我与红细胞的结合力为氧和红细胞结合力的约210倍，所以我被吸入人体后，可以慢慢阻断脑细胞的氧气供应。没有了充足的氧气，你的大脑将会昏昏沉沉。

我们是刺激性物质，我们不但会对眼睛、鼻腔和咽喉产生刺激，也会刺激支气管黏膜下腺体的分泌，导致急性支气管炎及慢性支气管炎。

除了它们三位大将之外，我的烟雾里有40多种致癌物质，我是直接导致心脑血管疾病、癌症、慢性阻塞性肺病等多种疾患的高危因素。我现在已成为继高血压之后的第二号全球杀手，有了这些心爱的大将的辅佐，我对于登上"世界顶级杀手"的宝座充满了信心。

亲爱的朋友，快点加入烟民的行列吧，只要你吸了烟，我保证你的身体慢慢会有意想不到的疾病出现。

教师过渡：同学们，了解了香烟和香烟烟雾的"自白"之后，相信你已经对香烟有了更全面的了解。如果说刚才的介绍还没有真正触动你的话，下面，我们再一起来看一些图片和数据吧！

二、图片对比，数据说话，明确危害

1. 图片对比

（出示课件）

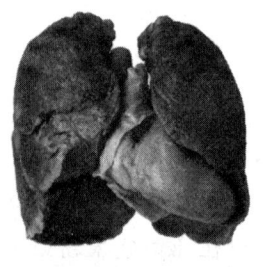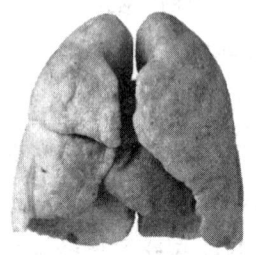

左边：一个吸烟者的肺；右边：一个不吸烟者的肺。

每天吸一包烟的人的肺，一生中至少比不吸烟者的肺多吸入5公斤的毒性颗粒！有资料表明，长期吸烟者的肺癌发病率比不吸烟者高10～20倍，喉癌发病率高6～10倍，冠心病发病率高2～3倍，循环系统发病率高3倍，气管炎发病率高2～8倍。

（看到图片，学生忍不住地"哇"了一声，感觉可怕、恶心！有学生说："这哪儿是吸烟啊，这分明就是在吸毒药！"）

2. 数据说话

（出示课件）

我国每天有 2000 人死于吸烟

中国是全球最大的烟草生产和消费国，63%的成年男性和4%的女性吸烟，总人数超过 3.2 亿。中国预防医学科学院、中国医学科学院、英国牛津大学和美国康奈尔大学的研究人员曾在中国进行了两项世界规模最大的吸烟与死亡关系调查。结果表明，中国每天有2000人因吸烟而死亡，平均每40秒钟左右就有一个人死于吸烟！如果目前的状况持续下去，到2050年，我国每天将有8000人死于吸烟，每年将达 300 万人。

吸烟对女性有特殊危险，吸烟的妇女如果正使用口服避孕药，会增加心脏疾病发作和下肢静脉血栓形成的机会；吸烟孕妇的胎儿易发生早产和体重不足，婴幼儿期免疫功能降低，容易生病；据统计，孕妇被动吸烟的婴儿致畸率明显增高。

中国青少年吸烟状况

一项针对青少年烟草使用情况的最新调查显示，中国20%以上的初中生尝试过吸烟，其中有相当比例的人已表现出今后吸烟的倾向。

在被调查的近12000名13—15岁初中学生中，有32.5%的男生和13%的女生尝试过吸烟，总吸烟率为22.5%。开始吸烟的平均年龄仅为10.7岁。超过一半的学生说他们在1周内至少有1天会生活在烟雾缭绕的环境中。

医学专家研究报告反映，肺癌死亡率与开始吸烟的年龄有关

不吸烟者——1.00%；

15—19 岁——19.68%；

20—24 岁——10.08%；

25 岁以上——4.08%。

若吸烟者从青少年时开始吸烟并持续下去，就会有50%的机会死于与烟草相关的疾病，从青年时期开始吸烟的任何年龄段的吸烟者都比不吸烟

者的死亡率高约3倍，其中半数将死于中年！这么看，吸烟也有好处：

可以永远年轻，因为吸烟的人大都英年早逝；

半夜不怕贼偷，因为吸烟的人晚上睡觉时也咳嗽个不停；

不怕狗咬，因为吸烟的人身体虚弱，手里总是拿着一根棍子。

教师过渡：刚才的笑话很冷，但是很真实。也许有些同学觉得"我没有吸烟啊，吸烟和我没什么关系吧"。是的，也许你没有吸烟，但是你有没有"被吸烟"，你有没有身处吸烟的环境中，被迫吸了"二手烟"呢？现在让我们看看"二手烟"的危害吧。

3. "二手烟"的危害

（出示课件）

决不要把吸"二手烟"理解为把别人没吸完的烟接过来再吸，我们所说的吸"二手烟"是指不吸烟者吸了吸烟者吸烟时所造成的香烟烟雾。这对不吸烟者来说是一种被动的、不由自主的行为，因此被称为"被吸烟"。

不要以为吸"二手烟"无所谓，必须告诉大家的是，四大类有害物质对于烟民和"二手烟"吸入者同样有害。更值得注意的是，分流烟（"二手烟"）中的一些有害物质比主流烟（"一手烟"）中含量更高，如一氧化碳，分流烟是主流烟的5倍，焦油和烟碱是3倍，氨是46倍，亚硝胺（强烈致癌物）是50倍！所以，在一定程度上，我们可以说，"二手烟"造成的危害比"一手烟"更可怕！

教师：看到这些数据，你有什么感想？

学生1：我一向是不吸烟的，以前看到别人吸烟，我都感觉和自己没关系，反正吸烟的不是我，受伤害的不是我。看到"二手烟"的危害之后，我才知道我受到的伤害比吸烟的人受到的伤害更大！我现在深刻地认识到在公共场所吸烟不仅仅是个人习惯问题，更是没有公德的表现！而对他人在公共场所吸烟的放纵就是对自己健康的残忍和不负责！

学生2：吸不吸烟是别人的权利，我不想去干涉。但是如果有人在教室、宿舍等公共场所吸烟、逼迫我吸"二手烟"，就是对我个人健康权利的侵犯，我就要捍卫我的健康权利。

教师：所以，当我们的身边有人吸烟的时候，当我们被迫吸"二手烟"的时候，我们要勇敢地站出来制止他们。在此也提醒个别还有吸烟习惯的同学，吸烟属于个人行为，但是如果任由个人行为侵犯他人利益，个人行为就是不道德的。因此，如果你实在无力戒烟，也一定不要在公共场所吸烟！

4. 法律法规

《中华人民共和国烟草专卖法》第五条规定：国家加强对烟草专卖品的科学研究和技术开发，提高烟草制品的质量、降低焦油和其他有害成分的含量。国家和社会加强吸烟危害健康的宣传教育，禁止或者限制在公共交通工具和公共场所吸烟，劝阻青少年吸烟，禁止中小学生吸烟。

教师：同学们，看到了吗？国家法律明确规定"禁止中小学生吸烟"，换言之，对作为中学生的你们来说，吸烟不属于个人权利，中学生吸烟严格来说属于违法行为！

三、深度交流：我们的想法和行动

教师：同学们，刚才我们已经非常明确地认识到了吸烟的危害。那么，你如何看待吸烟和吸烟的人呢？现在我们可以自由发言，大家各自表达自己的观点。发言可以围绕以下几个问题展开（教师可根据自己班级的实际情况选择性地组织讨论）：

（出示课件）

（1）不管你现在是否有吸烟的习惯，如果让你重新选择，你会选择吸烟还是不吸烟？（设计意图：教师要重点关注有吸烟经历的学生的选择，可以借此了解本节课对学生的触动情况）

（2）有些人认为吸烟的人很帅、吞云吐雾的样子很潇洒，你认同吗？（设计意图：让吸烟的学生了解大众的观点，借助大众的观点来扭转个别学生"吸烟很帅"等的错误认知，更易于被学生接受，效果胜于教师的简单说教和强制性管理）

（3）如果有人在公共场所吸烟，你可以怎么做？（设计意图：培养正气，激发学生维护周围环境的勇气，同时探寻、分享合理的、行之有效的方法）

（4）为了提醒人们不要吸烟，尤其不要在公共场所吸烟，你能不能设计一些标志、漫画或故事来提醒人们？（设计意图：此设计活动能够有效地把

短期活动变成长期活动，把班级内活动的影响力扩大到学校、社区，从而扩大教育效果）

（5）如果你认识一个吸烟的人，他对你来说很重要（可能是你的朋友、长辈），你想对他说的一句话或者做的一件事是什么？（设计意图：发动群体力量，共同关注和帮助吸烟的同学/亲人尽量减少吸烟直至远离吸烟）

教师小结：对香烟说"NO"，我们在行动！

学生经常迟到，怎么办

现象扫描

学生迟到问题属于班级管理中的常见问题。迟到本身是小事，不值得深究，但是如果有部分学生或个别学生经常迟到，则可能形成"破窗效应"，对班风造成不良影响。所以，部分学生或个别学生经常迟到的问题，值得深入思考。针对学生经常迟到问题，不同风格、不同教育理念的教师会采取不同的应对措施，由此出现了不同的教育情景，进而产生了不同的教育效果。

案例情景

【案例】面对迟到的选择

早上 7:10，踏着早读开始的铃声，我照例进入教室巡视。突然，我发现小毓的位置是空着的，询问周围的同学，大家都说今天早上没见到他，同宿舍的同学则说他早上好像没起床，还在宿舍睡觉（我们学校是寄宿制高中）。

我心里一紧：这孩子是不是哪里不舒服？要不要去看医生？要不要现在马上去宿舍看看？

正在我犹豫不决的时候，小毓怯生生地在门口喊了一声："报告。"

"怎么了？是不是不舒服？"我走过去问。

小毓愣了一下，说："不是的，是太困了，就多睡了一会儿。"

"哦，好的，记得以后要早点睡觉，不要熬夜。进去吧！"

没有责备，没有不满，有的只是教师对学生的关心和宽容，这件事就这样过去了。我很为自己这样的处理方式而骄傲，因为我觉得自己做到了理解、尊重学生。

一周相安无事。又一周后，小毓又一次迟到了。

当他第三次迟到的时候，我生气了，在脑海中迅速思考：针对这种多次迟到的学生，我应该怎么办？

方法1：批评指责

把学生叫去级组办公室，站在办公桌前，严肃地对他进行批评教育。

教师："你已经不是第一次迟到了，你究竟有没有认识到自己错了？如果认识到自己错了，为什么不改正？"

学生："老师，我错了，我一定改，下次再也不迟到了。"

教师："这都已经是第三次迟到了，我凭什么相信你？"

学生：……

教师："这样吧，我再给你最后一次机会，你写一份检讨书，保证以后再也不迟到了，不然我就把你交给学校政教部门来处理。看你这样子，一而再再而三地迟到，哪像个学生的样子！"

学生带着恐惧，灰溜溜地去写检讨书。但是，检讨书就保证能起作用吗？如果再迟到，就真的把学生移交政教部门处理吗？学生心里没底，老师心里更没底。

方法2：情感触动

把学生叫去级组办公室，帮他搬张椅子，面对面坐着，促膝长谈。

教师："你感觉老师对你怎么样？"

学生:"老师对我很好,很宽容。"

教师:"你连续迟到,老师批评过你吗?骂过你吗?"

学生:"没有。"

教师:"可是,别人在批评老师,在指责老师对你太偏心了。"

学生:……

教师:"我很欣赏你,我一直认为你是有能力战胜自己的缺点的。老师知道偶尔迟到真的算不上是什么大不了的错误,但是你想过吗,你这样屡教不改,最难做的其实是老师我,因为别的同学会因为我对你的宽容、偏爱而攻击我,对于这一点,老师觉得很难受。"

学生:"老师,我错了,我没想到我的行为让你那么难做。对不起,我一定努力,以后再也不迟到了。"

教师对学生的好,学生能够感觉到,从主观上讲,如果情感触动效果好,加上学生自控能力较强的话,迟到情况应该会得到较大改善。

方法3:原因分析和方法指引

白天先让学生进教室上课,当天晚上,把学生叫去操场散步,或者一起坐在办公室一边喝茶一边聊天。

教师:"怎么回事呢,最近怎么经常迟到呢?"

学生:"老师,我也不是故意的,我也不知道为什么,就是睡不醒。"

教师:"别着急,我们慢慢分析,你看看你可能属于什么情况。"

学生:"嗯。"

教师:"一般人经常犯同一个错误,有这样几种可能:第一种可能是故意迟到,这可能是因为他对老师或者同学、班级不满,想通过自己的行为表达自己的不满。"

学生:"不是这样的。其实我很喜欢老师,我也很喜欢我们班。"

教师:"第二种可能是过去的迟到没有受到相应的惩罚,因此在心里感觉迟到不是什么大不了的事情,放松了自己对自己的要求。"

学生认真想了想:"有时候有这种情况,比如特别累的时候,就感觉再睡一会儿吧再睡一会儿吧,就又睡着了。但是不是每次都这样。"

教师:"第三种可能是晚上因为玩手机、看小说、失眠等原因导致睡眠不足、睡眠质量不佳,第二天起不来。"

学生:"这种情况没有,为了保证自己不在晚上睡觉时玩手机,我已经把手机放在家里了。"

教师:"还有一种可能,生理原因,有些同学体质特殊,嗜睡对有些同学来说是生理疾病。如果你觉得有必要,可以让你的家人带你去医院做适当的检查。"

……

教师:"分析了原因,现在我们一起来想想办法,看看怎么才能做到以后不再迟到,好吗?"

学生:"嗯。"

教师:"我认为第一个要解决的是认识问题,就是说,你有没有真正认识到'迟到'是很不好的行为,以及这种行为有什么危害。"

学生认真思考:"这种行为不仅影响自己的学习,也影响老师的心情、同学们的学习氛围,往大了说,是为班级抹黑的行为,这么做不仅是对自己不负责,还是对同学、对老师、对班级的不负责。"

教师:"你真的下定决心想要改变自己的这种不良习惯吗?别那么轻易答应,要想好了再做决定。"

学生:"老师,我决定了,我不能再这么不负责,也不能总是给你添麻烦,我改。"

教师:"那好,我们一起看看,能找到哪些改进方法。"

然后师生一起找方法:

(1)闹钟提醒。早上定3个闹钟,午睡起床时再定3个闹钟,确保闹钟能把自己叫醒。

(2)同学陪伴。为确保起床,找同宿舍的同学监督自己起床,每天一个同学负责把自己叫起来,一起洗漱、去教室。

(3)心理暗示。每天睡觉前,在心里默默暗示自己,一定要按时起床,一定要按时起床;起床时,在心里提示自己,拒绝拖拉,马上行动。

最终，我选择了第二种加第三种方法，即先对学生进行情感触动，使其亲其师、信其道，做好情感铺垫，然后和学生一起分析原因、寻找方法。从此以后，小毓迟到的情况明显好转。

问题分析

根据以上情景，我们可以看到，同样是针对学生多次迟到这一现象，不同风格、不同教育理念的教师视角不同、归因不同，采取的应对措施也有较大差异，由此出现了不同的教育情景，也势必会产生不同的教育效果。

1. 教师面对学生迟到问题的常见表现

针对学生多次犯错这一现象的处理，教师容易出现的问题往往表现在以下方面（在上述案例方法1和方法2中有所体现）：

（1）**重管轻教，迷信惩罚**。学生犯了错，教师不是去了解他是什么样的学生、他的想法是什么、他为什么犯错，不去考虑这种错误是不是应该被原谅，甚至不去思考怎么才能帮助学生不再犯类似的错误，而是提出诸多管理层面的要求：你不要再犯这种错误，否则后果自负（如方法1中的"我再给你最后一次机会，你写一份检讨书，保证以后再也不迟到了，不然我就把你交给学校政教部门来处理"）。

这种处理方式通常是比较强势的教师采用得多。这种重管理、轻教育、迷信惩罚的做法只能迫使学生在一定程度上收敛、改善其行为，这种收敛和改善往往并不是源于其自身正向价值观的推动，而是源于对教育者惩戒手段的恐惧和服从，因此即使学生有所改变，也是迫于教师的强势管理和严格惩罚而将问题暂时掩盖，并不能真正促进学生的成长。

（2）**盲目宽容，迷信师爱**。有些性格比较宽容或相对软弱的教师，不会一开始就采取强势的"惩罚""恐吓"措施，而往往选择"宽容"和"师爱"措施。他们深信"人之初，性本善"，深信"犯错误是学生成长过程中的权利""师爱的力量是无穷的"，于是一次次盲目地宽容学生（方法2中即是如此），却很少想到无原则的宽容很容易变成纵容和溺爱，更不利于学生的成长。

（3）**上纲上线，简单归因**。学生成长过程中出现的问题很多时候不一定是学生自身出现了问题，而仅仅是学生的行为出现了问题，这就要求教师做到处理问题时对事不对人，不能因为学生身上出现了问题行为，就把学生当作问题学生对待。

但是，面对学生出现的问题，很多教师往往喜欢上纲上线、简单归因，有时候甚至有泛道德化的倾向。比如，对于学生迟到问题，很多教师的直接反应是"学生的自我要求放松了""对老师有意见了""思想认识出问题了"等，把原因都简单归因到情感、态度、价值观上来，却极少和学生一起分析具体的原因，直接导致的结果就是师生都不知所以，不明白改进的方向和着力点。

（4）**只提要求，不给路径**。这里说的是，教师只是对学生的错误行为提出符合规范的要求——不能迟到，却很少和学生一起分析：从哪些方面做出调整才能尽量确保自己不迟到，可以借助哪些力量、哪些工具帮助自己做到不迟到。

2. 教师面对学生迟到问题应有的思维方式

针对学生多次犯错这一现象，教师应有的思维方式，应该包括以下几点：

（1）**探究原因，明晰方向**。思维方式决定行为方式。面对学生犯错，教师的思维习惯会直接影响乃至决定教师的行为方向。如果教师的第一反应是"又是他，看我怎么收拾他"，可能会出现案例中方法1的局面；如果教师的第一反应是"犯错误是学生成长过程中的权利"，可能会出现案例中方法2的局面；如果教师的第一反应是"这是为什么呢，究竟是什么原因呢"，可能会出现案例中方法3的局面。可见，思维方式决定行为方式。

任何现象都有缘由。通常我们遇到学生问题的第一反应总是"怎么办"，却不习惯先探究一下"为什么"。如果我们连真正的原因都不知道，又怎么可能做到对症下药呢？面对学生存在的问题，只有找到真正的原因才能给出对症的策略，才能真正帮助学生实现转变。我们习惯性的"态度挂帅""道德归因"在很多情景中并不具有太大的合理性。所以，面对学生问题，教师要做出的第一个调整是探究原因、明晰方向和着力点。

（2）**以管助教，侧重教育**。教育的过程离不开管理，但是教育不能只有管理。教育的根本目的不是为了管住学生、让学生不犯错误，而是借助教育推动学生自身的不断成长和完善。在这一过程中，适当的管理有助于班级的稳定和教育工作的开展，但是以管理取代教育，或者只有管理没有教育的做法是"伪"教育，是对教育本身的玷污和异化。如案例中方法1就是标准的"管理"思维，而方法3则倾向于"教育"思维。在教育过程中，管理是基础，教育是深化，在工作中，我们应有的思维是以管助教、侧重教育。

（3）**多元思维，多管齐下**。所谓"冰冻三尺，非一日之寒"。学生问题的形成不是一蹴而就的，同样，解决问题的过程也不可能一蹴而就。面对学生的问题，在明晰了原因之后，教师应该采用多元思维的方式，多管齐下，运用多种手段帮助学生解决问题，促进学生的改变和成长。

对策措施

1. 召开主题班会，以面带点

在班级召开"好习惯，好人生"的主题班会，借助主题班会改变学生的认知，让学生认识到培养好习惯的重要性，号召全班学生找到一个自己最渴望改变的不良习惯并努力去改变，从而实现认知引领、以面带点，推动学生问题行为的改变。（具体课例见本节附录）

2. 深度剖析原因，明晰改进方法

如案例中的方法3所示，教师要和学生一起，深度剖析导致他经常迟到的原因，并一起寻找改进的方法。在此要注意改进方法的多样性和可行性。比如，案例中的小毓为了防止下午迟到，提出中午不午睡的方法，其结果是下午上课时打瞌睡。这很明显不是科学合理的改进方法，教师应该帮助他进行分析、否定。最终，教师和小毓一起确定了闹钟提醒、同学陪伴、心理暗示等方法帮助他改变经常迟到的不良习惯。

3. 举行"修身"仪式，促进群体互动

在学生找到自己的不良习惯和改进方案之后，教师在全班范围内组织一场"修身"仪式，宣布启动"修身"活动，倡导学生按照改进方案通过自身努力来完善自我。为了确保"修身"方案的顺利实行，要求每个学生寻找2～3人做自己的监督人，借助同学之间的相互提醒和监督实现群体互动，见证成长。

4. 矫正思维方式，促进行为改变

很多学生在犯错误之后，总是习惯性地为自己找借口。对此，教师可以借助矫正学生思维方式来促进学生行为的改变。矫正思维方式，就是要求学生不为"做不到"找借口，多为"能做到"找方法。学生犯错误之后，教师在要求学生陈述理由时，可以要求学生不能说"我以为""我觉得""我不知道这样会"等找借口的说辞，而是要说"我错了，其实道理我是知道的，这次犯错主要是因为我的（懒惰、自我放纵等）……下次我会改进"。

5. 后续跟踪，让正确的行为方式成为习惯

行为心理学研究表明，21天以上的重复会形成习惯，90天的重复会形成稳定的习惯。即同一个动作，重复21天就会变成习惯性的动作。同样的道理，任何一个想法，重复21天，或者重复验证21次，就会变成习惯性想法。所以，一个观念如果被别人或者自己验证了21次以上，它一定已经变成了你的信念。

习惯的形成大致分三个阶段。

- 第一阶段：1～7天。此阶段的特征是"刻意，不自然"。你需要十分刻意地提醒自己改变，而你也会觉得有些不自然、不舒服。
- 第二阶段：7～21天。不要放弃第一阶段的努力，继续重复，跨入第二阶段。此阶段的特征是"刻意，自然"。你已经觉得比较自然、比较舒服了，但是一不留意，你还会回复到从前。因此，你还需要刻意提醒自己改变。

- 第三阶段：21～90 天。此阶段的特征是"不经意，自然"。其实这就是习惯。这一阶段被称为"习惯性的稳定期"。一旦跨入此阶段，一个人就已经完成了自我改造，这项习惯就已经成为他生命中的一个有机组成部分，它会自然而然地不停地为人们"效劳"。

为了确保学生正确的行为方式成为习惯，教师要对学生的行为方式不断地进行跟踪和反馈，必要情况下，甚至可以做到每天一提醒、每周一小结，并不断用美好的前景去激励学生，激发他们更主动地完善自我的动力。

借助主题班会实现认知引领，借助原因剖析明晰改进方法，借助"修身"仪式促进群体互动，矫正思维方式促进行为改变，最后通过跟踪落实形成良好习惯。这一过程，融合了管理和教育，落脚于发展和成长，最终回归教育的目的：推动学生自身的不断成长和完善。

【附录】主题班会课例：好习惯，好人生

活动目标

（1）帮助学生了解好习惯和坏习惯的影响，意识到养成良好习惯的重要性。

（2）帮助学生找到戒除不良习惯的方法，并做追踪管理。

活动准备

提前打印"不良习惯治疗卡"；提醒学生带笔参加班会课。

活动过程

一、活动导入，见识习惯

导入"叉手"活动：

（1）教师提醒全体学生注意，半举双手，放于胸前。

（2）教师请全班学生跟随教师口令将双手交叉握在一起，连续做 6 次，最后一次，保持交叉状态。

（3）教师口令清晰地高举双手做示范。

教师提问：请注意自己的手指是怎样交叉的，是左手大拇指在上还是右手大拇指在上？你每次手指交叉的姿势一样吗？为什么？

学生回答：有的同学是左手大拇指在上，有的同学是右手大拇指在上，但是所有同学每次手指交叉的姿势都是一样的，因为习惯了这样叉手。

教师小结：一个小小的叉手游戏让我们认识到，习惯无处不在，并经常在不经意间对我们产生着影响。同学们，"习惯"本身是一个中性词，也就是说，习惯有好习惯和坏习惯，养成一个好习惯可能让我们受益终身，养成一个坏习惯则可能让我们损失惨重。因此，本次活动，我们的主题是："好习惯，好人生"。也许有的同学会问："老师，习惯有那么大的影响吗？"关于这个问题，我们借助两个小故事来认识习惯的影响。

二、故事分享，认识习惯

（出示课件，呈现故事1）

北京有一家外资企业招工，对学历、外语、身高、相貌的要求都很高，但薪酬也挺高，所以很多年轻人都来应聘。过五关斩六将，终于到了最后一关：总经理面试。

一见面，总经理就说有急事要离开一会儿，让他们等10分钟。他们很有礼貌地答应了，各个踌躇满志，得意非凡，有的还开始围着总经理的写字台看。只见上面有一摞文件、一摞资料，他们便开始互相传阅、讨论。

10分钟后，总经理回来了，宣布面试已结束，没有一个人被录取。年轻人都感到很疑惑。

教师提问：各位同学，年轻人都感到很疑惑，请问你感到疑惑吗？为什么？

学生1：不疑惑，因为他们没有经过他人同意乱翻他人资料，这是很不好的习惯。

学生2：不经过他人同意就翻看他人资料会侵犯他人的隐私，而且这是对他人的不尊重，所以他们都没有被录取。

（出示课件，呈现故事2）

20世纪60年代，苏联发射了第一艘载人宇宙飞船。当时在挑选第一个上太空的人选时，几十个宇航员去参观了他们将要乘坐的飞船，但进舱门时，只有加加林一个人把鞋脱了下来。他觉得这么贵重的飞船舱，怎么能穿着鞋进去呢？

加加林的这一个动作，让主设计师非常感动。他想："只有把飞船交给一个如此爱惜它的人，我才放心。"在他的推荐下，加加林成了人类第一个飞上太空的宇航员。

教师提问：你认为主设计师的决定有道理吗？为什么？

学生：有道理，因为脱鞋虽然是这么一件小事，但实际上体现了一个人的修养。一个人的素质高低往往能在一些很细微的小事上体现出来。可以说，小习惯体现了大修养。因此，主设计师的决定是英明的。

教师小结：是啊，小习惯，往往能够体现大修养，看来我们以后也要注意养成好的小习惯才行。那么，同学们，对于"人无完人"这句话，你们相信吗？（学生回答：相信）那你们想不想改变不良习惯，养成好习惯呢？（学生回答：想）

教师过渡：从小到大，我们很多人都有过很多次想要改变不良习惯的努力，但是很多时候都前功尽弃了，这是为什么呢？也许下面这个小活动能够给我们一些启发。

三、方法介绍，改变习惯

第二次开展叉手活动：

（1）教师要求学生恢复上课初的叉手状态（即习惯叉手的状态）。

（2）教师请学生重新叉手，要求手指交叉的顺序要与之前正好相反（例如，本来左手大拇指在上的改为右手大拇指在上）；连续做5次。

教师提问：当姿势有所改变时，你有什么感受？这说明了什么？

学生：感觉很不习惯，很不舒服。这说明当我们想要改变自己长期养成的习惯时，会面临不舒服、不适应。

教师小结：改变自己长期养成的习惯当然会伴随着不适。这也是我们以往很多次想要改变不良习惯却总是失败的原因。在意识到改变会伴随不适之后，我们是不是就无法改变不良习惯了呢？当然不是，只是，我们需要找到好的办法来帮助自己改正不良习惯。在此，老师向大家推荐一张卡片：不良习惯治疗卡。

不良习惯治疗卡

_____年_____月_____日

不良习惯：_____

怎样改进：_____

_____

_____

我邀请_____做我的评判人，提醒我要和坏习惯绝交。

一个星期后，我的表现：_____

治疗结果：_____

评判人签名：_____

（1）教师给每个学生发放一张不良习惯治疗卡。

（2）学生自主完成卡片（为了提供参考，教师可以举例。比如，关于克服"做事拖拉"的不良习惯，本人从以下三方面去改进：第一，遇到事情马上去做；第二，如果不能马上去做，要在备忘本上记录下来，并明确完成时限；第三，如果不能按时完成，先做别的，下班后加班完成这份工作）。

（3）学生分享（在分享过程中，教师一方面要对学生提出的比较可行的措施给予积极的回应，一方面要对学生提出的不合理的做法给出建议，以确保改进措施的可行性）。

（4）教师小结：同学们刚才的分享不仅让我看到了同学们改变不良习惯的决心，更让我看到了同学们方法的可行性。有了坚定的决心，有了可行的方法，又有了外在的监督，我相信同学们一定能够改掉不良习惯，形成良好的习惯。

四、理论指导，确立信心

行为心理学研究表明，21天以上的重复会形成习惯；90天的重复会形成稳定的习惯。即同一个动作，重复21天就会变成习惯性的动作。同样的道理，任何一个想法，重复21天，或者重复验证21次，就会变成习惯性想法。所以，一个观念如果被别人或者自己验证了21次以上，它一定已经变成了你的信念。

教师总结：通过这次班会，我们都认识到，良好的习惯能帮助我们走向成功，使我们受益终身。播种行为，收获习惯；播种习惯，收获性格；播种性格，收获人生！好习惯成就人的一生，它是我们言行的导师，是描绘人生蓝图的五彩笔。同学们，让我们一起努力改掉坏习惯，培养好习惯，成就好人生！希望，三个星期后，我们的不良习惯治疗卡上收获的答案是肯定！

教师冤枉了学生，怎么办

现象扫描

在师生关系中，由于身份、沟通习惯、思维方式等方面的差异，教师冤枉学生的情况偶有发生。如果教师冤枉了学生又没有得到合理的解决，其结果不一定是学生对教师的直接对抗，却可能导致学生内心的不满和无声的反抗，在无形中影响教师自身的魅力和教育教学的效果。那么，如果教师冤枉了学生，该怎么办？

案例情景

早读时间，英语老师进班，看到全班学生都在专注地读书，只有小恒闭着眼睛趴在课桌上。想到他经常在早读时间睡觉，想到他的英语成绩越来越差，英语老师非常气愤，快步走到小恒身边："你怎么回事，为什么别人都在读书就你不读？"

小恒："老师，我有读书的……"

老师："你就是这样趴着读书的？你就是这样闭着眼睛学习的？全班同学

都在认真学习，就你好，在认真睡觉！真是无可救药！现在你给我到门口站着去！"

小恒站在教室门口，满脸委屈。

作为班主任的我，看到小恒站在教室门口，感到很奇怪，简单了解原因后，才知道，整个早上，小恒都在认真读书，只是读了一段时间后感觉累了，就趴下休息一会儿。不巧的是，小恒刚趴下，就被英语老师抓到，赶到了教室门口罚站。

很明显，小恒被老师冤枉了，受到了委屈，这时候，作为班主任，我该怎么办？

 问题分析

导致教师冤枉学生的原因可能是多方面的：一是教师因素（教师的思维习惯等），二是学生因素（学生可能表现出了容易致人误会的现象），三是师生互动关系（师生没有形成互相信任的关系，缺乏顺畅的沟通渠道等）。这其中，主要原因是教师因素。就上述案例而言，我们可以对导致本次"冤枉"事件的原因做如下分析。

1. 教师因素

（1）**惯性思维，不做调查**。案例中的教师的思维习惯有问题，具体表现为看到问题（小恒趴在桌上，没有读书）不调查、不询问、不了解情况，甚至不听学生的解释，完全凭自己的主观感受做判断。他的理由也直接而简单："想到他经常在早读时间睡觉"，"我亲眼看到的难道有假"。这种由一般到特殊的简单推理（因为你平时经常趴在桌上睡觉，所以今天一定也是在趴在桌上睡觉）是典型的基于个人主观判断的惯性思维。殊不知，眼见不一定为实，任何事情都可能有特例存在，没有调查就不一定知道事情的真相，难免会被表象迷惑，也难免会犯主观主义的错误。

（2）**处理方法简单粗暴，以管理替代教育**。在上述案例中，面对学生趴在课桌上、没有认真读书这一情况，教师除了没有了解原因外，更可怕的是完全无视自己"教育者"的身份，仅仅考虑现场"效果"而没有考虑学生的需要。

教师教育理念和定位的不同决定了面对学生犯错时的关注点和所采取的措施的差异。管理者强调的是制止、惩罚和服从，教育者则更关注动情、明理和成长。教师作为一名专业教育工作者，从关注成长的角度来讲，教育的目的不只是为了使学生的行为服从制度的管理，更是为了帮助学生学会一步步战胜自己的不足，完善自我（比如培养学生的主体性、主动性和自我管理能力等）。案例中的教师把学生赶去门口罚站的做法直接效果固然很快，但在此过程中，学生不仅没有得到成长，反而受到了冤枉和委屈。

2. 学生因素

在上述案例中，学生自身的因素也是导致教师冤枉学生的诱因之一。该学生的学习习惯不好，经常趴在课桌上睡觉，长此以往，给教师留下了不好的印象，这是促使上述案例发生的历史原因。虽然学生整个早上都在认真读书，但是当老师看到他的时候，他的确是在趴在课桌上休息，教师在未了解真实情况的条件下难免对这一现象产生不良情绪，这是上述案例发生的直接原因。

3. 师生互动关系因素

也就是说，师生之间没有形成良好的互动关系，尤其是教师对学生缺乏相应的期待和耐心。这一点不能单方面归责于教师或者学生，因为师生互动关系的建立是相互作用的结果，一方面受到教师教育理念、教育行为的影响，另一方面也受到学生自身行为的影响，因为学生的一次次趴在桌上睡觉等违纪行为会逐渐消磨掉教师对学生的期待和耐性。

 对策措施

教师冤枉学生的事情已经发生，怎么办？班主任要不要马上介入，立即处理？如何处理教师与学生之间的关系？如何引导学生的情绪甚至借此推动学生的成长？这些都是摆在班主任面前的问题。

班主任需不需要马上介入事件进行处理取决于事件的紧张程度。就上述案例而言，学生和教师在事件现场并没有发生激烈冲突，因此不妨对现场进行冷处理，或者对现场进行简洁、迅速的处理，把重心放在后期的协调、教育方面。针对上述案例，我是从以下几方面来处理的。

1. 迅速完成现场处理

由于早读之后很快就要上课，没有太多时间来处理问题，加之我和小恒关系较好，小恒对我比较信任，我采取了快速处理法。

我对小恒说：

刚才我简单了解了一下事情的经过。我知道在这件事上你受到了委屈。作为班主任，从促进成长的角度而言，我希望你去做这样几点思考。

（1）原因思考：为什么老师会冤枉你？老师的责任有哪些？你的因素又有哪些？

（2）价值思考：在受到委屈的同时，我希望你能想一想委屈在人成长过程中的价值是什么？

（3）方向思考：我们以后应该怎么做才能避免类似的事情发生？

好好思考，明天晚上我会找你沟通，听你的想法。

然后，我和英语老师做了简单沟通后，让小恒回教室上课。之所以选择第二天晚上处理，一是为了给自己第二步的调查留下时间，二是为了留给小恒一定的思考空间。

全程在5分钟内完成，可谓快速、简洁。

2. 展开调查，全面了解事情的前因后果

为了更好地了解事情的前因后果，当天，我找了英语科代表、小恒周围的同学了解情况，然后找英语老师、小恒本人做进一步核实。重点放在以下几个问题：

（1）平时英语老师和小恒的关系如何？两者有没有发生过互相有针对性的冲突？

对这个问题的了解有助于整体把握矛盾双方的关系，为下一步调节过程做准备。

（2）事情当天的过程是怎样的？当事人对这件事的感受和感想是什么？

这一调查是为了把握当事人在本次事件中的感受，初步诊断这一时期双方的关系是属于相互理解型、服从型还是对抗型,以便针对不同的情景采取不同的策略。

经过调查,我发现,英语老师和小恒之间平时并没有发生过针对对方的事件,但是双方之间存在一定的情绪对立。教师的情绪主要是因为小恒不努力,经常不按照要求完成学习任务;小恒的情绪主要源于感觉教师对自己的要求过高。

3. 借力消力,逐渐消除师生双方的情绪对立

有了第二步的调查了解,第三步,我采取了借力消力的做法。

在教师方面,我找了英语老师比较喜欢的英语科代表和学习委员等在英语老师气消后,私下向英语老师说清楚情况,主要说明当时的情景和小恒的处境,尽量让英语老师看到小恒的努力,多理解、鼓励和陪伴小恒;在小恒方面,我安排自己比较信任的小恒的朋友陪伴、引导他,让小恒理解教师的苦心和无奈,认识到自己身上存在的不足,借此逐渐消除师生双方的情绪对立。

第二天晚上,我找小恒问他在这件事中的感受。小恒是这样说的:

第一,在这件事上,我知道是老师冤枉了我(对事实的客观判断)。

第二,虽然老师冤枉了我,但不能全怪老师,我本人也有不可推卸的责任。因为我平时的表现给老师留下了不好的印象,虽然我昨天早上努力了,但是我不能希望努力一天就改变自己在老师心中的形象,加上昨天早上老师看到我的时候我确实在趴在桌上休息,所以引起老师误会的主要责任在我(对原因较理性的分析和认识)。这件事也让我认识到,不能戴着有色眼镜去看别人,有时候我们看到的现象不一定是事实,在产生人际冲突时应该在尊重的基础上多去了解原因、多去理解对方的感受。

第三,老师,其实你不用找我了,作为一个成长中的男人,如果连这点委屈都承受不了,将来怎么成得了大事呢?男人的胸怀是被一次又一次的委屈撑大的,这点委屈,我受得了。

我把小恒的想法转告给英语老师。英语老师很是感动,也反省了自己在这件事中的冲动和不成熟。他主动提出想真心地向小恒道歉,因为真诚

的道歉不但不会降低自己的身份，反而是在尊重自己的情感和理性，做一个真实的自己，这样才会使学生更信服自己，也使自己更安心。

4. 多维沟通，建立师生互相信任的通道

在消除双方对立情绪之后，我分别找了英语老师和小恒，建议双方在互相理解的基础上互相支持和鼓励，双方都放低姿态、主动化解误会，并尽力建立起师生互相信任的通道。

为了建立起师生互相信任的通道，我建议他们从以下几方面开展工作：

（1）双方各自写一封书信向对方表达自己的歉意和想法，书信可长可短，但一定要发自内心、要真诚。然后，由中间人把书信转交给对方。

（2）双方当面建立"心灵契约"，约定双方以后要互相理解、支持，有不满情绪时尽量采用私下沟通或文字沟通的方式解决。

（3）针对小恒量身打造有针对性的"成长阶梯"，采用"小步子大目标"的方法，引导和陪伴小恒逐步取得学科学习的进步。

5. 后续跟踪，确保师生关系良性发展

后来，小恒的表现在一定程度上有所改善，老师和小恒之间的关系也日益融洽。

班规执行不下去，怎么办

 现象扫描

班规是班级文化建设中的重要因素，也是班级稳定和班级发展的基本保障，很多班主任很重视班规的制定和执行。但是，也有很多班主任在制定班规后却发现班规很难执行下去，甚至即使多次修改仍旧难以执行。那么，班规执行不下去，怎么办？

案例情景

杨老师是刚从重点大学毕业的学生，来到我们学校担任学科教学和班主任工作。由于工作认真负责，加之与学生的年龄段比较接近，杨老师迅速和学生打成了一片，师生关系非常融洽。

开学一个月后，杨老师发现班级常规中出现了一些问题——有的学生开始不交作业，有的学生经常不按规定打扫卫生，有的学生在午睡、晚睡时间大声喧哗等。这些问题常常导致班级非常严重的扣分情况，班级在学校文明班级评比中开始处于年级末尾。杨老师感受到了来自学校和学生的压力。

"乱世用重典。"为了扭转这种不利局面，杨老师迅速制定了严格的班规，如"禁止在午睡、晚睡时聊天、玩手机""不能不交作业""课间不准大声喧哗"等，违者一次写1000字说明书，累计犯错误3次写1000字说明书并叫家长到校接受教育等。在班规的作用下，班级混乱的情况迅速得到了扭转。

但是好景不长，一个多月后，杨老师发现学生违纪的情况再次出现，而且大有愈演愈烈之势，而1000字说明书和叫家长的威慑好像不再有效。面对犯错误的学生越来越多，手里收到的说明书和要接见的家长越来越多，杨老师困惑了，不知道应该怎么办。

问题分析

班规执行不下去，原因可能是多方面的，如班规本身不科学，超出了学生难以达到的标准，或班主任自身不尊重班规，随意根据个人情绪和主观意愿处理班务，僭越班规等。就本案例而言，我们可以从教师、学生和班规的角度进行分析。

1. 教师角度

从教师的角度来说，教师没有章法和急功近利是班规难以执行下去的重要原因。

没有章法，是指教师在带班之初既没有班级发展的宏观思考又缺乏清晰的带班思路。案例中的杨老师虽然热爱教育事业、热爱学生，却不知道应该如何去把爱和期待转化成具体的班级文化建设思路，不知道如何去培养学生的规则意识。杨老师的爱是盲目的、不专业的。

急功近利，是指当教师发现班级出现问题之后，面对来自各方的压力，急于解决问题而制定了一系列的处罚措施，如写说明书、叫家长等，却没有借助一些教育性、引导性的工作让学生认识到班规存在的重要性和必要性。这样的班规完全是出于教师管理、管住学生的需要，而没有考虑学生现实的成长需要，是不负责任、不科学的，是教师急功近利的表现。

2. 学生角度

从学生的角度来说，中学阶段孩子的身心发展还未达到成人的心理水平，成长中的个体具有相当强的原始享乐本能和自我中心本能，学生犯错误几乎是在所难免的。在班级形成初期，学生之所以比较"乖巧"，一方面是由于学生对美好未来的期待，另一方面是因为学生和教师还处于相互了解、试探阶段，学生一般不敢轻易挑战教师的权威。但是，一旦学生熟悉了新的环境、了解了教师的性格和风格，试探阶段的小心翼翼便不复存在，出现问题也就是迟早的事了。此时，培养学生的规则意识和对班规的敬畏意识则显得非常重要且必要。

3. 班规角度

班规本身也存在诸多问题：

（1）**班规的制定过程缺乏民主基础和价值认同**。班规是班级出现问题之后班主任根据个人想法制定出来的，在此过程中并没有征求班级成员的意见，也没有让学生思考班规存在的价值和意义。这种情况下出现的班规代表的是教师的个人想法而缺少学生群体的价值认同，自然得不到学生的认同和支持，缺乏相应的群众基础。

（2）**班规的内容不合理，注重规范而忽略发展**。班规本身应该是工具而不是目的，班主任制定班规的低层次目标是借助班规来规范学生的行为，高层次目标是利用班规为班级发展、学生成长保驾护航，推动学生更好地成长。但是，杨老师的班规更多的是"不能""禁止"，强调的是犯错误之前的恐吓性限制、犯错误之后的严厉处罚，它是冰冷的、管制性的，是用来限制人而不是发展人的。

（3）班规层次性不够，执行性、可操作性不强。学生所犯错误不同、错误的严重程度不同，这也决定了班主任在用班规处理学生问题时所采取的处罚程度应有所差异。但是，杨老师的班规处罚措施比较单一（违者一次写 1000 字说明书，累计犯错误 3 次写 1000 字说明书并叫家长到校接受教育），这种处罚虽然在短期内能让学生因恐惧而服从，但并不能有效地提高学生对班规的敬畏感和信服感。尤其是当很多人一起违纪时，这种惩罚不仅难以达到惩罚的效果，反而容易让教师本人处于被动的境地，毕竟一次约见众多家长不是一件特别容易让人接受的事情。

 对策措施

班规本身应该是工具而不是目的，班主任制定班规的目标是借助班规来规范学生的行为，并利用班规来为班级发展、学生成长保驾护航，推动学生更好地成长。为了确保班规能够在被学生接受的同时推动学生的成长，我们不妨从以下几个方面开展工作。

1. 细化班规制定过程，把制定过程化成提升认识、形成共识的过程

（1）组织讨论，明晰班规的价值。要想让学生从心里接受班规，必须让学生理解班规存在的意义。为了达到这一目的，可以在全班范围内召开关于"是否制定班规"的大讨论，这一过程非常重要，因为学生表达观点的过程就是价值呈现的过程，辩论的过程就是价值澄清的过程；只有经历了这种价值呈现、价值澄清，学生才有可能真正明晰制定班规的目的不是约束自由而是保障成长，学生才能从内心里接受班规的存在和理解班规的基本精神。

（2）深入分析，明晰班规的维度和基本原则。既然要制定班规，就要考虑班规的维度和基本原则问题，即班规要涉及哪些方面、应遵循哪些基本原则。就维度而言，班规的范围应该主要包括学习、生活、纪律三大方面，其中学习方面又可以细化到课上和课下，课上又可以细化到听讲、发言、睡觉、看课外书等，课下又可以细化到作业等方面。只有这样把可能遇到的情况进行罗列，班规才能针对这些情况做出规范和指导。就原则而言，要注意班规的针对性、可操作性、内容的层次性、目的的发展性等原则，做到有赏有罚，借助班规促进成长。需要强调的是，这些结论最好仍由学生通过讨论得出。

(3) **机构保障，成立班规制定委员会，制定班规**。可在民主的基础上选出一些比较有原则、有正义感、有权威的学生组成班规制定委员会，在广泛收集意见的基础上，依据班规应该遵循的基本原则拟订班规草稿。然后全班逐条讨论修改、举手表决通过，正式出台班规试行稿。可以想象，经过这一系列工作之后制定的班规往往是比较科学、人性化、具有可操作性并具有广泛的群众基础的。

这种细化班规制定过程的做法虽然烦琐，但是非常有必要，因为这一过程不仅充分尊重了学生的主体地位，更让学生认识到了制定班规是源于自己内心的需要，班规是为了实现个人更好的成长而制定的，这一过程是提升认识、形成共识的过程。

2. 丰富班规执行过程，把执行过程变成培养规则意识、促进成长的过程

(1) **实行初：南门立木，树立班规权威**。班规制定后要先在教室公示3天，3天后，班主任正式宣布班规开始实行。在班规实行之初，班主任要学会利用班级出现的第一个错误，尤其是第一个较严重的错误，和学生一起讨论这个错误违反了班规中的哪个条款、按照班规应该如何处理，并在全班学生的见证下严格按照班规处理这一事件。这一过程的价值类似于商鞅变法中的南门立木事件，目的是取信于学生，树立班规权威，初步确立班规在学生心中的地位。

(2) **实行中：谨防僭越，注重班规落实**。在班规实行之后，面对学生的错误，教师要学会严格控制自己的情绪，把学生的错误纳入班规系统去处理，谨防教师本人随意根据个人主观感受处理班务、僭越班规。只有班主任首先尊重班规，学生才会更好地遵从班规。所以，班主任自身应该确立一种"法在人上，人在法下"的观念，谨防僭越，这样才能让学生真正地去尊重班规，才能强化学生的规则意识。

为了确保班主任不随意僭越班规，在此建议班级成立"执法部"，专门负责班规的落实执行；成立监察部，一方面监察执法部的执法情况，另一方面受理来自学生的投诉。

（3）**处罚前：注重教育，先教育后执行**。执行班规时，处罚不是目的，目的是规范行为、促进成长。因此，在执行班规前，教师要注重和学生沟通，了解学生犯错的原因和真实想法，做通学生的思想工作，帮助学生一起寻找改进的方法，并对学生的成长提出期待。唯其如此，才能借助班规的管理功能实现教育性目的，才能超越班规的工具性功能实现其教育性功能，使班级管理落脚于学生的成长。

3. 完善班规改进程序，把改进过程变成不断超越、共同成长的过程

班规不管如何制定，不管由谁制定，都不可能做到尽善尽美，尤其是随着时间的推移，有些规定可能不再适应班级的实际情况，这时就需要对班规进行修改。因此，完善班规改进程序就显得很有必要。

对此，班级可每月设立"班级日"（如果班级是4班，可以把每月的4号设为班级日）。班级日当天，除了总结过去一个月的班级情况外，还可以设立一个专门的环节，讨论之前一个月班规的落实情况和提出明显不合理的地方，全班讨论，举手表决，修改班规。

为了把班规改进过程变成班级和学生不断超越、共同成长的过程，修改班规时，可以从以下几方面着手：

（1）**完善班规中表述不准确的内容，培养学生逻辑的严谨性和公平意识**。我们班曾经有这样一条关于手机管理的规定："在不合适的时间、地点玩手机，手机将被没收并保管到学期末。"在班规执行过程中，我们发现这条规定有两个问题：一是对于不合适的时间和地点的界限不明晰；二是"保管到学期末"的"量刑"标准是不科学的，势必会造成不公平。针对类似规定的完善过程能有效培养学生逻辑的严谨性和公平意识。

（2）**完善班规空白，培养学生的迁移意识**。过于烦琐的班规往往不利于理解和执行，而相对简单的班规虽然容易理解和执行，但是容易出现空白（即

学生所犯的错误在班规中没有有针对性的处理措施）。面对班规空白，我们可以引导学生根据制定班规的基本精神来处理，由此培养学生的迁移意识。

（3）改进班规中的不合理内容，培养学生的超越、成长意识。有些规定本身就是不合理的，如"连坐""罚款"等，应该予以大胆否定。有些规定在特定时期有存在的必要，但是随着班级的不断发展会逐渐过时，如针对学生迟到制定的班规，随着学生迟到现象的消失可以考虑取消。因此，班主任可以通过改进班规中的不合理内容，培养学生的超越、成长意识。

4. 制定班级"修身指南"，借助学生行为品质提升道德品质

在学生的行为基本符合班规的情况下，教师可以大胆地根据班级情况，超越班规，和学生一起制定班级"修身指南"，以更高的标准要求学生。"修身指南"要求全员参与，不仅要写出修身行为，同时要给出该修身行为的理由，借助提升学生的行为品质来提升学生的道德品质，不仅让学生知道正确的行为"是什么"，而且让学生明白"为什么"要这么做，引导学生做一个理性而高尚的人。在此，和大家分享我班在班级管理实践中的"修身指南"。

117班"修身指南"

修身，让自己更完善；修身，让人际更和谐；

修身，让班级更优秀；修身，让成长更有方向！

■ **行为指南**

对自己的工作负责（如清洁卫生），如果自己确实有事无法完成相关工作，可以先拜托同学帮忙。（理由：做一个负责任的人，一个人不负责的行为不仅影响个人形象，也影响集体形象）

——lzy

午睡、晚睡时间要及时上床休息，不大声喧哗、聊天、走动。（理由：影响别人休息是不道德的）

——qcx

集会、开会不要迟到，按时做清洁，不要让别人等你。（理由：时间的价值体现了一个人的价值，一个肆意浪费别人时间的人不值得别人尊重）

——wml

升国旗时要庄严肃穆,切忌说笑打闹;唱国歌时要响亮有力,不能有气无力。(理由:热爱祖国体现于细节)

——lgp

不管是出于什么原因,都不要带头起哄或参与起哄,尤其不要在宿舍、教室、集会等公共场所起哄。(理由:起哄一方面显示出个人素质很低,另一方面也反映出班级风气不正。要学会以合理的方式表达自己的观点)

——jgj

上下楼轻轻走,不要大声讲话;手里有东西时要提起来,以免发出摩擦声。(理由:轻轻走带给自己舒服,也带给别人安静)

——ljc

在接受礼物或者其他东西时,要双手接住并说谢谢;传递东西时要双手交给别人。(理由:双手接物体现了你对别人的尊重)

——lsq

不说污言秽语,做文明人首先从清洁语言开始。(理由:出口成脏的人往往素质低下)

——lzy

不随地丢垃圾,当看到地上有垃圾时,主动弯腰捡起来。(理由:弯腰捡起来的是一个人的品行)

——wxd、xh

尽量少去小卖部,抵制购买的诱惑,减少不必要的开支。(理由:你所用的每一分钱都是父母的血汗钱,可以使用,但不容浪费)

——qcx

男同学做事要主动,做个勇于担当的大男生,如积极帮助女同学,抢先干脏、累、差的工作。(理由:不要做奇葩男)

——lzw

班干部要带头认真遵守班规,自觉接受班规的约束和同学们的监督。(理由:班干部是班级的领导核心,以身示范才有威信)

——lhy

第一章　常规德育问题与对策

当一件事情自己不喜欢又无法躲避时（如军训），要接受并努力学会享受。（理由：有时候我们没有机会选择生活，却有机会选择对待生活的态度）

——jgj

如果你是最后一个离开教室/宿舍的人，记得关好风扇、空调，并随手关门。（理由：举手之间彰显责任，贡献不分大小，敢于奉献才是王道）

——ljc

对班级活动要热心，积极参加班级活动，为班级出谋划策。（理由：班级是大家的，班级好坏不是取决于老师，而是取决于我们每一个同学）

——dke

努力遵守规则。如果确实有特殊情况无法遵守规则，或者个人认为规则不合理，可以不遵守规则，但是要接受违反规则带来的惩罚。（理由：人人遵守规则，班级才能正常运转）

——jgj

自己做错了事要勇于承认，并承担后果。（理由：一个敢于认错、敢于承担后果的人才是有担当、值得信任的人）

——lsq

■ **人际交往指南**

见到老师、同学或者熟悉的人，要主动打招呼，哪怕给对方一个微笑也好。（理由：这样可以让你获得更多的人脉资源，得到更多人的喜欢和支持）

——ljc

用餐、聚会时不要一直玩手机，不然别人会以为你不在乎对方。（理由：世界上最遥远的距离不是生与死的距离，而是我在你面前，你却在玩手机）

——lzy

与人交流时要看着对方，耐心倾听，别人说话的时候不插嘴。（理由：注视和聆听体现了一个人的素质）

——dke

对别人提的建议要表示感谢并认真思考，越是让你不高兴的建议越应该认真思考其合理成分。（理由：忠言逆耳，能够当面给你建议的人大都是

真正对你好的人）

——ljc

别人做错事时，可以给出合理批评和建设性的意见，但不能使用"蠢""笨""猪"等带侮辱性的词语。（理由：自尊心对一个人来说十分重要，做错的同学需要的是真诚的帮助和有效的建议，而不是侮辱）

——tjx

当别人做的某件事刺激到你的时候，不要用刻薄的话去刺激对方，要学会收敛自己的脾气，等双方平静了再做适当处理。（理由：发脾气是本能，不发脾气是本领）

——lzy

当你与别人吵架了，不要把话说得太绝，也不要大力摔门离开。（理由：不管你怎么用力，最终还是要回来；做事要有余地，给别人留空间，就是给自己留退路）

——ljc

如果别人在无意中打到了你，无须计较；如果有人故意找你麻烦，要让班主任知道。（理由：我们宽容，但不软弱）

——ljc

同学之间难免会有一些矛盾，要学着站在对方的立场思考问题，主动向对方示好，尽量克服报复心态。（理由：主动示好的人是心胸开阔的人，事后报复他人是小人行为）

——cjj

每次回家要多留些时间陪父母聊天，并做些力所能及的家务，不要嫌弃他们的唠叨。每次安全到达学校后要及时告诉父母，免得他们担心。（理由：父母都很担心儿女的安全，他们的唠叨就是他们对我们的爱）

——wml

别人帮助了你，你要记住他对你的好；你帮助了别人，要忘记你对他的好。（理由：常怀感恩之心的人是幸福的）

——ljc

别人的缺点要当面说,这样显得你真诚;别人的优点多背后说,这样说明你心胸开阔,真正欣赏对方。(理由:君子坦荡荡,此乃君子行为)

——cjj

当同学取得进步或得到表扬时,要给予真诚而热烈的掌声,掌声应持续不少于6秒钟,热烈、响亮。(理由:一个懂得欣赏别人的人也应该是懂得传递正能量的人,不要吝啬你的欣赏和掌声)

——yqq

当别人遭遇失败时,要学着陪伴和激励他们,不要漠不关心或嘲笑对方。(理由:真正的好朋友会给予对方积极的人际支持)

——ygc

■ 为学指南

把今日的事做好,不要等到明天。(理由:对珍惜今天的人而言,明天是希望;对不珍惜今天的人而言,明天是借口)

——ljc

别对任何老师产生偏见,尽量去喜欢每一位老师。(理由:偏见容易使你那科成绩下降)

——gyt

上课要认真听讲,不要有对老师不尊重的行为,更不能和老师发生冲突。(理由:老师的辛勤付出是为了我们成才,我们应该理解老师、感激老师、体谅老师)

——ygc

写作业要认真,书写要清晰、规范。(理由:字如其人)

——xh

教室是学习的场所,不管是上课还是下课,努力做到入室即静。讨论问题时声音尽量放低,以不影响第三个人为标准。(理由:给他人/自己一个安静的学习环境)

——ccy、zjy

服从老师的教育和班干部的管理,不顶撞和伤害他们。(理由:尽管有时

候他们的做法并不完善，但是要理解他们是为我们的成长和班级的发展着想）

——gyt、qcx

合理使用手机，不能带手机进教室，周末回家不过量玩电脑。（理由：手机和电脑都是玩具，不要让自己成为玩具的玩具）

——gyt、wxd

尽可能在规定时间之前完成各科作业和复习工作，不要临时抱佛脚。（理由：高中生应该学会更加科学合理地规划自己的时间，掌握学习的主动权）

——jgj

课间不可以在教室或者走廊追逐打闹或大声喧哗。（理由：一是容易造成安全事故；二是影响大家的学习；三是让人感觉素质低下）

——zj

注：本"修身指南"为广东省佛山市南海九江中学2013级高一（17）班修身指南。指南来自学生，每条指南后面的字母为学生姓名的第一个字母，出于对学生成长的保护，在此用字母代替姓名，特作此说明。

可见，班规制定过程和执行过程不只是为了实现班级管理的需要，更是为了借助班规促进学生的成长。以上这一系列做法，既能有效地培养学生的规则意识，引导学生遵从班规，又能超越班规的管理性目的实现教育性目的，真正促进学生的成长。

  精要点评

"学生吸烟现象""迟到现象""被老师冤枉现象""班规卡壳现象"……学校班级常规管理庞杂而琐碎，班主任工作平凡而烦琐。然而，这些正是班主任工作的主业。繁杂处显情怀，细微处显身手，平凡处见真情。用心、用情、用智，爱心、诚心、耐心，优秀的班主任善于把常规做到精致，将琐碎做得精细，把平凡做到精彩。

第二章 青春期情感教育问题与对策

现象扫描

【镜头1】一男生喜欢上班上一女生,每天送该女生回家。女生不愿意其护送,但男生坚持要当护花使者。女生无奈,故意找来另一男生帮忙支开护送的男生。由此,两个男生发生了肢体冲突。

【镜头2】目前,在不少学生中存在这样的观念:以有异性朋友为荣,以没有异性朋友为耻。甚至,个别学生为了在同学面前显示自己的能耐,以与多少异性交往来提高自己在同学中的地位。有些学生还炫耀自己有众多追求者,认为有越多的异性朋友就越显得自己有魅力。

【镜头3】班主任正在给学生上青春期教育课,但由于照本宣科,学生似乎并不感兴趣。她发现有两个学生低着头兴致勃勃地在玩什么东西,便走了过去把他们正玩的东西拿了过来。一看,是安全套。周围的学生都笑了起来。

上述现象,相信不少教师特别是班主任都遇到过。作为教育者,我们该如何面对和应对这些问题呢?

案例情景

【案例1】 失败的"早恋"事件

2006年9月,刚工作第二年的我开始当高二(6)班的班主任。高二(6)班的学生基础差、纪律差众所周知,但我像一个初恋的孩子一样充满了激情和憧憬。然而三个月后，我向学校领导递交了辞职申请：申请辞去班主任职务。导致我辞职的直接原因是对一个问题的处理——"早恋"。

12月初，我发现班里恋爱的学生不少，而且呈明显上升趋势。且不说高中生该不该恋爱，单单考虑到恋爱对他们个人发展和班级发展的影响，我想，作为班主任，我应该有所作为。于是，我开始了行动。

（1）旁敲侧击：通过对周边学生的调查咨询，基本把握恋爱人员名单、开始时间、发展程度，争取做到有的放矢。

（2）正面点击：找到恋爱的同学，通过聊天的方式一步一步引入话题，了解他们的想法，并给出自己的建议（建议，不是命令）。

（3）他山之石：咨询心理老师处理类似事情的经验，精心准备了一节班会课——"雨季，我们携手前进"，以提醒没有恋爱的学生尽量不要卷入恋爱的旋涡，也让那些已经恋爱的学生更理性地思考恋爱的后果和处理方式。

（4）效果反馈：班会课后，每个学生写一篇相关主题的周记，谈谈自己对恋爱的认识。

原本以为自己已经尽心尽力，做得很不错了，但是看完学生的周记，我最强烈的感觉是——心灰意冷。至于原因，请看学生的观点：

"同学和老师的感情就好像经济危机的大萧条时期，达到前所未有的萧瑟……"

"虽然你说自己不想做一个感情的刽子手，但实际上你就是在扮演这种角色……"

面对他们的不满，除了绝望和心痛，更多的是无奈和无助。

也有有经验的老班主任对我说："你完全可以不管他们，听之任之，他们总有一天会后悔的，耽误的又不是你的孩子！"这也许是个明智的做法，但是很遗憾，我做不到这种明智，因为我不能拿一批学生的未来做试验，我无法让自己的内心获得安宁。我是一个追求完美的人，只要还在做班主任，我就会尽心尽力对学生负责；但此时我遭遇了一个瓶颈：既要对学生负责，又不能做一个遏制人性、扼杀感情的刽子手。何去何从？我难以抉择。

思量再三，我决定辞职，可能让更优秀、更有经验的人来解决这件事才是明智的选择。于是，我向学校递交了班主任辞职报告。

虽然后来我终究没有辞去班主任职务，但是这一失败的"早恋"事件带给我极大的教训，也带给我极大的困惑，之后的几年，我一直在思考：班主任，究竟应该怎样面对学生的早恋事件？

【案例 2】用文字滋养花季

"在一起！在一起！"还没走进教室，我就听到教室传来一阵躁动。走近一看，我发现，班上的学生围着一男一女在起哄，定睛一看，原来是班长柳青和一个理科班的男生。咦，这个男生怎么到我们班教室来了？同学们又为什么起哄呢？眼尖的柳青注意到了我摸不着头脑的丈二和尚的表情，她如同看到了救命稻草："别闹了，小珠来了。""你们真无聊，瞎起哄！真够无聊的！"末了，还愤愤地说了句。学生听出了班长的不满，又看到了我，便作鸟兽散状，留下了疑惑的我。

课后，我从学生的你一言我一语中拼凑出了事情的起承转合：那男生是柳青小学、初中的同班同学，两人关系一直不错，同学们常见到他们俩一起打羽毛球、一起走在校园里。今天课间，男生作为学生会干部来班里宣传活动，我班这帮爱玩、爱闹的艺术生便围着两人起哄，说两人"拍拖"了。

"老师，我们真就是开玩笑而已，可是班长好像挺生气的。"一个带头起哄的男生说。"哪个女生喜欢被人这样'开玩笑'！不过班长不是小气的人，应该很快就没事了。"柳青的舍友仗义执言。

的确，柳青是个善良、大度的女生，性格开朗，和班里的男生女生关系都很融洽，对自我的要求也高，是个受老师器重、同学喜欢的班长。我也曾给男生所在的班级代课，在我印象中，他学习认真、待人有礼，是个非常不错的男生。

两个优秀的学生常在一块儿，无疑是往孩子们单调的学习生活中投下了一颗炸弹，孩子们会起哄便一点都不出奇了。那么，他们俩真的"拍拖"了吗？如果是真的，这不但会影响两人的学习，更会给两个班的学生树立坏榜样。我着急了：得赶紧了解具体情况！可单刀直入地问，哪个花季少女会开口呢？

对了，我想起柳青爱读书，知识面很广，喜欢和我分享她的读书心得，上周末她还让我给她推荐好书,准备在"五一"假期一享精神盛宴。那我就给柳青推荐《少年维特的烦恼》吧。如果她真的有了"维特的烦恼",那她就可以借着分享读书心得顺其自然地说出来;如果还没有,我也可以给她来一剂"预防针"。

"五一"假期后,柳青在周记里写道:"小珠,我想和你解释周二的事情。我真的没有'拍拖'。那只是我的好朋友,我们认识很长时间了。都是同学们起哄!"后边的内容被柳青写了划掉,划掉后又重写,个别词语还用密密的黑线遮得严严实实。"可是老师,我……我想向你坦诚相告,我觉得自己也有了少年维特的烦恼。那天被同学冤枉,我有点生气,可现在我更生自己的气:周二被同学起哄推搡的时候,我表面上很生气,可内心却暗暗开心,那一刻我突然发现我有点喜欢上那个男生了!我怎么这样!我不知道该怎样面对他了,更不知道该怎样面对这样的自己了……"

我恍然大悟:这时候的学生需要的不是三令五申、明令禁止,更不是老调重弹,反复强调"禁止早恋"!学生此时需要的是老师弯下腰来,拍拍他的肩膀,听听他心里的话,同情他的遭遇,与他平等对话,给予他方法指导,做个青春的陪伴者、引路人,尤其是像柳青这种假性"早恋"的情况。

我知道,要让一位怀春少女痛斩情丝并非易事,那就用文字给她力量吧。这次我给柳青推荐了苏联教育家苏霍姆林斯基的《给女儿的信》。柳青很快给我回复:"正如苏霍姆林斯基在信中说的:'爱情是互相吸引,是在人们目光中连上帝都不理解的美和某种从未见过的力量,它高于上帝,是人类永恒的美和力量。'如此美妙的事物需要用一生的忠诚与责任来支撑。而现在的我,还没找到自己的未来,又岂敢轻许一生呢!"

看到这些话,我真开心。既然文字成了我俩沟通的桥梁,那就继续发挥文字的力量吧。我给柳青带来了上海一个中学生写的一篇小说《柳眉儿落了》。我相信,聪明的她,一定能从小说主人公处理青春期爱恋的巧妙方法中受到启发。果不出所料,她说道:"纵然不舍,现在的我已经开始放下。正如汪国真有诗云:'不是不想爱,不是不去爱,怕只怕,爱也是一种伤害。'时代越来越不同了,现代人的爱情观太过现实功利。我真是向往古代那种'遗我双鲤鱼''鸿雁传书'的情感观,就算当中有漫长的等待,也总比现在的价值观好多了。老师,我想和班上的同学分享这些文章。"

看来,我心头的大石可以暂时放下了,我马上给她回复:"真开心又听到你爽朗的笑声,欢迎开心的你归队!"最后我给她附上《你只管负责精彩,老天自有安排》一文,告诉她,做一个明媚的女子,不倾城,不倾国,以优雅姿势去摸爬滚打,努力把自己修炼成"白富美","白"在品行、"富"在内涵、"美"在心灵!

花季的悸动如同三月里的小雨,丝丝绵绵,氤氲弥漫在青春期敏感的心灵里。无须大声呵斥、抱怨,因为这是每一段青春奏鸣曲里必有的音符。更无须如临大敌,只需要弯下腰,用文字的力量滋养花季,帮助他们拨开云雾,重新迎接阳光的沐浴。

(广东省佛山市南海九江中学班主任　张意珠)

【案例3】他与她的恋情悄悄地结束了

小辉是我班的体育委员,长得高大、帅气;小玲是我班的语文科代表,长得娇小、活泼。一次与学生交谈时,我意外地知道他们俩恋爱了。

天公总爱捉弄人!没想到我在街上与手牵着手、满脸春风的他俩碰了个正面。他俩一见我,两个人的手迅速分开,脸上的表情变得很复杂:吃惊、尴尬、害怕……我只是冲他们笑了笑,就离开了……我还像往常那样上课、批改作业,像从来没碰见过他们一样。

可与往常不同的是,从那天开始,每天晚上其他老师都走了,我还在办公室看半个小时的书。有些老师打趣地说:"麦老师,是等老公来接你啊?"我笑而不答。就这样,我一个人在办公室看了三个晚上的书。第四晚,我正心不在焉地翻着书时,突然响起了敲门声,我苦苦等了四个晚上的人终于来了。我笑眯眯地让小辉坐下。"你有事找我吗?""老师,我跟小玲恋爱的事你早就知道了,你怎么不找我们谈话呢?""我在等你啊!""老师,我可以把事情全告诉你,可你要答应我两件事:一是不能告诉我们的父母;二是不能反对。"我点头答应了,于是小辉把他们的"恋爱史"告诉了我……

听完小辉的述说，我说："我不反对你们来往，可你也要答应我两件事：一是我们班要组建一支篮球队，你来当队长，每天放学后组织队员们一起训练，争取在年级篮球比赛中夺冠；二是每天找我聊天。"

小辉没想到我对他提出的要求竟然这么简单，高兴地答应了。我和小辉都遵守着各自的承诺，我不反对他和小玲的交往，而他每天都带着一群男孩在篮球场上积极训练，训练完后他就到办公室找我聊天。开始时，我们谈话的内容是他们训练的趣事、他跟小玲交往的事，后来，渐渐地，他不再提及小玲了，而是兴致勃勃地与我谈论起电视上的球赛或学习上的问题。

据其他同学反映，小辉与小玲在一起的时间越来越少了。我听了暗地里高兴，我的计划成功了一半，接着该做小玲的工作了。我在等机会！一天，我又看见小玲站在教室的走廊上呆呆地看着打球打得正起劲的小辉。天色晚了，可小辉并没有要走的意思，小玲失望地拿起书包正想走，我把她叫住了："小玲，跟老师聊聊天吧！"我与她并排坐着。"等小辉吗？小辉的球技真不错！这群男孩打起球来很投入，我看我们班肯定能在年级篮球比赛中夺冠。你们女生可不能让男生比下去了，我想在班里搞一个文学社，负责每月的学习宣传工作。你文学底子好，人缘好，能力强，文学社就由你带领女生搞吧！我相信你一定能把文学社办得有声有色。"

小玲思考了片刻后答应了。接下来，小玲忙着组织女生搞文学社的事情，再也没空站在走廊上看小辉打球了。他和她的恋情悄悄地画上了圆满的句号。

(李方、张红《班主任工作的30个典型案例》，64～66页)

 **问题分析**

1. 案例分析

三个都是关于青春期情感教育的案例。面对相同的问题，案例3中截然不同的做法带来了截然不同的结果，这种巨大的差异足以引起我们的思考：关于学生的青春期情感教育，我们应该怎么看？我们可以怎么做？

在案例1中，面对班级出现的"早恋"问题，教师雷厉风行、全面出击，通过"旁敲侧击""正面点击""他山之石"等手段做了一系列工作,可谓认真负责。但是出乎意料的是,学生对教师的各种教育"不感冒",这些做法不仅没能把学生从"早恋"的旋涡中拉出来,而且直接导致了师生的信任危机和情感对抗。案例1中教师的做法很有代表性,因为他的状态和做法代表了现实中相当一部分教师面对学生"早恋"时的状态和做法:通过联合家长、联合心理老师、开设班会课等常规手段对"早恋"围追堵截。

案例2中的张老师虽然是年轻教师,但在对学生"早恋"问题(其实是假性"早恋")的处理上却展现出了独特的魅力和智慧。相对于案例1中教师的"大张旗鼓",张老师的成功在于她做到了以下几点:

(1) **师生关系亲密融洽**。这为教师走进学生的情感世界奠定了感情基础。这一点从学生对教师的称呼"小珠"中可以看出。

(2) **既有职业的敏感,又有教育的智慧**。出于职业的敏感,张老师需要了解、确认学生有没有"早恋";出于教育的智慧,张老师没有单刀直入,而是借用了《少年维特的烦恼》,可谓用心良苦。

(3) **摆正位置,陪伴成长**。张老师用她的文字和做法告诉我们:学生此时需要的是老师弯下腰来,听听他心里的话,与他平等对话,给予他方法指导,做个青春的陪伴者、引路人。张老师在处理学生"早恋"问题时给自己摆放的位置是:理解者、陪伴者、引导者。

案例3中麦老师的做法则更提升了一步,让我们看到了一个经验丰富的老师在面对学生"早恋"问题时的胸有成竹、游刃有余,为我们解决学生"早恋"问题提供了很多有价值的参考。

(1) **借用"空白效应",引发学生的心理冲突和自我教育**。在教师和学生面对面遭遇后,教师并没有马上找到学生进行教育,而是依然像往常一样上课下课,像从没碰见过他们一样。这看似简单的一步,实际上蕴含了麦老师丰富的心理学功底和教育智慧,因为教师在有意无意间利用了心理学上的"空白效应",以此引发学生的心理冲突和自我教育。我们可以想象这几天两个学生的心理状态:战战兢兢地等待、想方设法地解释、各种严重后果的假设……在几天的空白时间里,学生的这一复杂的心理活动过程比教师任何语言上的教育都更有效。

(2) 釜底抽薪，采用"注意力转移法"把学生从"早恋"的环境中剥离出去。麦老师没有批评学生小辉"早恋"，甚至没有表示反对，只是对小辉提出了两个要求：一是小辉负责组建一支篮球队并当队长，带队训练；二是每天找老师聊天。麦老师这么做是很有智慧的，因为恋爱是两个人的事情，当其中一个人抽身离开后，另一个人的坚持就会顿显无趣。麦老师采用釜底抽薪之法，把小辉从小玲身边抽离，同时也把小辉的注意力从小玲身上转移到篮球队的训练上，小辉的课余时间也从陪伴小玲转移到了训练场和与老师聊天。这实际上等于把小辉从"早恋"的环境中剥离了出去。

(3) 水到渠成，化解难题。在小辉从恋爱中慢慢脱离出来时，麦老师不失时机地对小玲进行了引导，最终水到渠成、波澜不惊地化解了两个人的恋爱问题。在麦老师对"早恋"事件的处理中，我们不仅看到了胸有成竹、游刃有余，更看到了教育者的智慧和深厚的功力，值得我们学习。

回观张老师和麦老师对恋爱事件的处理过程，不难发现，他们成功的前提是冷静，冷静才能客观、合理地看待学生的恋爱问题，冷静才能平心静气地对待学生、充满智慧地引导学生。

2. 如何看待学生"早恋"问题

我们应该如何看待学生"早恋"问题？此时，"如何看待"已经不仅仅是我们对学生"早恋"问题的看法，更直接决定了我们对学生"早恋"问题的反应和解决思路、处理方式。

(1) 学生"早恋"问题不是品行问题而是成长问题。很多教师一看到学生"早恋"，一看到学生牵手、拥抱、接吻就大声惊呼，认定学生品行不好、道德败坏，把学生"早恋"现象上升到品行道德的层面予以批判。事实上，学生的"早恋"现象很多时候并不是品行问题，而是成长问题，是学生性成熟和对异性产生好感的正常表现。随着生活水平的提高，现在学生的性成熟年龄和以前相比已经大大提前，性成熟的开始和第二性征的出现势必会引起学生心理上的微妙变化和对异性的好奇、好感，这是正常现象，也是学生在成长过程中出现的正常问题。因此，我们应该看到，学生

"早恋"问题不是品行问题而是成长问题。

(2) 真正值得关注的不是"早恋"本身,而是"早恋"可能造成的严重后果。"早恋"本身是一件美好的事情,学生之间简单地、认真地、专一地相互喜欢,用心地对对方好,这一过程是学会欣赏、学会照顾、学会分享、学会相处的过程,从这个角度来讲,学生"早恋"是有助于他们成长的。但是,"早恋"的学生年龄还小,心智还很不成熟,他们的恋爱在很大程度上只是异性间的好奇、好感和相互吸引,有相当大的冲动和盲目的成分。加之中学生身心发展还很不成熟,情绪波动大,容易冲动,很容易因为"早恋"影响学业甚至对对方造成身体和情感上的伤害。所以,真正值得我们担心的并不是"早恋"本身,而是"早恋"可能造成的难以承受的严重后果。所以,我们既要认识到学生恋爱的合理性,又要充分认识到学生恋爱可能给他们带来的负面影响甚至严重后果,慎重、认真地对待学生"早恋"问题。

(3) 真正有效的解决"早恋"问题的方法不是"围追堵截",而是合理引导。心理学上有一种"人际交往效应",指有好感的异性间受到的外界干涉越多,他们的感情就会越深,这就是"禁果效应",又叫"罗密欧与朱丽叶效应"。这也是为什么对待学生"早恋"问题,我们越是围追堵截,他们越是坚持不懈的原因。我们的围追堵截只是为他们找到了共同的对手和团结的理由,他们反而就会恋得更深入、感情更亲密、相互需求感更强烈。因此,面对学生"早恋"问题,真正有效的解决方法不是围追堵截,而是合理引导,让学生自己认识到恋爱的条件、恋爱可能的危害和恋爱中应该注意的事项,引导学生学会保护自己,学会把握异性交往的程度。

(4) 让学生形成正确的爱情观、恋爱的能力和与异性相处的能力,是人生的一门必修课。不可否认,恋爱本身是一种能力。恋爱中,我们要学会付出,付出关心以带给对方温暖,付出照顾以带给对方舒适;恋爱中,我们要学会宽容,宽容对方的缺点,宽容对方的错误;恋爱中,我们要学会理解,学着站在对方的角度思考问题;恋爱中,我们要学会妥协,在面对矛盾和争执时,只有妥协才能继续向前;恋爱中,我们还要学会坚持原则和底线,无原则、无底线地妥协不可能得到对方真正的尊重和爱情。

遗憾的是，很多人并没有意识到恋爱也是一种能力、恋爱的能力也需要培养。现实中，我们的教育往往只重视学生学业的发展、学习成绩的提升，而几乎无视对学生恋爱能力的培养。既然我们不重视对学生恋爱能力的培养，学生在恋爱过程中无迹可寻，就只能"跟着感觉走"，在这种情况下做出"不合常理"的行为也实属"常理之中"。现实中，还有很多"乖孩子"听老师的话，听家长的话，在初中、高中时不谈恋爱，而到了大学期间、毕业之后，家长想让他们谈恋爱时，发现他们并不具备谈恋爱的能力，换言之，他们不会谈恋爱！因为在他们的成长过程中，我们并没有给他们提供使其具备恋爱能力的教育和练习机会。

所以，恋爱是人生的一门必修课，我们每个人都应该具备恋爱的能力和与异性相处的能力。

回到"现象扫描"镜头1。一男生喜欢上班上一女生，每天送该女生回家。女生不愿意其护送，但男生坚持要当护花使者。女生无奈，故意找来另一男生帮忙支开护送的男生。因此，两个男生发生了肢体冲突。这个案例说明什么？这个案例至少说明以下几点：第一，男生不懂得喜欢的前提是尊重；第二，女生不懂得拒绝的可行方法；第三，男生与男生之间处理矛盾的方式单一。总结起来，就是学生缺乏人与人之间和谐相处的能力。

回到"现象扫描"镜头2。目前，在不少学生中存在这样的观念：以有异性朋友为荣，以没有异性朋友为耻。甚至，个别学生为了在同学面前显示自己的能耐，以与多少异性交往来提高自己在同学中的地位。有些学生还炫耀自己有众多追求者，认为有越多的异性朋友就越显得自己有魅力。这个案例不正说明学生的爱情观不正确吗？培养学生正确的爱情观对学生一生的成长和幸福都很有价值。

 对策措施

在处理学生"早恋"问题时，我们既要看到学生恋爱的合理部分，又要看到"早恋"可能带给他们的不利影响，尽量把学生从"早恋"的泥淖中引导出来，或者尽量引导学生不因"早恋"而影响个人成长。同时，如果条件允许，应该培养学生形成正确的爱情观，告诉学生面对一份感情可以有的选择和失恋后应该注意的事项。这样的情感教育才是完整的教育，才是对学生的成长负责的教育。借助三个案例的智慧，以及上述分析、思考和定位，我们可以从以下几方面来应对中学生青春期情感问题：

1. 给学生一支镇静剂，让学生认识到爱情是有条件的

中学生对爱情是充满浪漫主义的幻想的，他们坚信初恋的纯洁无瑕，他们相信"生命诚可贵，爱情价更高"，所以一旦相爱便爱得天昏地暗、死去活来。万一有一天，他们失恋了，就会感觉自己的生命被抽空了，甚至感觉自己再也没有活着的价值，于是就可能选择自我伤害。所以，对中学生的恋爱问题，教师处理起来一定要慎重。

一般情况下，为了给学生一支镇静剂，我会想办法告诉学生爱情是有条件的。我经常用的一种做法是"调查问卷"：

师：同学们，今天我来做一个关于"爱"的调查问卷，请同学们认真参与，选出你们心中真实的答案。

（教师用 PPT 投影，显示问题）

①一个男人很爱很爱一个女人。她细细的瓜子脸，弯弯的蛾眉，面色白皙，美丽动人。可是有一天，她不幸遇上了车祸，痊愈后，脸上留下几道大大的丑陋疤痕。你觉得，他会一如既往地爱她吗？

A. 他一定会　　　　B. 他一定不会　　　　C. 他可能会

统计结果：选 A 的学生占_____，选 B 的学生占_____，选 C 的学生占_____。（实践证明，选 A 的学生非常少，几乎不足 10%，选 B 的学生也是 10% 左右，选 C 的学生占了 80% 左右）

②一个女人很爱很爱一个男人。他是商界的精英，儒雅沉稳，敢打敢拼。忽然有一天，他破产了。你觉得，她还会像以前一样爱他吗？

A. 她一定会　　　　B. 她一定不会　　　　C. 她可能会

统计结果：选 A 的学生占_____，选 B 的学生占_____，选 C 的学生占_____。（实践证明，选 A 的学生约 40%，选 B 的学生是 10% 左右，选

C 的学生占了 50% 左右)

感悟分享：同学们，请问你有什么感想？

学生：老师，我发现爱情并不像我们想象得那么纯洁、那么伟大，爱情是有条件的。男人都喜欢漂亮的女人，当女人毁容之后就不一定再喜欢她了；同样，女人都喜欢成功的男人。所以，漂亮是女人的资本，如同成功是男人的资本。

2. 给学生一个成长目标，让学生努力提升自己

教师可以利用"期待效应"，给青春期的学生一个成长目标，让学生努力提升自己。我经常在班里组织女生讨论"我喜欢怎样的男生"，组织男生讨论"我喜欢怎样的女生"。在女生讨论时，男生全体列席但不参与发表观点；在男生讨论时，女生全体列席但不参与发表观点。

我把女生讨论的对"喜欢的男生"的期待一一写在黑板上。女生指出，男生要有责任心、勇于担当，懂得照顾人、有绅士风度，玩得起浪漫、经得住考验，有一技之长，有比较丰厚的收入，有梦想并勇敢地为梦想而努力，女生不喜欢只会甜言蜜语而不懂得实际行动的男生。我也把男生讨论的对"喜欢的女生"的标准一一写在黑板上，男生指出，女生除了漂亮之外，还要勤劳、能持家、心胸开阔、气质优雅、有知性美等。

然后，我让他们去寻找：班里有没有符合我的标准的男生／女生？我在哪些方面距离"理想的男生／女生"还有些差距？需要做哪些努力？

很多时候，学生也许不在意老师和家长的评价，但是他们很在乎同龄人尤其是同龄异性的评价。借助这一评价，我实际上是在利用"期待效应"，让女生对男生提出预期、男生对女生提出预期，借此给学生一个成长目标，让学生努力提升自己。

3. 开展班级活动，评选"十佳女生"和"阳光男生"

为了延续第二步的成长目标，把学生对成长目标的追求做"实"，我在班里开展了评选活动，要求学生根据统一的标准评选"十佳女生"和"阳光男生"。这样做有几个好处：

- 可以引导全班学生朝"十佳女生"和"阳光男生"的标准去努力，明

晰他们的成长目标和对自己的要求标准。
- 把学生的注意力由欣赏某一个异性转移到欣赏优秀异性上来，开阔他们的视野。
- 让学生通过参与评选获得价值感和认同感。

对此，广东省中山市华侨中学的张岩老师在"女生教育"中做的《班级"十佳女生"评选方案》很有参考价值：

班级"十佳女生"评选方案

- 积极参与班级活动。
- 积极上进、乐于助人、热爱集体、朝气蓬勃。
- 学年内无纪律处分。
- 无论优劣，学习名次一直在进步。
- 能够以学校文明礼仪标准要求自己。
- 尊敬师长，不顶撞教师。
- 在宿舍文明礼让，不要"公主脾气"。
- 将自己的成长经验与同学分享。
- 没有"早恋"、拉帮结派等行为。
- 坚决拥护由学生自主制定的班级各项章程。

4. 开展主题活动，传递正确的爱情观，培养学生的恋爱能力

以上活动主要是借助正向价值标准来引导学生朝着目标去努力提升自己，但是并没有直接向学生传递正确的爱情观，也没有有效地培养起学生恋爱的能力。为了弥补这一不足，可选择在班里召开主题活动。

班上一女生在周记中写道："老师，当有男同学加我QQ时，我总是会想入非非，会想他是不是喜欢上我了，请问这正常吗？"另一女生说："我不相信爱情，因为我觉得它不会天长地久、一生一世。每当我看见身边的一对对情侣，我总是有感而发地提出疑问，这样的爱情可信吗？"一男生则问："假如自己暗恋一个人很久了，当毕业各奔东西之后，是应该向对方表达感情，还是选择将这份感情永埋于心？"看到这里，我不禁哑然失笑，突然意识到中学生在成长过程中会有很多烦恼，比如关于爱情，他们既有很

多想法，也有很多困惑。鉴于此，我在班里召开了"青春分享会——我们的爱情"主题分享活动。

听说要召开"青春分享会——我们的爱情"主题分享活动，学生开始很兴奋，继而是担心，担心如果别人知道了自己关于爱情的看法，会不会嘲笑自己。为了消除学生的后顾之忧，我们做了几点准备：

- 所有学生对于爱情的想法和困惑都利用周末时间在家里写，这样不会被别人看到，也不会被人打扰。
- 写自己的观点时建议匿名，写出自己的真实感受即可，不用担忧正确与否。
- 为了避免有人认出笔迹，把学生关于爱情的观点输入电脑，做成PPT，学生只能看到观点而看不到笔迹。

借助"青春分享会——我们的爱情"主题分享活动，我们不仅分享了学生的精彩观点，讨论了爱情观的正确性和合理性，而且在总结中，我还和学生分享了面对爱情可以有的选择：

恋爱前

如果你喜欢上了一个人，最少可以有两种选择：第一，不告诉他；第二，告诉他。不告诉他，你就在心中默默地喜欢他就好了；既然你喜欢他，他在你心中一定很优秀，所以你要做的是努力让自己变得更优秀，以期待有一天能得到他的青睐。告诉他，你可能会被拒绝，也可能会被接受。被拒绝，可能是因为你自己还不够优秀，所以你要努力提升自己；也可能是因为他是一个负责任的人，不希望中学阶段的恋爱影响到两个人的前程，那就等到大学之后再表白。如果你被接受了，那么进入恋爱状态。

恋爱中

爱别人，先爱自己。有的同学一谈恋爱就谈得天昏地暗，自己的世界里只有他，甚至没有了自己，其实这是很不科学的交往方式。需要提醒大家的是，爱别人，先爱自己，不管你是多么强烈地爱着对方，都最少要拿出30%的精力来爱自己。

学会爱，学会给予。学会爱，学会给予对方关心和照顾，学会让对方因为你的存在而感到幸福。这里需要提醒的是,给予是成就,不是牺牲。比如,你通过几天的努力,为对方制作了一份精美的礼品,他很开心,看着他的开心你也很开心,这就是给予的幸福。但是,你不能给予对方超出自己承担能力的东西,不能为了对方做出如何如何的牺牲,这是不理性的。

学会爱,学会宽容。有一句话说"相爱总是简单,相处太难",两个人来自两个不同的家庭,有不同的成长经历和教育背景,难免会有诸多的摩擦、冲突甚至矛盾,这时候,我们要学会宽容,学会妥协,学会让步。当然,妥协和让步也是一种智慧,在妥协的同时,我们还要学会坚持原则和底线,无原则、无底线地妥协不可能换来对方真正的尊重和爱情。

学会爱,学会保护。这句话对女孩子来说尤其重要,女孩子不仅要保护自己在精神上不受伤害,还要保护自己在身体上不受伤害。很多女孩子因为不懂得保护自己,所以没有很好地把握男女交往的尺度,导致怀孕,堕胎时候又不敢去正规医院,只能偷偷地去一些小诊所,给自己的身体造成了极大的伤害,甚至有些女孩子落下了终生的疾病,失去了做妈妈的权利。所以,对女孩子来说,学会保护自己是对自己负责;对男孩子来说,学会保护女性更是负责任的表现。

学会爱,学会放弃。当一份爱已经不再是爱而是伤害的时候,当一份爱已经影响到两个人的发展的时候,那么也就到了学会放弃的时候。你们是中学生,当前阶段,你们的主要任务是学习,不要因为恋爱耽误了两个人的前程。再说,与其等到以后互相抱怨,不如在合适的时间明智地选择放弃。放弃后,进入失恋状态。

恋爱后

很多学生对我说:"老师,我以后再也不谈恋爱了,男人/女人太可怕了。"同学们,我想问你们:如果你中午去一家餐厅吃饭吃到拉肚子了,你会不会告诉我再也不吃饭了?当然不会,你只会告诉我再也不去那家餐厅吃饭了。同样,如果一个男人/女人让你受到了伤害,你可以说以后再也不和这类人谈恋爱了,但是不要说再也不谈恋爱了。不能说别人都是不可靠的,只能说,你还没找到真正适合自己的那个人,如此而已。同学们,恋爱是人成长过程中的一段经历，恋爱推动人成长。恋爱后，你应该以一种更加成熟、优雅的姿态出现在自己的人生舞台上，继续创造生命的精彩！

5. 及时提醒，防止恋爱中的学生做错事

有些孩子已经谈恋爱了，不可能因为教师的一个活动、一句话而选择和对方断然分手。此时，我们最好的选择不是强力阻止，而是及时给予提醒，防止恋爱中的孩子做错事。近年有一部关于中学生早恋的非常不错的电影《早熟》，建议各位老师播放给学生看看。当看到原本生活美好、衣食无忧的男女主人公为了生存，男孩被迫去偷窃，女孩有孕在身还要做家务、挖野菜的时候，学生肯定会有所触动。很多中学生是充满浪漫主义情怀的，他们以为谈恋爱了就谈恋爱了，怀孕了就怀孕了，没什么大不了。他们只想着眼前的快乐，极少想到当这些沉重的事情真的降临到自己身上时，自己应该如何承受。所以，我通常会借助这个电影提醒学生：做自己能够承受后果的事情，不要做自己无法承受的事情，如果真的爱对方，就一定要学会对自己负责、对对方负责。

当然，除了"青春分享会——我们的爱情"之外，还可以组织很多其他主题活动，只要达到向学生传递正确的爱情观、培养学生恋爱能力的目的即可。

6. 耐心冷静，智慧地把学生从"早恋"中解放出来

面对个别学生的恋爱问题，"案例情景"案例2中的张老师和案例3中的麦老师已经给了我们很多可供借鉴的参考，在此不做赘述。

需要指出的是，面对学生的情感教育问题，比"怎么办"更重要的是教师本身要理性地看待学生的"早恋"问题，认识到"早恋"问题不是品行问题而是个体成长中的正常问题，只要我们对学生合理引导、培养学生正确的爱情观和恋爱的能力，"早恋"一般不会给学生造成无法承受的后果，不会严重影响到两个人的成长，由此我们教育的目的也就达到了，因为我们真正担心的不是"早恋"本身，而是"早恋"可能造成的严重后果。所以，我们完全可以而且应该借助青春期情感教育问题，推动学生更好地成长，为学生一生的幸福奠基。

第二章 青春期情感教育问题与对策

【附录 1】主题班会：今天我们谈"恋爱"

设计思路

有人说："这世上有两件事情最难控制，一个是打喷嚏，一个是谈恋爱。"进入高二后，班上的学生，有的开始品尝初恋的青涩。苏霍林姆斯基说过："高尚爱情的种子要在年轻人性成熟之前就播种在他们的心田里。"于是，教师设计这样一堂班会课，它由三个层层深入的教育情景构成，分别是：率性表达、真诚对白、用心感悟。

活动目的

通过三个层层深入的教育情景，旨在让学生初步体悟爱情的土壤是责任这一爱情观，进而深入反思中学生"早恋"现象。

活动过程

1. 率性表达

班会课首先由一个民间故事导入。一妙龄女子要找郎君，张生家境富裕，但不学无术，李生家境贫寒，但勤劳善良。面对两种选择，女孩对母亲说："我想吃在张家，住在李家，行吗？"

教师话音刚落，全班笑作一团。接着，教师引出班会课的第一个话题：请帮故事中的女孩出出主意。有的学生说："选张家的，他有钱，可能很浪漫。"也有的学生说："选李家的，他可靠，更有前途。"可张平同学却说："三心二意的女孩，最好不找。天涯何处无芳草，何必非在本村找！"他的话赢得了全班学生的喝彩。

第一环节，教师通过轻松的民间故事让学生自然流露爱情观，借此寻找教育契机。教师在这一环节末总结说："我想把张平刚才的话稍做改动，那就是'天涯何时无芳草，何必非要现在找'。"

2. 真诚对白

教师引出班会课的第二个话题：我们何时谈恋爱？

看到这个问题，学生沉默了，有的笑而不答，还有一个竟然反问教师："老师，那您是什么时候恋爱的？"教师直率地说："初一啊！"学生都惊讶地看着教师。教师接着说："我那会儿数学不好，我班有个男生数学特棒，我觉得我很喜欢他。""那后来呢,老师?"教师说:"后来,我数学成绩也赶上来了,也就不觉得他怎么样了!"结果又是哄堂大笑。一个学生说:"老师,您这哪是爱呀!你只不过是羡慕他数学好而已。"教师的第二个教育契机水到渠成。于是,教师说:"就是啊,处在青春期的少男少女彼此欣赏很正常嘛,但这种纯洁的友情却常被周围人甚至自己误解为是爱情。"学生开始若有所思。

第二环节,教师笑谈"初恋",青春期教育润物无声。由此,班会课也即将进入一个高潮阶段。

3. 用心感悟

第三环节,教师现身说法,真情导悟,让学生对"早恋"现象有更理性的反思。

"同学们,这是40年前的一张结婚照。恋爱时,姑娘对小伙子说:'我身体不好,有心脏病,你要慎重考虑。'小伙子说:'我考虑过了,我愿意和你一起生活。'两个人结婚了,也有了孩子,可妻子身体每况愈下,男人承担了整个家,整整10年,直到女人离开这个世界。那一年,他们的小儿子才13岁。20年后,这个小男孩成了我的丈夫,他其貌不扬,不善言谈,我经常觉得他不够浪漫。可当我看着他细心地给94岁的奶奶换尿片、洗内衣时,我才感悟到一个真正懂得爱的人,首先是一个有责任感的人。"

教师的爱情故事讲完后,教室里出奇地安静,之后是一片热烈而真诚的掌声。

活动小结

趁热打铁,教师以三个意味深长的思考题结束了班会课:

(1)你心中的爱情是什么样的?

(2)你认为爱情的基础是什么?

(3)书声琅琅,"与子携手","敢问路在何方"?

活动反思

一节没有游戏、没有小品,也没有音乐的班会课,让这个"恋爱"谈得很不浪漫。可之后的日子里,学生以不同的形式和我交流了自己对爱情的看法,甚至谈到了正在恋爱的困惑。我的青春期教育系列主题班会也陆续展开了。著名教育家林格先生说,教育的秘诀就是:三分教,七分等。我的理解是:找一个机会,让孩子表达;给自己一个机会,学会倾听;留给彼此一个空间,用心感悟。

(班会设计:广东省名班主任　刘静)

【附录2】2012年下学期佛山一中高二(6)班情感规划系列主题班会

【学生主题班会之一】早恋,那件事儿

【背景】

时间:高中。

情况:优秀学生异性交往过密;人数不少。

地点:晚自习之后校道、操场,不避人。

班长:女生。

1. 初恋的含义(配乐《那些年》)

(1)很多人把少男少女的相互爱慕之情叫"早恋",其实这是一个尴尬的字眼,因为它不科学。少男少女的爱慕之情应该叫初恋。一个身心健全的人,都有过少年时初恋的美好回忆,其实是放不下的感情。

(2)有人说,爱情不仅是对异性的肉体的追求,而且在更大程度上是人类在精神上亲近的需要。而少男少女的初恋几乎完全是精神需要的追求。正如歌德所说的,道德纯洁的少男少女的初恋,"永远趋向崇高的目的"。

(3)少男少女的初恋是以异性的自然吸引为基础而产生的最纯洁、最真挚的感情,它不含有任何杂念。这种爱是不自觉的,却是真诚的,感情色彩十分丰富,它不考虑各种各样的社会因素,是两性之间最自然的爱恋。中学生对异性的爱恋又是比较朦胧的,受对异性的好奇心的驱使。这种自然的爱恋的流露,过了少年期就再也不会出现。所以,人们把少男少女的初恋又称为"一过性"的爱与恋。

(播放泰国电影《初恋,这件小事儿》片段)

初恋这件小事

小水(旁白):"在我们每一个人的内心深处,都藏着一个人,每次想起他的时候,会觉得有一点点心痛,但我们依然愿意把他留在心底。就算今天，我不知道他在哪里，他在做些什么，但至少知道，是他让我了解，什么是初恋这件小事。"

"要让爱情成为动力。让自己变得更厉害，更漂亮，每个方面都变得更好，那个人就会自己回头看你。"——《让那个人爱上你的九种方法》

阿霞："我们或许不白也不媚，但是可以美得很有性格。"

小水："学长他就像我生命中的灵感，他让我了解爱的积极意义，他就是让我一直前进的动力，让我有了今天的成绩。"

你若遇人不淑……

2010年，离高考还有63天，一心想考入中国美术学院的南海九江中学高三（19）班女生小黄，被同班一男生杀害于校内奇山上。据警方初步调查，嫌疑人与死者曾有感情纠葛，行凶后掠走小黄代收的3万多元伙食费。

"奇山是我们学校的亮点，在南海很出名。"该校高三（1）班男生小关告诉记者，奇山一直是学生的"拍拖胜地"，每逢晚上天气晴朗时，都会有不少同学到山上休闲。

梁某供认与小黄发生感情纠葛，称小黄曾诋毁他，故其怀恨在心。案发当天下午，梁某买了一把刀并约小黄晚上到校内山顶见面。两人见面后言语不合，梁某就持刀杀死小黄，并掠走小黄身上财物。

你若一时冲动……

贵州一在校女生早恋怀孕，被男友杀害并抛尸荷池。

受害女生18岁，因怀孕要求与男方结婚，男方无结婚之意并欲分手，分手不成双方起纠纷，男方遂起杀心，将该女孩骗至十里荷池观景亭，掐死并抛尸于观景亭下坑内。

经尸检，受害女孩已有6个月身孕。

注意：各位女生，早恋严重影响学业与前途，切勿轻率委身于他人。

2. 暗恋与早恋

少女心

- "早恋",也叫青春期恋爱,指的是未成年男女建立恋爱关系或对异性感兴趣、痴情或暗恋。在中国,"早恋"一词带有长辈一方的否定性感情色彩,一般指 18 岁以下的青少年之间发生的爱情,特别是在校的中小学生之间发生的爱情。
- 经过二十多年在中国的调查表明,在中学阶段没有产生过感情的人很少。而大多数都是暗恋、单恋(单相思)。只有相互有好感,才能发展成为早恋。早恋行为是青少年性生理发育的基础,也是心理转化为行为的实践。
- 一般认为,在大学阶段以前的恋爱都属于所谓"早恋"。
- 一般认为,青少年恋爱会带来很多问题,如影响青少年的身心健康和学业成绩等,尤其对女孩的影响更为明显突出,但一般不会有太严重的影响。早恋常常以失败告终,很少出现能够终身厮守的。亦有人认为早恋是青少年对男女关系的探索和学习,为将来的恋爱与婚姻做准备,不宜过分禁制或压抑。

大概还是有一点好处的……

- 培养人际交往能力和独立能力。
- 熟悉与学习恋爱,为将来的恋爱打下基础。
- 满足青少年渴望接近异性的心理。
- 缓解学习和生活的压力,获得更多的积极情绪。
- 培养勇气与承受挫折的能力。
- 拥有情感上的寄托,使精神不感到空虚。
- 培养审美的能力,提高情商。
- 提高自信心。较成年人的恋爱而言,青春期的恋爱显得更为纯洁,较少涉及性和利益。
- 青春期恋爱为许多文化产物提供了灵感,如一些言情小说、动漫与恋爱题材电子游戏。

危害

- 在中国文化、社会上的普通观点是,早恋对青少年的前途有不利影响的很重要的一个原因是教育制度的极大竞争性和社会的极度功利化。而把握好分寸、不轻易越界,这对于自控能力相对较差的青少年来说还是较高的要求,不容易做到。
- 身体上:由于很多早恋者情绪不够稳定、好冲动、易动感情、自控力较差,常常会产生各种影响身体健康的不良情绪。这会导致一系列身体不适,久而久之,有可能会出现消化道病症、低血糖等疾病。
- 心理上:对于早恋者而言,早恋是一个既充满欢喜又充满苦闷的过程。由于对对方的爱恋,早恋者常常因为对方的苛刻要求而产生情绪上的变化;也有的早恋者因为早恋而遭到父母、同学、老师的压力,造成心理失衡;当不能与恋人见面时,早恋者常常坐卧不安而沉迷于幻想,在幻想中乞求慰藉。如果这种心理发展过深,少部分人会抑制不住自己的情绪而与异性发生性关系。

3. 如果,你已踏入了这个魔障……

(1)提高认识,正视"早恋"。所谓"早恋",不过是在青春期对异性身体的一种朦胧的好奇与向往。

(2)尽量多与对方正常交往。

(3)展望未来,权衡利弊。

(4)将暗恋的情感升华为纯洁的友谊,为自己留一段美好的青春回忆。

(5)多参加课余活动,丰富自己的精神生活,将过剩的精力发泄在有意义的竞争和比赛中。

(6)多与父母进行情感交流。

(7)提高自我保护意识,不能让"早恋"行为给自己的身心带来伤害。

(8)尽量不使早恋行为影响到正常的学业。

4. 同学们的看法

我是"看起来很麻烦所以干脆不去涉足"派……关于谈恋爱影响学习,虽然有定力足够强的人可以让自己不退步,但是很难说要是这种事情发生在自己身上的时候会怎么样，两个人的关系会一直稳定吗？自己有没有这么强的定力可以专注学习，他又有没有？这个考验要是通不过付出的代价会很大，所以我还是敬而远之吧，毕竟接不接受考验自己还是可以选择的，不像高考……

喜欢上一个人可以是一件美好的事，一件折磨人的事，也是一件不可避免的事。有一句话是这样说的："在对的时候，遇见对的人，是童话。在错的时间，遇到对的人，是青春。"所谓错的时间，错在即使彼此喜欢却无法相处，错在无法协调成长中的其他问题与感情，而引发烦恼、冲突，甚至让感情变味。所以，过早地将彼此的好感转化为爱情，其实并不一定是最好的方式。保持好朋友的关系，给彼此一点距离与空间，也许能让这份感情更顺利地在对的时间发展，也让它保持最美的色泽。

……

5. 家长的看法
（音频展示学生家长代表的建议与期望）

6. 主持人诗朗诵《用一生说爱你》
（班主任推荐）

用一生说爱你（片段）（配乐）

……

15岁的时候，我说我爱你，你的脸红得像火烧云，头深深地低着，摆弄着衣襟，你好像在笑。

20岁的时候，我说我爱你，你把头靠在我的肩上，紧紧地挽住我的手臂，像是下一秒我就要消失一样。

……

40岁的时候，我说我爱你，你边收拾碗筷边无表情地嘟囔着："行了，行了，快去给孩子复习功课去吧！"

……

80岁的时候，你说你爱我。我什么也没说，因为我流泪了，但是那是我人生最最快乐的日子，因为你终于说出了那句"我—爱—你。"

……

7. 班会课延伸

（1）优秀周记《爱情宣言》主题黑板报与专栏分享。

（2）优秀爱情故事电影片段欣赏。

【学生主题班会之二】"恋爱·续集"

1. 配乐诗朗诵《致橡树》

致橡树

我如果爱你——
绝不像攀援的凌霄花，
借你的高枝炫耀自己；
我如果爱你——
绝不学痴情的鸟儿，
为绿荫重复单调的歌曲；
也不止像泉源，
常年送来清凉的慰藉；
也不止像险峰，
增加你的高度，衬托你的威仪。
甚至日光。
甚至春雨。

第二章 青春期情感教育问题与对策

不，这些都还不够！
我必须是你近旁的一株木棉，
作为树的形象和你站在一起。
根，紧握在地下；
叶，相触在云里。
每一阵风过，
我们都互相致意，
但没有人，
听懂我们的言语。
你有你的铜枝铁干，
像刀，像剑，
也像戟；
我有我红硕的花朵，
像沉重的叹息，
又像英勇的火炬。
我们分担寒潮、风雷、霹雳；
我们共享雾霭、流岚、虹霓。
仿佛永远分离，
却又终身相依。
这才是伟大的爱情，
坚贞就在这里：
爱——
不仅爱你伟岸的身躯，
也爱你坚持的位置，
足下的土地。

2. **问题交流讨论与辨析**

（1）小辩论与自由发言。

①为什么我们不能恋爱？

②到底谁能恋爱？

③我们为什么需要恋爱？

④爱是什么？伟大？自私？

（2）嘉宾发言（六班科任教师与理科重点班学生代表）。

3. 主持人诗朗诵

然而，不到一刻钟后

风倦了，厌了

离开了不再洒脱的云

留下了

退去了铠甲，消去了棱角

改换了形状，拔掉了刺的

云

守候在另一片云身旁

尔后

云落泪了

那泪是天空中飘落的淅淅沥沥的雨滴

泪流干了

心头滴下了鲜红鲜红的血

那血是夏日午后挂在西天的一片绚丽的虹

尔后的尔后

风停了　云散了

不再有风

不再有云

甚至连蔚蓝色的天空也不曾记下

曾经的那段属于云与风的往事

> 时空不停地轮换着
> 云与风的往事在不断地上演着
> 你是那片云还是那阵风呢?
> 也许……

4. 班主任发言

青春期是人生的一个短暂过程,顺其自然,珍惜纯洁的情感,不轻易说"我爱你",尊重爱情。用行动维护爱的神圣,情感需要不是人生发展的唯一需要。高三需要一路专注前行。

【班主任班会课之三】用一生爱你

1. 前期班会主题回顾

学生主持人总结前期班会课上学生的观点以及展示班会课后《班级微博本》。

(播放视频《"早恋"问题之我见》)

(1) 为什么我们不能恋爱?(采访短信:《来自家长的叮咛》)

(2) 到底谁能恋爱?(采访视频:《科任老师的看法》)

(3) 我们为什么需要恋爱?(采访录音:《同学们的观点》)

(4) 爱是什么?伟大?自私?

班主任作结:爱是一生的承诺(播放相关歌曲)。

2. 再思考:爱情是把双刃剑

(1) 视频:校园与社会中的"恋情"故事展示。

(2) 思考与讨论:①感悟分享:视频故事的启迪。

②专题研讨:如何进行正常的同学之间的异性交往。

3. 经典爱情电影分享

优秀爱情故事电影片段欣赏:《魂断蓝桥》《泰坦尼克号》。

4. 周记

班会课的感悟体验——《我的爱情宣言》。

(班会设计:广东省中小学名班主任培养对象 王建青)

 中学德育问题与对策

 精要点评

"早恋"那件事儿,在"当事人"眼里,"乱花渐欲迷人眼,浅草才能没马蹄",是那样令人着迷、痴迷,让人心驰神往,欲罢不能;在"过来人"心里,如歌如诗,可歌可泣,是那样的青涩甘甜、回味无穷;而在"关怀者"的观念中,如同泥潭、深渊,不大声棒喝,他们就会陷入水深火热之中。"早恋",是鲜艳的玫瑰还是诱人的罂粟,抑或是那个传说中的伊甸园故事?青苹果的困惑和门神般的棒喝,花季少年的情怀和无处不在的"性文化",困惑的何止是少男少女?不妨来一个假设,假如我们今天处于青葱岁月,我们如何面对"早恋"?"当事人"的迷惘,需要"过来人"的教育智慧,更需要"关怀者"的人文情怀。如果我们真的没有办法,最好的办法就是,把"球"踢回去给学生,相信他们会找到最适当的方法!

第三章 学习行为问题与对策

 现象扫描

根据对学生日常行为表现的观察,我们发现,学生八成的品行问题,如"恶作剧""反叛""违反纪律"等,源于"学习动力不足""学习成绩不理想""学习效果不明显""学习效率偏低""学习方法不当"等学习不良问题。

根据对学生整体学习状况的分析,我们发现,学生八成的学习障碍问题如"学而无效"等是由"学而无志""学而无望""学而无趣""学而无乐"等动机性学习障碍造成的。

很多学生一次次信誓旦旦地说:"从今天开始,我要努力学习!""从今天开始,我要做一个热爱学习、勤奋刻苦的好学生。"但是,在坚持几天后,他们往往感觉很累、很辛苦,慢慢地就放弃了努力。在普通中学,这样的学生占了相当大的比重。

那么,面对学生的学习行为问题,面对学生意志薄弱、无法持续努力的情况,我们应该怎么办?

 案例情景

【案例1】老师,我还有希望吗

"我好恨自己,无数次地下定决心想要努力学习,又无数次地放弃!我恨自己为什么就是做不到努力学习!已经高二了,还有几个月就是高三了,然后就是高考,像我这样的成绩,如果再不努力,就一定考不上好的大学。老师,我好着急、好焦虑,好想努力,又总是坚持不下去,我该怎么办?是不是我真的已经没有希望了?"这是学生小X周记中的一段文字。这段文字看得我好揪心,我似乎能够感受到他的绝望和不甘心,我该怎么帮助这个很想学好却又意志不坚定的孩子呢?

当天晚上,我找到小X:"你真的很想好好学习,是吗?"

"是的。"

"你现在最大的问题是什么?"

"我也知道要学习,我也很想要努力学习,可是每次下定决心后都是坚持几天就坚持不住了,就半途而废了。"

"你有制定学习目标吗?"

"有啊,每次考试之前一个月左右,我就下定决心要好好学习,要在这次考试中取得进步,想赶上××,或者达到多少分。但是好像没用。"

"你一般每下一次决心能坚持多久?"

"也就三天左右吧。第一天、第二天都很努力,第三天状态也不错,但是第四天……"小X有点不好意思地笑了。

"你的目标呢?是想努力多久?"

"当然要努力到考试啊,我自己基础本来就不好,三天时间根本不可能复习好,一个月时间还差不多。"

"也就是说,你每次下定决心说要努力,但是你的意志力只能保证你努力三天,而你的目标是下定决心之后要努力到下次考试,也就是30天左右?"

"嗯。我知道应该这样,我也想这样,可是,我做不到。"

"因为你的事,我专门上网查了如何培养意志力,找到一篇故事,可能能够给予你启发。"我把故事给小X,小X认真地看完了故事。故事原文是这样的:

有一位朋友对学功夫很热衷,缠着要拜一位老师为师。老师说:"行啊。不过我收学生有一个规矩,凡是意志薄弱的都不要,你给我站一下大马步桩吧,能站5分钟就留下,站不了就回家去。"

大马步桩是武功中的基本功夫,要求两脚分开为臂宽的两倍,大腿蹲平,是一种很吃力的功夫。朋友拉开架子往地上一站,只过了半分钟就来了反应:两腿颤抖,呼吸急促,满脸涨红。不到1分钟,他就吃不消了,一边嘴里嚷着"我不行啦!我不行啦",一边就歪着身子站了起来,看得大家哈哈大笑。

老师说:"你回去吧。"朋友不走,说拜师以后一定会刻苦练功,请求老师收下他。老师说:"连5分钟的意志都没有的人,以后凭什么去刻苦练功?"但朋友还是赖着不走,请求老师再给他一次机会。老师说:"行啊,那就再站一下吧。"

朋友歇了一会儿,深深地吸了几口气,把牙一咬,对着众人说:"我一定能成功!"老师微笑不语,朋友咬牙站着,又是不到1分钟就散架了。这回他不好意思再说什么,给老师道了个歉转身就走了。

半年后,他又去找老师,老师还让他站大马步桩,他一站就站了30分钟,老师满意地点点头把他收下了。大伙很惊奇地问他是怎么练的。他说回去以后羞愧难当,发誓要为自己争回这口气,不是只站5分钟,而是要站30分钟。

当天夜里,他就开始练站大马步桩,但是不到1分钟又不行了。第二天继续站,还是坚持不了1分钟。他天天如此,屡站屡败。这样反反复复地持续了1个月,他感觉再这样练下去是不会有结果的,因为这种反复不是在坚强自己的意志,而是进一步销蚀自己本来就不强的意志。

他闷头想了半天,忽然醒悟到这是好高骛远所带来的恶果。为什么每次都要盯着30分钟不放呢?连1分钟也站不了的人老想着30分钟只能令自己更加泄气。于是他把目标定在1分钟上,等能够坚持1分钟再说。

那天夜里,他就站了1分钟。这让他喜出望外,决定第二天加码至5分钟。没想到,第二天站到1分钟左右就坚持不下去了。这回他学乖了,马上察觉到自己又犯了浮躁的老毛病。冷静下来以后,他做了一个练功计划,决定以1分钟为基础,每过一个星期增加半分钟,争取在一年内达到站桩30分钟的目标。

就这样,他每天夜里练站桩,开始那段时间还得咬牙坚持,不断地想去看手腕上的手表。过了一段时间，他的心开始变得平和，不再去关心时间。又过了一段时间，他发现大腿没以前那么火烧火燎了。但他没有改动计划，还是按部就班去站桩。直到有一天，他的脑子里冒出了一个念头：今天不设手表定时，看看能站多长时间。结果他一站就站了 30 分钟。

看完故事后，小 X 没说话，慢慢地一边思考，一边重新回头看故事。几分钟后，小 X 对我说："老师，我知道了，仅仅有热情是不够的，仅仅下定决心也是不够的，还要脚踏实地、一步一步地去练习。我不能好高骛远，不能想着一次就努力坚持 30 天，我可以想着这次要努力坚持 4 天，下次坚持 5 天，下下次坚持 6 天，这样慢慢锻炼自己的意志力。"

看着小 X 如释重负地离开，我松了一口气。两个星期后，小 X 兴奋地找到我，神秘地对我说："老师，给你看一样宝贝！"然后，我看到了"小 X 意志力挑战表"。

××中学 ××班 小 X 意志力挑战表

周日	周一	周二	周三	周四	周五	周六
	1	2	3	4	放松	1
2	3	4	5	6	7	放松
放松	1	……				

这个表是什么意思？还没等我开口问，小 X 就兴奋地解释道："老师，我找到了更好的培养意志力的方法。我制作了一个意志力挑战表，就是用表格记数字，我不要求自己一次必须坚持到多少天，就是坚持一天记录一天、坚持一天记录一天，看看我一次能坚持多久，哪天放松了就重新从第一天开始记录。这样坚持得越久，我就越有成就感，然后越坚持越有动力，你看我上周坚持了 7 天呢！""那你现在觉得，你还有希望吗？"看到他的兴奋，我调侃地说。"当然有希望，我那么聪明，一定会找到更多方法的！"

看着他的开心，我也很高兴，同时我更认识到：意志力对一个人的成长非常重要，但是意志力的培养不是一天两天的事情，需要一个相当长的过程，在这个过程中,学生需要的不只是下定决心,更需要合适的方法的引导和帮助。

【案例2】一位学习意志薄弱学生的成长

"周老师,我很想努力学好,取得好成绩告慰妈妈。我知道我的成绩很差,我这么写肯定有人笑话我。其实,高二时,我曾经一次次地下定决心勤奋学习,一定要挤入班上中等层次,但每次都只能坚持一个星期甚至还不到一个星期就松懈了,我该怎么办呢?老师,你帮帮我吧……"面对小林的求助,我陷入了沉思。他坚持学习的决心到底有多大?他对我到底怀着怎样的期待?

问题分析及诊断

小林是我新接管的高三理科班的学生。他成绩很差,在班上处于倒数位置;纪律意识淡薄,用他自己的话说,"能犯的纪律错误他都犯过",最严重时曾经被留校察看;高一、高二教他的老师告诉我,他冷漠、暴躁、冲动,经常因一丁点小事跟同学和老师发生冲突。

我继续从外围去了解他。我与他的舅舅进行了多次沟通,了解到小林的经历很特殊:三四岁,父母开始闹离婚;七岁,父母离婚,他跟母亲一起生活;初一时,母亲被诊断为风湿性心脏病;高一时,母亲多次病危,最终离他而去。每周周末回到家,他都是孤零零的一个人……

我心底突然一阵心疼——多可怜的孩子!我相信他对母亲的孝心和对自己的期待,我应该帮帮他!

经过分析,我初步总结出,小林意志薄弱的原因如下:

(1)特殊的家庭背景,导致他性格不健全。

(2)各科基础差,学习难度很大,所以每次努力都面临巨大困难。

(3)缺乏科学的学习方法和良好的学习习惯。

(4)长期被批评,很少被肯定,自信心严重不足。

辅导过程及策略

1. 找准切入点,促膝谈心

经过充分的了解和准备后,我与小林同学进行了一次促膝长谈。

"小林,你以前的班主任叮嘱我多关注一下你。你知道是什么原因吗?"

一丝不悦在小林脸上闪过,他说:"我知道,因为我调皮捣蛋。"

"不是,他说你是个懂事的孩子,但只有了解你的人才能读懂你,所以要我多了解你,对你多一点关爱。"当然,这话是我自己加上去的,那个老师只是提醒我要小心这块硬骨头。

短暂的沉默后,我接着说:"小林,我很欣赏你。"

小林抬头看着我,一脸茫然。

"根据我的了解,你很坚强、敢担当,敢于挑起家庭重担,是个真正的男子汉。母亲病危时,医院多次下病危通知书,你叮嘱医生不要把通知书给外婆,直接给你,你怕外婆承受不了,所以选择独自承受这份痛苦……坦白说,我很佩服你,换作是我,我都不一定能够做到你的坚强和勇敢。"

他一言不发,眼里溢出了泪花。

那一次长谈,我用理解、宽容和欣赏打开了小林的心结,逐渐走进了他的世界,与他建立起了比较亲密的师生关系。"亲其师,信其道;尊其师,奉其教。"教师在帮助学生前要做足功课,找到准确的切入点,这样才能使自己顺利走进学生的内心,为日后的工作开辟一条康庄大道。

2. 借助简单易行之事,树立信心,培养意志力

培养意志力,需要契机,需要从小事做起。高三苦短,时间的价值不言而喻,所以,我决定带领他从珍惜时间做起,借珍惜时间来树立他的信心、培养他的意志力。

小林是校篮球队队员,他们每天早晚训练两次,学校允许他们迟半小时回教室学习。

我问他:"你真的很想改变自己吗?你真的很想取得好成绩吗?"

"是的,很想。"

"决心有多大?"

"很大!"

看到他已经进入了我设置的情境,我顺势抛出了我的要求:"那好,挑战自我,先从一件小事做起——我的要求是你每天晚上像其他同学一样准时回教室学习。换言之,不要像别的体育生一样迟到。"

他当时面露为难之色。看他犹豫不定,我紧接着说:"刚才还说很想改变,决心很大,一面对实际挑战就犹豫不前,看来你也只是说着玩的,没有诚意,算了吧。"我转身准备离开。

"老师,我答应你!"小林赶紧叫住我。

"别那么轻易答应我,其实你不是要答应我,而是要认真在心里问自己一句:你真的希望改变吗?你真的下定决心了吗?你真的有勇气将决心付诸行动吗?只有确认了这些,你才可能做到。"

小林想了想,坚定地点了点头。接下来一个月,他几乎没有迟到过,只是偶尔迟到几分钟(其实这也很不错了)。他偶尔迟到,我也不找他谈话,也不批评他,只是路过他位置的时候,用手指在他的桌面上敲一敲,然后相视一笑。因为我相信他自己心里是明白的,会有意识地继续调整好自己。

一个月后,我找他谈话。小林感慨:"真没想到,我居然做到了!"

"刚开始时,你心里挺恨老师吧?"我笑问。

他一愣,然后不好意思地说:"是的。不过不久我就不恨你了。我发现我真的跟他们不一样,我能严格要求自己了,我居然能坚持下来。我真没想到,真没想到!"

"现在最大的感受是什么?"

"爽!好有成就感!"

"是的,只要你真的努力了,你就会有成就感;只有你真的努力达到自己最好的状态了,你才会不仅有成就感,而且不管结果如何,你都会有种踏实、心安理得的感觉。继续努力,享受战胜自我的成就感!"

3. 长远规划,确定目标

在蓄势待发之际,水到渠成地规划学习,易于达到高层次的学习要求。借助上一次的成功体验,我与他一起规划高三学习。这时篮球比赛也结束了,作为高三的学生,小林退出了球队,这为他规划高三学习提供了更多的空间。

首先,我让小林分析成绩一般的学生不能坚持学习的原因,我适时补充。他说到基础差、上课听不懂、晚上作业不会做、做题速度慢、很快就没有信心等。

其次,我分析了高三知识的难度、学习的规律、进步的规律。比如,刚开始努力学习,有时不进步,反而会退步,一般要三到四个月,也就是一轮复习完后才会有大的进步,这就是厚积而薄发。

再次,我让小林分析接下来学习应具备的心态、应对的策略。

最后,我们共同分析他的实际情况,然后拟定分期奋斗目标。

当晚,我要求他把我们谈话的内容整理成文字,写到周记本上,同时贴一份到桌面上,以便随时能够提醒自己。

4. 捕捉拼搏途中的点滴成功,及时表扬

小林终于开始努力学习了,他信心满满,但并不知拼搏路上的艰辛,不知提高成绩的不易。"成功才是成功之母",我必须不断地让他感受到成功,不断地激发他学习的热情,使他保持持久的动力。

高三每周都有考试,我不放过任何一个给他加油的机会:有时是他能专注地做完考卷,有时是他某道选择题做得不错,有时是他一道大题能拿一个步骤的小分,有时是作文能写到600字……我的表扬点点滴滴,既有随机的(或在教室走到他身边,或在路上、走廊上遇到他时,或上课时表扬他),也有刻意的,专门找他谈心,表扬他、鼓励他,分享他的快乐,了解他的困难,鼓励他继续勇敢地往前走。

5. 严格督促,长期跟进

坚持做好一件事,说起来容易,做起来难。高三学生,学习强度大、时间长,基础差的学生很难坚持下去。因此,教师的严格督促就更不可缺少。我经常向科任老师了解小林的上课和作业完成情况,放大他做得好的地方。他也知道我经常关注他、期待他做得更好,因此不敢也不愿放松学习。有时候,当他自我放松时,我会及时提醒他,有时甚至严厉批评他。他知道我的出发点是帮助他、陪伴他成长,所以并不恼怒我的批评。

我持续跟进着,他也努力坚持着。

辅导效果

辛勤的汗水终于换来了甜美的果实。

不知不觉间,小林变了:性格温和了,遇事更加冷静、理智了,与老师和同学的相处也更加和谐了。在学习上,经过踏实而疯狂的持续拼搏,他取得了

理想的成绩：在次年3月的广州"一模"考试中，由原来班上的50多名进步到28名！6月高考，成绩再进一步，在班上排名22名！在一年的努力中，面对知识与心理的诸多难关和多次考试的不如意，他没有退缩，勇敢向前，意志力得到了极大的增强。

有了外力的帮助，在短短的高三期间，小林同学激发了潜能，完成了一个看似不可能完成的华丽转身！

几年后，已经大学毕业、参加工作的他特意携娇妻来看我，他一身男子汉气概，满脸开朗的笑。

我丈夫在一边笑问他："周老师在你心目中是个什么样的人啊？"

他笑着说："你问我老婆吧。"他老婆说："您就像他妈妈一样。"

我看着他，欣慰地笑了，深感在他身上所有的付出都是值得的。

反思与感悟

通过对小林同学教育案例的回顾与反思，我意识到，面对意志力薄弱的学生，班主任要想帮助他把成绩和纪律搞上去，热爱学生、科学诊断、找出症结所在是前提；辨证施治、为学生持续创造成功的小机会并大加表扬、持续激发其成功的欲望与热度是关键；不离不弃、严慈相济、长期跟进督促是保障。

（广东省佛山市南海区十佳班主任、语文高级教师　周玲）

  问题分析

1. 意志薄弱问题是导致学生行为问题的关键

学生的学习行为问题包括学生学习的多个方面。从学习动机角度讲，存在愿不愿意学习的问题，如学生缺少学习动力、学习兴趣等；从学习方法角度讲，存在会不会学习的问题，如知识记忆方法、结构整合能力等；从学习品质角度讲，存在能不能坚持学习的问题；从学习效果角度讲，存在能不能高效学习的问题等。这些问题既相互联系又有所侧重，共同构成了学生的学习行为问题。

这一系列的学习行为问题，每个方面都很重要，但是对当前中学生而言，最有代表性、最普遍的当属意志薄弱问题，对中等层次的学生更是如此。道理很简单，学生不可能对要学习和考试的所有科目都感兴趣，但是不管学生感不感兴趣，为了应对中考、高考，他们还必须努力学习，这就涉及意志问题。所以，关于学生学习行为问题的讨论，我们把重心放在如何培养学生的意志力方面。

意志是人自觉地确定目的，并根据目的支配、调节行动，克服困难，实现预定目的的心理过程（引自"互动百科"）。由意志的定义来看，意志具有三方面的特征：

(1) **意志有明确的目的性**。即对未来有所预见并按照预见的节奏去行动。人在行动前往往已经对未来的结果有了明确的目的和期待，调整状态不断努力的目的是为了达成目标。也就是说，"强化目的性"可以在一定程度上提升学生的意志。

(2) **意志以随意运动为基础**。随意运动即受意识指引的活动（而不受意识指引的运动称为不随意运动）。

(3) **意志是与持续性努力、克服困难密切相关的**。比如，当一个人参加长跑项目时，跑步是随意动作，但不能说跑步就是体现了人的意志，只有忍耐并克服了跑步过程中的种种困难，最终到达终点，这才表现为意志；再比如，为了高考努力学习是随意动作，但不能说努力了就体现了人的意志，只有忍耐并克服了备考过程中的枯燥、疲倦、劳累、高原反应等种种困难，最终坚持到胜利完成高考，这才表现为意志。意志只有在克服种种困难的过程中才体现出来，没有和克服困难相联系的行动，不是意志行动。

现在很多聪明的孩子成绩却不好，究其原因，往往是因为意志薄弱，"想"时雄心勃勃，"做"时怕苦怕累，刚努力几天就受不了、坚持不住了。很多孩子都处于"不断地下定决心要努力，又不断地半途而废"的状态，怕苦、怕累、怕困难，半途而废。案例1中的小X、案例2中的小林就是典型代表。

2. 学生意志薄弱原因分析

意志问题不仅对一个人的学生时代有影响，对他以后的工作和生活也都有重要影响。学生时代怕苦怕累，则难以取得好成绩；工作之后怕苦怕累，则不能勇担重任、克服困难，难以实现自我价值。所以，意志问题对一个人一生的影响都非常重大。那么，为什么当今中学生的意志品质越来越差呢？究其原因，有以下几点：

（1）**家庭教育中的溺爱迁就，家长没有有意识地培养孩子的自制力和吃苦耐劳精神**。家长是子女成长的第一任老师，家庭既是孩子成长的起点，又是孩子成长的长期加油站。很多孩子成长中的问题，其根源都在于家庭，家庭养育方式和教育方式的不合理导致孩子在成长的过程中出现了很多问题。

就养育方式而言，随着物质的丰富和家庭的富裕，很多父母不希望自己的儿女再像自己年幼时一样吃苦，于是无原则地溺爱迁就，要什么给什么。孩子不需要经过努力就能得到自己想要的东西。这一过程非常不利于孩子自制力的培养，因为"努力"就意味着需要按照一定的目标克制自己的行为，通过"自制"达成目标。不需要努力就不需要自制，就没有自制力培养的过程，就没有意志。因为自制力就是自己管住自己的能力，而意志就是自己长时段管住自己的能力。

就教育方式而言，很多父母没有意识到培养孩子自制力和吃苦耐劳精神的重要性。他们对孩子的要求标准单一，在平时不注意培养孩子的自制力和吃苦耐劳精神，只要求孩子学习成绩好，但是又不知道如何借助合理的要求和帮助来培养孩子的自制能力。殊不知，学习成绩需要"自制"和"吃苦耐劳"精神保驾护航。

（2）**不合理的成长目标不利于学生意志力的培养**。意志力有明确的目的性，"强化目的性"可以在一定程度上提升学生的意志力。但是，并不是目标标准越高就越有助于培养学生的意志力。意志力的培育需要一个恰到好处的目标：目标标准太高，学生怎么努力都达不到，所以容易连续遭遇挫折而放弃努力，无益于意志力的培养；目标标准太低，学生不用努力就可以达到，也无益于意志力的培养。

这就告诉我们，学生在确立目标时应符合自身的实际情况。在确定个人目标时不要人云亦云，而是应该分析自身的条件，明确自己的优点、不足，根据自己的实际情况来确定目标，切忌好高骛远。比如，一个体质虚弱的孩子可以通过球类运动增强自己的体质，却很难把"成为运动明星"作为自己的发展目标；一个身材不好的孩子可以把舞蹈当作爱好，却很难把舞蹈当作自己的职业发展目标。尤其是，当今社会，"成功学"盛行，每个人都想"超越别人，做成功人士"，每个人都志存高远、渴望出人头地。当然，有远大的志向、目标是好事，但是如果不客观分析自我，目标不切实际，就失去了目标的意义，不利于意志力的培养。

所以，学生在成长过程中能不能学会制定合适的成长目标对于培养意志力、提升意志品质非常重要。

（3）学校教育中保姆式的管理和教育方法不利于学生意志力的培养。学校作为专门的教育机构，对学生意志品质的形成和培养有着不可推卸的责任。但是，当前学校教育中的很多做法却并不利于培养学生的这一品质。

首先，学校教育中保姆式的管理方法不利于学生意志力的培养。现在的很多学校教育，服务越来越到位，管理越来越细密，从早到晚，从吃饭到学习到睡觉，都有专门的人负责进行全方位的管理。这样的保姆式管理不只导致管理者（尤其是后勤人员和班主任）辛苦，更严重的后果是使学生处于一种"不需要自我管理"的环境中。不需要自我管理，就没有自制力；没有自制力，就没有意志力。

其次，有些教师的教育方式不利于学生意志力的培养。当前，学校的一些老师轻易地把意志力薄弱、成绩基础差的学生划分为"差生""问题学生"，不是想办法帮助他们培养自制力，而是选择听之任之、不闻不问甚至干脆放弃。在这一过程中，教师没有通过自己的努力帮助学生成长，学生也极少通过自己的努力获取成长，这当然不利于学生意志力的培养。

对策措施

培养学生的意志力，应该从小做起，从家庭教育做起。学校教育则接力，从而形成有利于学生意志力培养的长期成长环境。对此，我们可以从家庭教育、学校教育等方面来分析培养学生意志力的方法，同时，还要教给学生一些自我挑战、培养意志力的方法。

1. 家长在家庭教育中要关注对孩子意志力的培养

（1）借助"游戏"培养孩子的意志力。我在网上看到这样一个故事，感觉对家长培养孩子的意志力有较大启发，引用来供读者参考：

昨天，我们自己开车去外国语学校。路程非常远，加上一路上儿子非常兴奋，说说笑笑，一刻不停。我担心他到了考场反而没了精神，就让他躺下休息一会儿，但他根本睡不着。从我家到外国语学校至少需要一个多小时的车程，怎么才能让这段时间变得安静呢？于是，我就让儿子以训练意志力为由，看他能安静地坐多久。但儿子最弱的一项也是意志力，他总是管不住自己的手、脚、嘴巴、眼睛，四处乱动。

我让儿子进入挑战的第一环节。第一轮挑战是3分钟。儿子最喜欢玩游戏了，他立即目光向前，双手并拢，一动也不动，但坚持了不到3分钟，突然扑哧一下笑出声来。我说："认输吧，现在知道那些站岗的叔叔不容易了吧。"

谁知他说："这个不算，我还要再来一次。"

我说："每失败一次，就要依次加上2分钟。这一次是5分钟，你愿意挑战吗？"

他又一次咬紧牙关，说"好的"。于是我又让坐在前面的先生开始计时，儿子这一次正襟危坐。在5分钟的最后半分钟里，我提醒儿子说，还有半分钟就快胜利了！谁知这一提醒，他又像一根一触即发的弹簧般撑不住了，哈哈大笑地倒了下来。

但他立即又坐直了身子，说："这次不算。我还要再来。"

于是进入第三轮挑战。这一次是7分钟的挑战。时间有点漫长，连我都不敢相信儿子真的能做到无论是上坡、下坡、过红绿灯都目不斜视。

一开始训练时，我们都不说话，以免分散他的注意力。但这一次，他坚持的时间真的很长，我于是想增加一点他的抗干扰能力，就故意说："外面的夹竹桃都开了，有的是白色的，有的是红色的，真是太漂亮了。"

儿子的嘴角浮现出一丝笑意。但他又紧紧地咬住了嘴唇，纹丝不动。

我又跟先生说："你知道我们昨天在必胜客吃了些什么吗？居然有人说蜗牛好吃啊。我是坚决不会吃那些东西的。"一般这种时候，儿子也会立即发表观点："我也坚决不会吃的。"但这次儿子居然像没有听见一样。

我又说："现在流行吃的东西越来越怪了，什么蚂蚁啊，马蜂啊，蛹啊，还有蝎子，真是太可怕了。我想到这些东西放在嘴里，就恶心死了。"我自己都说得笑了起来，但儿子真的没有动。看样子，当他决心做一件事的时候，还是有控制好自己的能力的。

到了7分钟后，我们告诉他，时间到了。儿子这下子才放松下来说："妈妈，其实你刚才说的那些我都听见了。吃蚂蚁什么的。你是故意逗我的吧？所以我就坚持不受诱惑！"

我觉得有了这样的小小训练，儿子在日常生活中的自控能力也会强一些，至少他会有控制自己的意识。玩这个游戏真的很不错，一来可以训练儿子的自控能力，二来可以保持车厢内的安静。而且有了小游戏，再远的路也不觉得长了。

（叶子紫，新浪博客，2009-06-22）

其实，类似的游戏有很多，比如"拼图"游戏等，这些游戏不仅有趣，能够吸引学生参加，还可以培养学生的意志力。

(2) **借助合理的"奖惩"手段培养孩子的意志力**。在家庭教育中，奖励和惩罚同样重要，合理的"奖惩"手段有助于培养孩子的意志力。家长可以和孩子"约法三章"，共同制定奖励和惩罚规则。比如，每天回到家要认真完成作业；每次做作业时间不得少于40分钟；40分钟内不能随意走动，不能玩与作业无关的东西；如果连续做到一个星期，可以给予适当的奖励，如买一个孩子喜欢的玩具，如果没有做到，则要给予适度惩罚，如一段时间内不能购买玩具、零食等。这样一来，不仅家长管理和奖励孩子有了可观标准，而且可以借此培养孩子的意志力。

(3) **借助生活中的"事件"培养孩子的意志力**。意志力只有在持续性努力、克服困难的过程中才能体现出来，因此，家长可以借助生活中有适当挑战性的"事件"来培养孩子的意志力。比如,家长可以和孩子相约一起运动,每天晚上在固定的时间内锻炼身体,这样不仅家长和孩子可以锻炼身体、增强体质,更重要的是,每一天的坚持有助于培养孩子的意志力。如果某天家长有事无法去锻炼身体,可以鼓励孩子自己去完成锻炼任务。此外,家长也可以在生活中有意地交给孩子一些事务性工作,要求孩子独立完成,借此培养孩子的意志力。

2. 教师在学校教育中要关注对学生意志力的培养

(1) 借助"目标引领法"培养学生的意志力。

教师要让学生意识到目标的巨大力量,重视目标的作用。为了让学生意识到目标的巨大力量,我向学生展示了哈佛大学关于"目标"的调查。哈佛大学有一个非常著名的关于目标对人生影响的跟踪调查,对象是一群智力、学历、环境等条件都差不多的年轻人。调查结果发现,27%的人没有目标,60%的人目标模糊,10%的人有清晰但比较短期的目标,3%的人有清晰且长期的目标。

25年的跟踪研究结果表明,他们的生活状况及分布现象十分有意思:3%有清晰且长期目标的人,25年来几乎都不曾更改过自己的人生目标,他们几乎都成了顶尖成功人士;10%有清晰但比较短期目标的人,大都生活在社会的中上层,成了医生、工程师等;60%有较模糊目标的人,几乎都生活在社会的中下层;剩下27%的人,是那些25年来都没有目标的人群,他们几乎都生活在社会的最底层。由此,我们可以让学生感受到——目标对人生有巨大的导向性作用。

教师要教学生学会制定合理的目标并学会分解目标。目标对人生有巨大的导向作用,但是每个人的目标是不同的,所以,教学生学会制定合理的目标和学会分解目标对学生意志力的培养非常重要。教师要和学生一起分析自身的条件,明确自己的优点、不足,根据自己的实际情况来量身定制目标。合理的目标应该具备五个条件,又称SMART原则。

- S (Specific):目标要清晰、明确,让学生能够准确地理解目标。
- M (Measurable):目标要量化,考核时可以采用相同的标准准确衡量，比如，目标不能表达为"要取得进步"或者"要做一个好学生"，因为这两个标准不好量化。

- A（Attainable）：目标要通过努力可以实现，也就是目标不能过低和偏高，偏低了无意义，偏高了实现不了。
- R（Reasonable）：目标设定要合理，计划具有可行性。
- T（Time bound）：目标要有时限性，要在规定的时间内完成，时间一到，就要看结果。

在制定合理的目标之后，教师还要教会学生合理分解目标。因为目标的达成不是一蹴而就的，可能需要一个相当长的过程，如果在过程中学生总感觉目标遥不可及、努力遥遥无期，就不利于学生持续性地朝着目标努力。所以，为了培养学生的意志力，教师要鼓励他们坚持下去，引导他们学会将一个大目标分解成若干个可以达成的小目标，这样，学生经过一段时间的努力就可以达成一个小目标，再经过一段时间的努力又可以达成一个小目标，小目标的累加最终达成大目标。在此过程中，每一段的坚持连起来，就促成了意志力的成长。

教师要引导学生学会给目标赋予意义，从而获得坚持努力的动力。 目标本身对学生有一定的吸引力，此外，我们还可以引导学生认识到目标达成可能带来的一系列"福利"，通过给目标赋予更多的意义来使学生产生更多、更大的动力。比如，对于学生通过不断的努力获得高考的成功，可以这样赋予其意义：第一，高考成功，说明自己这些年的努力是有价值的，是值得的，这是一个证明自己实力的好机会；第二，自己有机会到理想的学校继续学习，可以接触到更高层次的同学、老师，可以接受更优质的教育；第三，可以选择自己喜欢的专业，得到更好的发展，为以后的成功人生奠基；第四，可以得到别人的羡慕和赞赏，以后出门感觉有面子；第五，高考成功后父母答应帮自己买一台好的笔记本电脑，可以享用新电脑；第六，高考成功后父母会很高兴，自己会成为他们的骄傲，让他们因自己而自豪……

这样，每当学生坚持到疲倦、动力缺失的时候，多想一想坚持努力可能带来的好处，给自己的坚持赋予更多的意义，就有助于重新激起斗志，继续努力,有助于培养自身的意志力。

(2) 借助"榜样示范法"培养学生的意志力。 榜样的力量是巨大的,榜样示范法不仅可以给学生提供源源不断的动力,也可以培养学生的意志力。

高一时,我喜欢给学生讲"柏拉图甩胳膊"的故事,借此告诉学生:真正能够成就一个人的,不是多么聪明的头脑和多么强健的体格,而是一种始终如一、坚持到底的品质!所以,简单的事情坚持做,你就会变得不简单;平凡的事情做成精品,你就会变得不平凡。

高二、高三时,我喜欢借用一些高考成功的故事来激励学生,比如,我把北京大学毕业生贺舒婷的《你凭什么上北大》打印出来,给每个学生一份,让他们认真地去读、去思考。这给了学生很大的触动。有学生在阅读完之后在周记中写道,"今天,我深深地被《你凭什么上北大》触动了,很佩服作者的坚持不懈和可以从废铁变为好学生的神奇。看到这篇文章,我发现我的处境和自大的想法都与作者相同;看到'那晚,我在日记里写,试试吧,试试努力一个月会不会有效',我突然很想向她学习,我有了突如其来的冲动——我也要尝试!因为'尽吾志也,而不能至者,可以无悔矣'。从那之后到现在,我每天都抽时间补习文科综合,我也问了文科综合好的同学,他们都说背书就是硬道理,所以我要开始努力了,而且要像贺舒婷一样,坚持努力","当我累到再也无法动弹的时候,我会狠狠地问自己一句'你凭什么上北大'"。

(3) 借助"对手挑战法"培养学生的意志力。 俗话说,小成靠朋友,大成靠对手。一个人的进步需要竞争对手的刺激。教师可以借助"对手挑战法",引导学生找一个竞争对手互相挑战,从而培养学生的意志力。

一个合适的对手必须具备以下几个条件。第一,成绩比你好一些,这样你才有追赶的空间;同时,成绩差距不能太大,否则容易打击你的积极性。第二,比你认真刻苦,你可以经常看到他埋头学习的身影,这样他的努力更容易刺激你的努力和坚持。

让学生找一个这样的竞争对手,并正式向对方发出挑战。明确的竞争对手有助于激发学生的斗志,也有助于借助对手的努力和坚持来培养学生的意志力。

(4) 借助"文化育人法"培养学生的意志力。班级文化是一个班级共同意志、共同价值观的体现，是一个班级的核心价值和灵魂所在。良好的班级文化氛围对学生的自我要求和自我管理能起到极好的促进作用，所以，教师可以通过营造一个积极、向上、奋斗的班集体来培养学生的意志力。

一方面，通过对班级文化的营造和优秀班集体的打造，可以在集体内形成统一的内在价值观和外在行为规范，由此学生就能在共同价值观的引领下对自己提出内在的自我控制和自我发展诉求，从而使自己的行为符合班集体内部的共性行为；另一方面，学生在中学阶段的重要他人是同龄人，出于朋辈压力和归属感的需要，学生会为了融入集体而采取和集体行为相一致的行为方式，环境的作用也就此凸显。

此外，教师还可以通过组建学习小组来培养学生的意志力。将个人的努力融入小组，然后再用小组成员之间的互相管理和互相支持来带动个人，从而形成组间相互竞争、组内相互管理和支持的良好局面，由此培养学生的意志力。

(5) 借助"监督检查法"培养学生的意志力。成长中的学生的心理具有动荡性、不稳定性和过渡性等特点。他们虽然在下定决心时信誓旦旦，也能够制定好整体目标和分解目标，但是在实现目标的过程中很容易受到外界干扰，难以坚持。这说明，在他们成长的过程中，仅仅靠自己的意志力是不足以管理好自己的，在一定情况下，需要家长和教师的适当介入、及时提醒乃至监督检查。"案例情景"案例2中周老师对小林的不断跟踪、监督，就是运用了监督检查法对学生的触动。教师定期的监督检查对学生而言是压力也是动力，是关心也是推动，有助于培养学生的意志力。

(6) 借助"故事明理法"培养学生的意志力。故事明理法是培养学生意志力的另一有效方法。"案例情景"案例1中的教师引用"朋友练习大马步桩"的做法就是故事明理法。借助故事，教师不仅让学生明白了坚持的重要性，更让学生明白了如何才能逐步提升自己的意志力，取得了很好的效果。

在现实中，除了故事之外，我还曾借用母鸡孵小鸡的道理来培养学生的意志力。我对学生说："你知道母鸡孵鸡蛋需要孵多久吗？答案是21天！但是，你们知道吗？要是母鸡孵了10天就不孵了，结果会如何？结果是鸡蛋最后非但成不了小鸡，还会变成臭鸡蛋。所以，成功需要坚持，连母鸡孵小鸡都需要21天的坚持，何况人的成长呢？"

(7) 借助"自主管理法"培养学生的意志力。在上述内容中，我们已经分析过，学生之所以缺乏自制力和意志力，是因为学生在成长的过程中大多处于不需要自我管理的状态，他们的自我管理能力没有得到合理的挑战，意志力没有增强。为了培养学生的意志力，教师可以借助自主管理法，把班级管理权交给学生，把自我管理权交给学生。对此，教师在面对班级纪律问题、卫生问题、作业问题、课堂问题、自习课问题等一系列学生出现的问题时，不再是第一时间出现在"事故现场"并马上解决问题，而是可以选择克制自己的情绪，和学生一起分析事件的起因、经过、影响并一起讨论可行的解决办法，让学生学会反思、改进，从而实现成长。

3. 教师要教会学生掌握自我挑战、培养意志力的方法

(1) **自我激励法和积极暗示法**。在培养自制力的过程中，学生难免会遭遇困难和挫折，也难免会有泄气的时候。这时，自我激励法和积极暗示法有助于学生再次鼓起勇气、努力奋斗，从而有助于培养自己的意志力。所以，教师要教会学生掌握自我激励和积极暗示的方法，如激励语激励法、座右铭激励法、物质奖励激励法、目标激励法、心理暗示法等。

(2) **自我评价与反思修正法**。自我评价是认识自我、发现自我的一种重要方法。借助自我评价和反思，可以帮助学生发现自己存在的问题，对问题的修正则有助于学生达成目标，有助于学生意志力的培养。一个学生如果想提高成绩，首先就需要对自己的学习行为、学习方法、学习效率等各方面进行自我评价和反思，找出导致成绩差的原因并下定决心改变缺点。如果不懂得反思，不懂得修正，仍旧按照以前的方法学习，那只能得到以前的结果。所以，重复旧的行为只能得到旧的结果。为了培养学生反思修正的习惯，我建议学生养成每天睡觉前检讨自己的习惯，想一想今天自己做了些什么，做得怎么样，有哪些地方需要改进。由于个别学生不够自觉，所以我会统一印制"每日自我反思表"给学生，让他们以文字的形式完成。

（3）**选择性关注法**。"青蛙与高塔"的故事告诉我们，许多时候，虽然有着美好的理想和远大的志向，也有着不凡的实力，但难以坚持到底直至成功的原因，除去客观原因，主观原因就是信念不够坚定，当听到不同的声音、遇到困难时就容易怀疑自己，怀疑自己的能力，怀疑自己的价值，最终导致失败。那只失聪的小青蛙之所以能够爬到塔顶，就是因为它听不到别人的议论。坚定则心静，心静则神清。所以，学生要培养自己的意志力，必须学会选择性关注法，对自己感兴趣的、有助于自己前进的评价多加关注，对那些容易影响自己心神、导致内心不平静的信息进行选择性屏蔽，这样才能让内心处于安静状态，才更有利于持久的努力和意志力的培养。

（4）**享受成长法**。对一个人而言，坚持的过程是痛苦的，但是坚持的结果是快乐而甜蜜的。所以，在坚持的过程中，学生可以通过阶段性小目标的实现来享受坚持的快乐、享受进步、享受成长。比如，"案例情景"案例1中小X看到自己一次比一次坚持得更久，案例2中周老师不断让小林感受到阶段性的进步，这就是一种强大的成就感。在感受这一成就感的过程中，学生感受到的是成长的快乐和坚持的喜悦。所以，教师要让学生学会享受成长中的快乐，享受坚持带来的成就感，这样有助于学生意志力的培养。

总之，一个人的意志品质对个人成长至关重要，意志薄弱对任何人而言都是致命的弱点，不只影响成绩，还会影响以后的工作和生活。但是，意志力是可以培养的，家庭、学校和学生个人只要能够明确目标，采用合适的方法，是能够帮助学生培养出强大的意志力的。

精要点评

八成品行问题源于学习不良，八成学习障碍是动机性学习障碍，信誓旦旦要努力学习但遇到挫折就丢盔弃甲，这些现象在学校中并不鲜见。工作思维定式让我们只是从学生的思想品德方面去寻找原因和对策，却很少思考学生学习动力、学习能力、学习策略、学习方式、学习方法、学习意志力与学习耐挫力等方面的成因和化解策略，更少考虑将"学而无志""学而无望""学而无用"与"学而无趣""学而无乐""学而无恒"及"学而无效"等要素联系起来整体分析。具有教育自觉和专业思维的教师、班主任，善于从学习不良问题溯源品行问题，善于从学习动力方面寻根动机性学习障碍，善于从学习意志方面洞察学习成效。找出问题的症结和根源，找到事物或要素之间的内在联系，就能找到药到病除的"灵丹妙药"和"柳暗花明"的新出路。

第四章 心理行为问题与对策

 现象扫描

　　学校教师、班主任所面对的困难，大多源于学生的问题行为。中学生的问题行为，包括由于情绪困扰、学业困难、人际关系矛盾等原因而引发的种种异常行为。这些问题行为往往以品德性行为不良的形式表现出来，如逃学、离家、偷窃、施暴、恐吓、勒索、吸烟、吸毒、参加不良组织等。

　　心理行为问题是中学生的问题行为之一。心理行为问题使学生自己不快乐，也使他们周围的人产生困扰。这些问题行为还会进一步造成他们学业上、生活上和人际关系上的困难。中学生的心理行为问题常常和其他问题行为交织在一起，不仅困扰学生本人，同样也困扰家长和教师。

　　中学生主要的心理行为问题与表现有：神经性方面的问题行为、情感方面的问题行为、性格方面的问题行为、智能方面的问题行为、活动过度的问题行为和习惯性的问题行为，等等。一般分为三种类型：第一种类型是逃避性问题行为，包括偷窃、吸食药物、不当娱乐、异性行为、逃避家庭和逃避学校；第二种类型是违抗性问题行为，包括攻击、课堂违规、违抗权威等其他违规犯过行为；第三种类型是情绪性问题行为，包括紧张烦躁、焦虑恐惧、幻觉与妄想、忧郁消沉、悲观烦恼、心身症、学习困扰等。

心 理 故 事

案例情景

【案例1】跨越心灵的障碍

高一开学不久,我突然接到一个不可思议的电话:"老师,我是小杰的妈妈,他刚才跟我说,一定要和阿秀同桌,否则,他就不读了!"我纳闷:他为什么非得和阿秀同桌呢?而且还敢这么明目张胆地要挟家长?

一了解情况,我才知道事态远比我想象得严重。原来,小杰为了跟阿秀坐同桌,好几次移开她同桌的桌椅,把自己的桌椅搬到她的旁边。阿秀每次都很生气地推开小杰的桌子,最后一次甚至推翻了桌子,哭着跑开了……

怎么敢这么欺负女孩子?我很气愤,准备好好训他一顿。

那天晚上,我很不客气地把他叫到休息室。看到他低着头,浑身发抖,我的怒气消了。我试探性地说:"我能理解你,她聪明、漂亮、心眼又好……""老师,不是你想的这样。""那为什么非要和她一起坐?""和她坐一起,我心里踏实。""但她不愿意呀!"他沉默不语。

为了让他学会换位思考,我想到心理学的"空椅子技术"疗法。于是,我搬来两张椅子,对他说:"我们来做一个小小的游戏吧。你面前有两张椅子。当你坐到这张时,你就是你自己;当你坐到另一张时,你就是阿秀。现在假定你俩展开对话,你想办法说服她,让她和你成为同桌。"我引导他设身处地站在女生的角度考虑问题,回答时要尽量模仿她的语气、语调。几个回合后,他突然站起来说:"老师,我明白了,我不该一厢情愿地勉强她。"

几天过去了,他妈妈打来电话,说:"老师,太谢谢你了。他现在好多了,

第四章　心理行为问题与对策

再也没有提过换座位的事，心情也好多了。"

一个星期后，我又发现他萎靡不振、无精打采。难道他又遇到了什么事？我又找他谈。他坦白地说："远离阿秀，总觉得不踏实，我也不明白为什么会这样。"

他这一说，我也觉得怪怪的，难道是心理出了问题？于是我装作无意地谈到了他以前的生活。

原来，小时候，他父母都在外地做生意，他从小就寄宿在姑妈家。姑妈有几个女儿，都比他大，做事总护着他。有一次，他自己跑去玩，被几个男孩打得鼻青脸肿。正好大表姐经过，就把那几个男孩训斥了一顿。从此，他就更愿意和女孩在一起玩。

原来，是儿时的经历，使他更愿意接近女生，而不信任男生。

我顺势问道："你大表姐长啥样？"他不好意思地挠挠头，说："她和我大表姐太像了。"

问题的症结终于找到了，我长松了口气。"我们来做个游戏吧！在你的眼前有3个障碍物，你要蒙着眼睛跨过它们。"在他蒙上眼睛之后，我悄悄地移开了障碍物。他一步一步地、谨慎地跨过障碍物。等他睁开眼睛，发现障碍物早已不在，他惊呆了。我问他："你跨过障碍物了吗？""没有。""障碍物存在吗？""以前存在，现在不存在。""那你刚才跨越的障碍物来自哪里？""我心里。""想一想，现在你的心里有没有障碍？""老师，你说得对，现在我终于明白了，以前的阴影不应该一直留在我心里。"

寒假过后，在春暖花开的校园里，我看到他和几个男生谈笑风生，脸上洒满了阳光。

看着他的背影，我若有所思：幸亏啊，我没有一开始就给他戴上"早恋"的帽子！

每个问题学生的问题行为背后都可能隐藏着一定的心理问题，需要我们细心地去呵护、去疏导。

【案例2】"原来我捏错腿了！"

"老师，我的身体是不是出什么问题了？"小何同学忧心忡忡地对我说。我大吃了一惊，心想：这个内向的男生应该碰到难题了。

"老师，我总觉得臀部的骨头很疼，让我完全集中不了注意力，甚至连考试时也一样。"他看着我，仿佛在向我求救。

"你不要着急，有时我在办公室坐久了，也会觉得骨头疼。"我轻松地和他说，尝试用"自己人效应"来缓解他的忧虑。经过询问得知，他之前没有受过伤，去校医室检查，也没查出任何问题。当天放学后，我带他去医院照了X光，检验结论一栏也明明白白地写着：没有明显异常。

可是当天晚上，他又找到了我，脸色凝重地说："老师，我觉得骨头越来越疼了，我是不是得了什么怪病啊？"

看着他心急如焚的样子，我很担心，也更加困惑了。他明明没有受伤，但为什么总觉得疼呢？就在我百思不得其解的时候，突然想起了以前看过的一个故事，主人公碰到的问题和小何很相似。

第二天晚自习的时候，我找到他，轻松地说："小何，老师给你讲个故事。讲完之后，你可要回答我几个问题。"

美国政治家安德鲁·杰克逊的家中有好几个人死于瘫痪性中风，他因此认定自己必会死于同样的症状，所以一直在这种阴影下恐慌地生活着。

一天，他正在朋友家与一位年轻的小姐下棋，手突然垂了下来，脸色发白，呼吸沉重。

"最终还是来了，"杰克逊乏力地说，"我的整个右侧瘫痪了。"

"你是怎么知道的呢？"朋友问。

"因为，"杰克逊答道，"刚才我捏了几次右腿，但是一点感觉也没有。"

这时，那位姑娘说道："可是，先生，您刚才捏到的是我的腿啊！"

这个幽默的故事，让他舒展了眉头，露出了久违的笑脸！

"为什么杰克逊会出现那样的错觉，闹出那样的笑话呢？"我笑着问他。

他想了想说："他认为自己会瘫痪，就总是去关注自己的大腿，后来竟真的感觉瘫痪了。"

沉默了几秒钟,他突然大声说:"老师,我知道了!我在教室坐久了觉得骨头疼,就认为自己生病了,总是关注自己的骨头,时间长了,就真的感觉它很疼了!"

"对,心理学上把这叫作'记忆的自我参照效应',就是指我们在接触到与自己有关的信息或者事情时,最不可能忽视或者遗忘。比如医学院的学生常常碰到这种情况,每当老师介绍一种病症的时候,学生总免不了会先想到自己是否出现过类似的征兆,如果不巧有两三点看似符合,就开始惊慌,怀疑自己是否已经病入膏肓,其实自己一点事都没有。"

"哦,原来是这样啊!看来我和杰克逊一样,也是捏错腿了。"他如释重负地说,甚至还跟我开了个玩笑。

第二天晚自习的时候,我路过教室,在窗口看见他正全神贯注地做作业,我知道他心里那块沉重的石头终于落了下来。我也相信,此刻他正轻装前行,为自己的梦想而努力。

如果说教育是点亮人的事业,那么教师就是点灯者。当学生身陷困境的时候,如果他们首先想到的是我们,那真是一种莫大的幸福。因为,我们将点亮他们的前程,乃至他们的心灵。

(广东省佛山市南海九江中学语文教师、
佛山市班主任能力比赛一等奖获得者　张景亮)

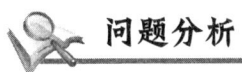

问题分析

以上两个案例从表面看是学生的行为问题,但行为问题的背后实则是心理问题。

1. 精彩之处

两个案例都很精彩,值得我们细细分析、慢慢咀嚼和品味。

(1)从现象看。案例1中小杰想方设法地亲近阿秀的现象,作为中学阶段的老师,很容易想到青春期的孩子对异性产生兴趣,从而把这当作"早恋"问题来处理；案例 2 中小何同学身体不适和无法集中注意力学习的现象，很容易被老师当作身体疾病或学习习惯不好的问题来处理。这就是心理问题的特点。和其他问题相比，心理问题具有隐蔽性，需要教育者具备一定的心理学专业知识，才能超越现象看到本质，对学生问题进行科学的分析和定位。

（2）**从过程看**。两位教师都展示出了一定的教育诊断能力。在案例 1 中，教师对学生进行了"试探"（"我能理解你，她聪明、漂亮、心眼又好……"这句话实际上是在试探孩子是不是恋爱了）、对前期试探进行了否定和再定位（"他这一说，我也觉得怪怪的，难道是心理出了问题"），最后终于在小杰童年记忆的帮助下对小杰的问题进行了准确定位："原来是儿时的经历，使他更愿意接近女生，而不信任男生。"同样，在案例 2 中，张老师首先尝试用"自己人效应"来缓解学生的忧虑；然后，用医疗技术帮助学生确认自己的身体没有出现问题；最后，在学生的不安中，张老师带着困惑对学生的情况进行了重新诊断，终于敲定，学生实际上出现了"记忆的自我参照效应"！这种"大胆假设、小心求证"的精神是科学的，假设和判断的过程其实就是教育诊断的过程。为了超越现象看到本质，对学生问题进行教育诊断是重要且必要的。

（3）**从技巧看**。两个案例带给我们很多具有实战意义的可操作的技巧。"空椅子技术"疗法、"蒙眼跨障"技术、"自己人效应"、现代医疗技术的应用、"记忆的自我参照效应"的引入等，都带给我们极大的惊喜，对我们以后开展教育工作有很大的启发和借鉴作用。

（4）**从目的看**。两位教师都很在乎学生的健康成长。案例 1 中的教师说："每个问题学生的问题行为背后都可能隐藏着一定的心理问题，需要我们细心地去呵护、去疏导。"这份细心、发自内心的呵护和疏导饱含着教师对学生健康成长的在乎和对自己所施加的教育的谨慎审视，这是对自己所可能影响的生命的敬畏和负责。案例 2 中的张老师说："如果说教育是点亮人的事业，那么教师就是点灯者。当学生身陷困境的时候，如果他们首先想到的是我们，那真是一种莫大的幸福。因为，我们将点亮他们的前程，乃至他们的心灵。"张老师这份职业的幸福、对学生健康成长的期待不也体现了张老师对学生深深的爱吗？

2. 缺憾之处

除了以上几处长处外，也许是受篇幅所限，两个案例也有遗憾之处和明显的缺陷。这种缺陷，是当前教育中很多教师身上的硬伤：由于个体精神分析专业能力的缺失，很多教师不知道如何去诊断学生心理问题的"症结"，不懂得如何探寻导致学生心理问题的根源。

我们可以思考，案例1中"他这一说，我也觉得怪怪的，难道是心理出了问题"，这种判断是源于一个人的直觉，还是源于系统的精神分析能力？到写这本书的今天，我可以坦诚地说：这种判断源于当时我的一种直觉，因为直到最近我才开始接触个体心理学和精神分析学，直到今天我还不具备系统的精神分析能力。同样，在案例2中，张老师说："突然想起了以前看过的一个故事，主人公碰到的问题和小何很相似。"我们必须思考的是：如果张老师没有看过这个故事呢？如果这个故事中的情形和小何的情形并不一致呢？张老师是否具备系统的精神分析能力，来针对小何的具体情况进行个体诊断，进而确定小何心理上的问题呢？答案很可能也是否定的。从这个意义上说，两个案例的成功都有一定的偶然因素。

作为教育工作者，我们不能把成功的希望寄托在"偶然""碰巧"和"直觉"上。面对学生的心理问题，我们应该通过学习，系统地提升自己的专业素养，让自己具备系统的精神分析能力，借用"早期记忆""梦""词语联想""心灵档案"等（详见梁岗老师的《"牛犊情"的背后》，出自中国轻工业出版社出版《做学生最好的"心理营养师"》）专业武器来武装自己，这样才是我们应有的努力方向和专业成长路径。

 对策措施

1. 应有态度：敬畏生命，细心呵护

李家成博士在《关怀生命：当代中国学校教育价值取向探》一书中指出：

"教育是直面人的生命、通过人的生命、为了人的生命质量的提高而进行的社会活动，是以人为本的社会中最体现生命关怀的一种事业。"时代的文化转型，根本的体现是对生命的尊重与信任；时代的发展，根本的需要是富有生命活力的个体的出现；生活中的个体是最不能丢失、忘却和替代的，是生命意义的追求。学生不仅是教育的对象，更是独立、独特、不可替代的生命个体，他们尚未成熟，更未定型，他们的身上存在着各种发展的可能性，充满了不确定性，需要教育者不断地去开发和唤醒。

在教育过程中，教育者可能是开发者、唤醒者、成就者，也可能是破坏者。教育者合适的教育行为可以对学生的生命成长产生积极的推动作用，而教育者不当的行为也可能对学生的成长造成打击甚至破坏。心理问题的隐蔽性和独特性决定了教育工作者面对学生成长中的问题应有的态度是敬畏生命，细心呵护，利用自己的专业知识为学生提供疏导和帮助。

要把学生看作成长中的人。成长，意味着现在还不完美，所以我们对学生身上出现的行为问题和心理问题要多用理解、包容之心去细心、用心地爱护。

要把学生看作一个个鲜活的生命个体。鲜活的生命个体意味着我们要有尊重、敬畏、呵护的意识。

敬畏生命，要求教师要对自己的教育行为多加审视，更加谨慎地施加教育影响，对自己能够影响的生命细心呵护。

2. 努力方向：系统学习，走向专业

教育者要快速提升自己的专业素养、实现专业化，学习非常重要。对此，广东省佛山市南海区九江中学梁刚慧校长指出："专家引领，让班主任搭上成长快车道。"这一"搭上成长快车道"的说法非常贴切、形象。科学巨匠牛顿也说过："如果说我比别人看得更远些，那是因为我站在了巨人的肩上。"显然，教育工作者的快速成长离不开专家的引领。专家高超的智慧和成熟的经验，可以让教师在实践中少走弯路。

面对学生的心理行为问题，为了使我们具备科学研究、对学生群体和学生个体进行精神分析的专业技能，我们可以向王晓春等教育专家请教，

也可以追随弗洛伊德、阿德勒等西方心理学专家。王晓春老师的《问题学生诊疗手册》(华东师范大学出版社出版)解决了研究的基本思路——"是什么—为什么—怎么办",告诉我们如何大胆假设、小心求证,如何以科学的态度对待学生问题;《给教师一件"新武器"——教育诊疗》(中国轻工业出版社出版)解决了什么是"心灵档案"、"心灵档案"的构成要素等问题。弗洛伊德的《梦的解析》《弗洛伊德心理哲学》,荣格的《分析心理学与梦的诠释》,阿德勒的《生命对你意味着什么》(即《自卑与超越》)以及弗洛姆的《被遗忘的语言》中与梦有关的部分告诉我们,梦作为学生"心灵档案"的组成部分,应该如何解读才能更准确、更靠近本原(参考梁岗等著《做学生最好的"心理营养师"》,中国轻工业出版社出版)。

  实践是另一种形式的学习。实践的过程也是检验理论和提升自我的过程,用理论指导实践,用实践丰富理论,通过实践把理论真正内化为自己的认知结构,这样才能真正实现个人专业素养的提升,因为我们不是为获得知识而学习,而是为服务现实而学习。

  系统学习,走向专业。教师要通过学习来习得科学研究、对学生群体和学生个体进行精神分析的专业技能,要学着"大胆假设、小心求证",以科学的态度研究学生问题,以专业的技能帮助学生解决问题。

3. 未雨绸缪:顶层设计,建立免疫系统

  顶层设计,即运用系统论的方法,追根溯源、统筹全局,从全局的角度对班级建设尤其是班级文化建设的各方面、各层次、各要素统筹规划,在最高层次上寻求问题的解决之道。

  顶层设计最大的特点是顶层决定性。顶层设计是自高端向低端展开的设计方法,核心理念与目标都源自顶层,因此顶层决定底层,高端决定低端。放在班级建设中,就是建设思路不是围绕班级和学生出现的具体问题(低端)为核心来展开,而是超越具体问题,按照系统思路整体策划班级活动、建设班级文化,建立班级的免疫系统。

  系统的班级文化建设和班级免疫系统的增强可以有效地消弭一些小问题,使整个班级步入健康运转的轨道。

在顶层设计、系统规划之下建设起来的具有强大免疫系统的优秀班级里，也难免会出现偶发的、特殊的、不能自动免疫的教育问题。一方面，成熟的教育者会坚持把重心放在班级系统建设上，确保班级继续健康运转，整体上不会出现大问题；另一方面，在整体稳定的基础上，教师可以采取问题诊疗的方式对个案进行处理。这时，我们才进入某个具体的问题：个体学生问题的理解与诊疗。

4. 个体诊疗：心态调整、寻因溯源、多种假设、严谨诊断、因材施教

关于问题学生的个体诊疗，王晓春老师在《问题学生诊疗手册》中提出的"问题学生治疗的正确思路"很有学习价值。该"思路"认为，个案诊疗可以从调整心态、寻因溯源、多种假设、严谨诊断、因材施教等方面来开展工作。

（1）**调整心态，理清思维**。面对学生的心理行为问题，在进行教育诊疗前，教师自身的准备非常重要。只有教师本人在心理、思维和专业技能等方面做好了准备，才更有助于教育诊疗的有序推进。

控制好自己的情绪，努力做到淡定、理智、不急不躁。如果现场无法解决该问题，可以暂时在稳住局面的基础上，尽快撤离，让问题冷一冷，降温之后再做处理。这样做的第一个好处是不会使师生处于敌对状态，第二个好处是可以通过"留白"让学生反思自己的行为。艺术创作上强调"留白"，它指的是艺术作品留给读者的想象和再创造空间，读者可以凭借自身的文化素养，展开思维羽翼去思考，从而获得对作品更深层次的理解和把握。教育上也讲究"留白"，即教师可以通过"留白"给学生一定的时间和空间，让学生有机会对自己的行为进行审视和再思考，从而实现学生的自我教育。

努力做到公平客观，不妄下结论。很多教师喜欢想当然，急于告诉学生是非对错。事实上，在不了解情况时妄下结论是相当危险的，这不仅说明教师本人不具备求真求实的科研精神，更可能导致学生的直接排斥和抗拒。所以，教师要走向专业化，就应努力做到公平公正、不妄下结论。

（2）**寻因溯源，了解导致问题的可能原因**。遭遇问题，先问"为什么",然后考虑"怎么办"。所以,我们需要寻因溯源,了解导致问题的可能的原因。

对出现问题的学生,教师要尽量从多个方面了解情况。就家庭方面看,是父母教育还是隔代教育,是完整家庭还是离异家庭,父母关系是亲密还是冲突,等等。如果具备系统的精神分析能力,可以借助学生的早期记忆、梦、词语联想等方式来了解学生。

溯源是需要耗费较多的时间和精力的,但是这一步必不可少。因为教育诊疗的第一步不是想清楚"怎么做",而是要想办法弄明白"为什么"。处于教育"中游"位置(在家庭教育、小学教育之后)的我们要想了解学生究竟出了什么问题,就需要去教育的"上游"(家庭教育是学生生命成长的起点,是学生受教育的漫长河流的起点)和"中上游"(小学教育承接家庭教育,逐渐开始处于中上游、中游的位置)去探寻可能的原因。

从某种程度上说,教师掌握的核心信息越多,对问题的把握和原因的分析可能就越接近事实。

(3) **多种假设,严谨诊断**。导致同一问题出现的原因可能是不同的甚至是多样的,为了找到导致问题发生的真正原因,教育者需要提出多种假设,考虑多种可能性,然后加以分析和论证,这才是科学的研究态度。比如,有学生经常不完成作业,这一现象虽然简单,但是导致这一现象的原因却可能是多方面的,需要我们提出多种假设并进行论证:因为懒惰,不愿意写作业?因为作业太多,没时间完成所有作业?因为遭到了打击,感觉作业太难,没勇气面对?因为上课被老师批评了,讨厌老师所以拒绝写作业?还是因为学生本身具有书写障碍,没能力写作业?

所以,面对学生问题,只有带着科研的精神,大胆假设、小心求证,才更容易找到正确的原因。

(4) **确认原因,因材施教**。只有经过了以上几步,才算完成了对学生问题的诊断。在完成诊断、明晰原因的基础上,教师可以根据学生的情况因材施教。为了说明这一问题,在此和大家分享一个我经历过的故事。

先"识"后"赏"

我觉得赏识教育与其叫"赏识教育",不如叫"识赏教育"。因为只有"识"人,才能有针对性地去"赏"人。"识"是"赏"的前提,"赏识教育"的第一步应该是"识",第二步才是"赏"。

曾经,我因为不"识"空"赏"跌过跟头。

2008年8月,我做小王的班主任。为了帮助他进步,我采用"赏识"的方法,只要他稍有进步就大加赞赏。刚开学的一段时间,他的表现很不错,有同学说,他的表现和上学年相比有天壤之别,我心中暗暗欢喜,同时加大了"赏"的力度。想不到半个月后,他原有的不良习惯开始暴露出来,更可怕的是,我的"赏识"很明显在失去原有的神奇作用!

有一天晚上,我找他聊天,他说:"老师,你这么巴结我不就是为了让我少给你惹点麻烦嘛!"我惊愕!原本希望用"赏识"帮助他进步,没想到却被他看成是班主任在"讨好"他。尴尬之余,我不禁检讨自己:当我简单地竖着大拇指对他说"你是最棒的,你进步很大,老师为你骄傲"时,是否问过自己的内心,这些连我都觉得虚伪的东西是学生内心真正需要的吗?

学生需要赞赏,但需要的是建立在尊重客观事实之上的、发自内心的赞赏,而不是放之四海皆可用的空洞的套话!这件事让我认识到先"识"后"赏"的重要性和必要性。

现在,我因为先"识"后"赏"尝到了甜头。

班里有几个上课爱说爱动的学生,虽然屡次提醒但是效果不佳,怎么办?我再次使用了"赏识"的方法,只是这次不同的是,我决定先"识"后"赏"。

经过与当事人聊天、收集学生的反馈信息、课堂观察、个体辅导等一系列的前期工作,我发现,虽然这几个学生的问题都表现为爱说爱动,但是原因却有所不同。比如,小杨上课爱动是因为他基础太差,上课听不懂,又没别的事情可做,于是只好用说和动来打发时间。小玲爱说爱动更多地是想表现自我,希望通过说和动吸引老师和同学们的注意。每当有人注意她的时候,她就会露出得意的样子;没人注意她的时候,她就会显得有点索然无味。

在"识"学生之后，我针对他们的具体原因，开始"赏"学生。

小杨基础不好，听不懂课上的内容，我就先私下帮助他补基础知识，让他在考试时真切感受到自己的进步，然后在全班同学面前表扬他的进步，尤其是表扬他的基础知识掌握得越来越稳固。这样有针对性的表扬强化了他要求进步的想法，学习起来更有劲头了。经过半年多的努力，他基本克服了爱说爱动的不良习惯，上课能够积极投入课堂，进步很大。

针对小玲的问题，我采取的策略是：适当满足她的表现欲，同时通过表扬引导她把这种表现欲转化为更成熟的成功感。比如，当她某次考试取得了进步时，我说："你这次考试取得了很大的进步，老师很为你高兴。我认为你之所以取得如此大的进步，源于你积极参与课堂，更源于你对知识深入的思考和理解。学习需要动，更需要独立思考的静，我相信，如果你以后在课堂上能更投入地思考，一定能取得更大的进步！"现在，小玲更喜欢安静地思考了，我想，这也许就是她的进步吧。

"识"而后"赏"，让我尝到了教育成功的甜头。

我真诚地希望：让"赏识"走向"识赏"，用我们的心去感受学生、了解学生、"识"学生，然后去"赏"学生，让学生在我们的"识赏"中不断成长。

以上几步，实际上是循序渐进的，是不断发现问题、分析问题、诊断确认、因材施教的过程。这一过程的实现不仅需要我们摆正心态、理顺思维，还需要我们系统学习，努力提升自己的专业素养，让自己具备系统的精神分析能力，这样我们才会更专业，才能给学生的成长带来更多的帮助。

心 理 咨 询

【案例 1】 消除杂念

个案基本情况

Q,男,初三学生。升入初三后,父母对他提出了更高的期望,叮嘱他好好学习,争取考上重点高中,为家族争光。他性格内向,不喜欢与别人打交道,整天沉迷于学习,但在认真学习的过程中,经常出现杂念。他越想认真学习,就越无法集中精力学习。他担心自己考不上重点中学。他觉得那可恶的杂念影响了他的学习,以至于使他的成绩有所下降。他很想用一节课就解决他的杂念问题,以便专心复习。在他好朋友的再三鼓励下,他来到了心理咨询室寻求帮助。

分析与诊断

1. 原因分析

(1)主观因素:①自我期望过高,自信心不足;②梦想自己能如愿考上重点高中,当感觉自己力不从心时,紧张和焦虑的心态油然而生,整天沉迷学习,没有安排好自己的学习时间和放松时间;③缺乏良好的情绪和意志品质,不能有效地自我调节,害怕失败,总想消除杂念,越是这样想就越集中不了精神。

(2)客观原因:①父母的压力,父母按照自己的期望来设计孩子的未来,在学习上不断地给孩子施压,致使孩子的心理负担过重;②同学之间的竞争,重点中学的学位有限,同一年级的学生彼此之间存在竞争,个别学生之间会产生一种对抗心理,暗暗努力,加班加点学习,久而久之,就会产生无形的心理压力。

2. 诊断

由于父母对他的期望过高,导致他的自我期望过高,缺乏良好的情绪和意志品质的自我调节,从而产生了心理压力和自我认知偏差,引发了高度的学习焦虑。

咨询过程

第一次咨询(2013 年 3 月 22 日,星期五)

Q 在一位男同学的带领下来到心理咨询室。他坐在沙发上,弓着腰,不停地搓着双手,看起来比较紧张。我让他采用最舒适的坐姿坐,但他还是照原样坐着。听他同学说,他能来做心理辅导可不是一件容易的事情。他是个内向的人,不喜欢与别人打交道,况且初三这么紧张,有做不完的作业,这次他能来,还是在他好朋友的再三鼓励下,利用自习时间来的。他想在这一节课中把他的问题解决掉,以便自己能静下心来,投入到紧张的学习中。

大部分来我这里咨询的学生都是抱着这样的心态,希望一次就能解决所有问题,希望心理老师能给他们"灵丹妙药",一喝就能让他们忘记所有的痛苦。

我对 Q 说:"解决问题的快慢和问题的性质有关,如果只是一些烦心事解不开,可能用几分钟时间就足够了;但若是大问题,可能需要比较长的时间;若涉及人格上的问题,那就不仅仅需要时间,还需要改变自己的勇气。"听了我的话之后,Q 的表情开始舒展,他开始述说他的痛苦。

从本学期开始,Q 有许多杂念。做作业时,头脑中会重复出现一些数字和符号,如"37""8""1"等;上课时,头脑中总会有一些怪念头,如"现在为什么是 9 点整""1+2 为什么等于 3"等。他想方设法要排除杂念,可是没有效果,相反,越是想排除杂念,杂念就越多。

面对 Q 的杂念,我有两个思路。一个思路是,理解 Q 何以在头脑中会出现这些数字,这些数字代表什么意思。这些"为什么"背后必定存在着精神动力学背景,但进入 Q 潜意识的道路肯定是漫长而又艰难的。

另一个思路是,帮助 Q 学会与杂念和平相处,也就是对他进行森田心理疗法的指导。我告诉他:"有杂念是正常的,人没有杂念是不可能的。有时我思考问题时也会突然跑出一两个杂念,特别是当人压力越大时,杂念可能出现的频率就越高。如果我们不注意杂念，它们马上就会消失。相反，如果我们对杂念太在意，无意中把它们放大了，则我们就会饱受杂念之苦。"

"要消除杂念带给我们的影响，我们要做的只有一个——顺其自然，不去管它们，让它们自生自灭。"

一节课的时间快到了，我给了他一篇有关森田疗法的文章，让他回家先自个理解理解。

第二次咨询（2013年3月26日，星期二）

又是一节自习课，Q来了。他对我说，他无法理解为什么"杂念"不能控制。我向Q解释说，我们身体的有些部分的活动如四肢的活动由我们控制，而另一些部分的活动如内脏器官的活动则不由我们支配。我们无法控制自己的情感、杂念，因为杂念产生于神经系统的弥散性活动。杂念什么时候出现、什么时候消失，根本不是我们所能左右的。

"那我该怎么办呢？"Q用探询的眼神看着我。

我进一步澄清Q的现实状况：他想提高学习成绩，但有一个大障碍，即杂念妨碍了他，他又奈何不了杂念，于是焦虑万分。

Q点头表示同意我的描述。

我立即问他："如果一块大石头，你用吃奶的劲也搬不走的大石头，挡住了你的路，你会怎么办？"

Q答得很快："绕过去，爬过去。"回答完后,Q陷入了沉思。片刻后，他问我："你是不是要我不管杂念，坚持学习？"

我点点头。

"不行，我试过很多次，我也尝试过想顺其自然，不理会杂念，但没有用。"Q直摇头。

我说："如果你沿着一条路走呀走呀，走到了尽头，看到前面没有路了，只有一个高高的石壁挡在你的面前，你感到很累，这时你会怎么做？"

Q说："继续爬。"

我说："有没有想过其他方法？"

Q若有所思，接着说："休息一下，然后看看有没有其他路。"

我点点头："嗯，很好。"

我继续启发他："你现在的处境也是一样，当我们被杂念所困而不能继续学习时，我们同样可以跟自己说，要休息一下。"

Q 微笑着点点头。

杂念的出现可能是在给我们一个暗示：我们有太多的压力，我们太累了，现在是我们放松的时候了。有句俗语说：蛤蟆跳三下，还要歇一歇呢！

只有我们休息好了，才有前进的力气。Q 能坚持做到这一点，肯定能把成绩提高，当他从学习中获得了成功的体验后，被杂念困扰的烦恼也将消失于无形之中。

第三次咨询（2013 年 4 月 9 日，星期二）

当第三次在心理咨询室坐下来的时候，Q 叹了一口气。他向我谈了近两周的情况：开始的时候，他不管杂念如何肆虐横行，都埋头学习，但效率太低，看着同学们轻松自在学习的样子，他忧心如焚。苦苦坚持了两个星期，杂念并没减少。

我肯定了 Q 两个星期的坚持精神。

我问 Q："你上学的目的是为了消除杂念吗？"

Q 说："我的目的是要上重点中学，上重点中学必须消除杂念。"

我对 Q 说："现在实际上存在两个目标，一个是考重点中学，一个是消除杂念。你的喜怒哀乐、前途和希望全部为杂念所困扰。你将学习的目的抛到脑后了。"

Q 不承认。

我列出三点证据："第一，动机。你努力与杂念和平共处，但却以为坚持学习一段时间后就能消除杂念。你的目标和动机是消灭杂念。第二，过程。你在学习过程中始终在'检验'杂念的有无和多少，并为此感到不安。第三，结果。在对两个星期的学习进行评估时，你没有告诉我学了一些什么内容、有哪些收获，而是强调杂念还未减少。按你的说法，这两个星期是白学了。感觉你是以杂念为中心考虑问题的。"

听到这里，Q 笑了。

"为所当为，做该做的事，就是把目光放在当下，努力把现在的事做好。一旦着眼于现实，立刻很容易会再次成为替罪羊：要是没有杂念，我就不会这样糟糕。"于是 Q 再度在问题中心和目的中心之间摇摆，真是一场拉锯战。

所以，我这个打气筒要不断地为他打气，一直到 Q 渐入佳境，尝到学习的甜头，获得成功的喜悦为止。

辅导效果

就这样，成长中出现的烦恼，只能通过不断的成长来消除。通过认知行为疗法和森田疗法的指导，Q 最终正视了现实，悦纳了自我。中考后，他主动找到我，兴奋地告诉我，他考上了重点高中。

辅导策略及思考

根据 Q 的情况，我采用了认知行为疗法和森田疗法相结合的咨询方法。森田疗法与精神分析法的区别是不问过去、不追求来访者问题产生的潜意识背景。这种疗法着重于消除来访者的"继发性焦虑"。还有就是与 Q 班主任和家长沟通，与他们达成共识，取得了他们的配合，进而减轻了 Q 的学习压力。

（国家心理咨询师、广东省佛山市优秀班主任 李淑贤）

【案例2】我是个不完美的人——高中生强迫症辅导

生活中，有些人被一些想法和行为所操控，比如反复想同一个问题，或者重复做同一件事。尽管他们明知这些想法和行为没有必要，却无法停止，常因为那些持续的、重复的想法或强迫性动作感到烦恼、焦虑或恐惧。他们对自己的行为不断产生怀疑，经常需要询问别人，获得他人的证实。这些都是强迫症的表现。一个学习优秀的高一女生，最近每次上完厕所后，都要反复洗手。她明知没有必要却控制不住自己，极度焦虑和痛苦之下，她来到了心理咨询中心。

来访者基本情况

（1）一般资料：小美（化名），女，17 岁，高一学生，体态正常，无重大躯体疾病，独生女。经询问来访者和侧面调查，其父母无人格障碍和其他神经症性障碍，家族无精神疾病史。

（2）个人成长史：小美从小能歌善舞，长相甜美，成绩优秀，很受老师、同学的欢迎，更是爸爸妈妈引以为傲的焦点。早年，父母开了一家大型餐馆，生意红火，经济条件非常好。8岁时，因父亲染上赌博等恶习，无心经营，欠下巨额赌债，不得不将餐馆转让，家庭经济一落千丈，不时还有债主上门要钱，打砸家里的东西，自己常常为此事担惊受怕。初三毕业时，因几分之差未能上本地区最好的高中，让她深受打击。现在，父母打散工，家庭经济条件较差。

问题主诉和个人陈述

（1）问题主诉：最近一个月常常感觉心情郁闷，学习枯燥无味，效率低下，而且每次上完厕所后都要反复洗手，不能自控，内心焦虑痛苦。

（2）个人陈述：当高一来到这所中学读书时，我就暗暗下决心，一定要考上理想的大学，不能再像初三那样与心仪的学校失之交臂。每天我都花大量的时间来学习、做练习，成绩一直排在年级十几名，这让我找回了初中时的那种优越感。这一次期中考试的成绩出来了，排名降至70多名，我自认为退步特别大，内心痛苦，强迫性的洗手动作反复出现，更增添了烦恼。

了解与诊断

（1）了解：来访者身材高挑，外貌白净漂亮，初见面时与老师大方对话，主动介绍家庭背景和最近的心理感受。言语流利，无幻觉，无妄想，有明确的求助愿望。征得小美同意后，从班主任处了解到，该学生成绩较好（班里排前5名），个性比较要强。由于平时爱看书，她在课堂上总能说出一些富有深度和哲理的话语，语文老师也经常表扬她写的文章有深度，知识面广，不少同学喜欢与她探讨问题，寻求她的建议。由于她说话爱憎分明，得理不饶人，欣赏她的同学愿意与其亲近，其他同学则敬而远之。

（2）诊断：来访者幼年有负性生活事件，对自己的要求很高，认知上存在偏差，情绪紧张、焦虑，出现反复洗手的情况，虽能坚持正常地学习、作息，但内心痛苦、烦恼。根据以上资料，这位来访者出现了强迫症状，具体表现为情绪紧张、焦虑，反复洗手。

原因分析

（1）家庭原因：童年时期家庭遭遇重大变故，对小美的心理造成了较大的冲击。小美是父母唯一的骄傲，他们对她期望很高，她也一再强调自己考上重点大学才能让父母过上好一点的生活。"我是爸爸妈妈唯一的骄傲，我在学校里表现得很优秀、很懂事,我不想让别人知道我有这样一个家庭。家里什么都没有,我的好成绩、我的好表现能让妈妈开心一点。可是我的成绩退步很大,如果考不上重点大学,我怎么才能报答他们啊?"孩子背负太多的责任,容易成为神经症患者。

(2)心理原因:小美对自己的要求很高,且常常绝对化,比如"成绩好各方面都好,成绩不好什么都不好"等。另外,负性经历积压的压力:8岁时玩游戏受到严厉的批评,留下"我是个不完美的人"的阴影;中考失败虽对其前期学习没造成明显影响,但临近考试,失败体验在事件的引发下被激发,对考试可能的失败产生不良的情绪体验,影响到学习效率。小美为了博取别人和父母的好感,一直扮演着优秀者的角色,不容许自己出错。但哪怕有再多的优点,每个人都有不如人的地方,而这些不如人的地方会让其感到痛苦。由于对自己绝对化的要求,使得小美对自己的期望一直很高,这种压力感经自我投射,在她身上便表现为强迫性行为。

辅导目标

与来访者一起制定如下辅导目标:

(1)帮助来访者改善情绪状况,使之能正常地学习和生活。

(2)帮助来访者改变消极的思维模式。

(3)帮助来访者接纳自己,能够客观地评价自己。

辅导过程及效果

对小美的辅导到目前为止一共进行了10次。

从前几次的辅导开始,我都会帮助她用放松法和共情法来认识、体会和宣泄不良情绪,进而和她一起发现和分析自己的不合理信念,认识她强迫性行为的真正含义。以下是其中的一些对话:

教师:你觉得反复洗手时的想法和情绪是怎样的?

小美:我的手脏了,我必须要洗干净,洗着洗着我就没那么焦虑了。如果不让我洗,我会坐立不安的。

教师:也就是说,当你感到紧张、焦虑时,通过洗手,你的情绪会逐渐平静下来。而心情平静时,洗手的时间与旁人无异。

小美：好像是这样。

教师：一般什么情况下你会感到焦虑呢？

小美：比如成绩不好、被老师批评，或者同朋友闹矛盾的时候，我的心情都不好，这些时候洗手的时间就会变长。

教师：这些时候，你通常会有什么感受？

小美：我做得不够好，我是一个不完美的人。（沉思了一会儿）我不能容忍自己是个有缺点的人。

"我做得不够好，我是一个不完美的人。"这些想法和对自己的苛求，使得小美异常焦虑。而当人在生活中遇到困扰或压力时，内心的冲突会形成难以化解的心结，进而会转化为某种强迫性观念或行为。许多心理障碍的形成，常常源于人们不能以正确的思维方式来认知自己早期经历的事件。

当领悟到这一点后，小美的情绪一下子激动起来："老师，有一件事压在我心里很久了，我觉得自己是个不纯洁的人。"

小美提到 8 岁时的某一天在一个小朋友家看电视，当电视里出现两个男女拥抱、接吻的场景时，她们两个小女孩也觉得好玩，于是两个人模仿电视里的情节，紧紧地拥抱，并相互接吻。这一幕正好被下班回来的朋友的妈妈看到。两个小女孩被狠狠地训了一顿。每次想到这件事，她都觉得自己很脏、很下流。说完这件事，小美的眼泪哗哗地流了出来。我轻轻地拥抱她，鼓励她把不良情绪充分宣泄出来。

在接下来的辅导中，我采用了空椅子疗法，让她和 8 岁时的自己进行对话，并鼓励她放下包袱，同时通过认知、领悟使她破除幼稚性思维模式和行为模式，真心接纳自己。

经过几次的辅导，小美的情绪平静了很多，学习成绩也比较稳定，但在调整认知信念的过程中也遇到了反复。比如，有一次她反复提到"我到底应该做真实的自己还是假装的自己"。她说："真实的自己是这样想的就这样说、这样做，而假装的自己是小心揣测对方的意图，有选择地说和做。"她这种"非此即彼"的非理性思维也是造成她的困扰的原因之一。

于是，我采用了思维导图的方法对她进行引导。思维导图是从一些中心概念和问题入手，将各种想法以及它们之间的关联性，用图像的方式呈现。通过这种方式，那些还没有进入意识层面的观点和思维，会浮现到意识层面。因此，思维导图能让我们发现被忽略的信息，更好地理清思路。

定下中心词"真实的自己"和"假装的自己"后，小美开始进行思考和绘图。她的思维很活跃，很快就写了很多的链接，写到最后，她好像突然醒悟地说："原来我一直都在为别人的观点而活，我想做什么和不做什么，我应该考虑一下自己的感受。"这是小美心理成长的一个突破。

在第十次面谈结束时，小美说了这样一句话："我只做自己能力以内的事，有些事情我做不了，也不必做了。"换言之，小美终于明白自己并不能为了父母、为了别人而优秀，背负太多的责任（包括父母的责任）只会让自己力不从心，最重要的是坦然面对和接受有不足的自己。

"你很聪明，能明白这点，我觉得是一大进步，我要向你表示祝贺！"我笑了，并轻轻地拥抱了这个女孩。

案例反思

（1）强迫倾向易见于重点中学的学生，他们往往对自己有比较高的学习要求，心理压力大，自我评价过于敏感，遇到挫折容易产生自责、自卑或无力感以及存在刻板的思维模式或思维习惯。学习完全变成了一种责任，他们很少感受到学习的乐趣，但出于责任感，他们不得不强迫自己拼命学习。在这个案例中，我首先运用了聆听、积极关注和共情等咨询技巧来传递我对小美的同感，使她对我产生了极大的好感和信任；在帮助小美宣泄情绪的基础上，我又运用理性情绪理论，引导她澄清非理性信念，在此过程中使用了系统脱敏疗法、认知领悟疗法和思维导图等方法，使小美的强迫性行为有了较大的改善。

（2）在咨询过程中，我也发现来访者易受暗示，这与大多数有强迫症状的人相似，因此及时给予了她正面的、积极的心理暗示，这对她也有一定的帮助。

（3）强迫症状一般具有反复性，纠正来访者的个性缺点和非理性的思维模式或习惯才是治本之道，这使她从"情绪本位"的状态转向"目的本位"的生活方式上来，在行动和生活体验的过程中获得信心，获得自我实现。

（中学心理高级教师、广东省佛山市南海区心理骨干教师　钟剑涛）

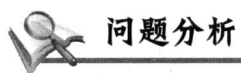 问题分析

"杂念"和"强迫症"问题都是比较常见的学生心理行为问题，对这种问题的探索和总结具有较大借鉴价值。

《消除杂念》《我是个不完美的人》与之前的案例不同。如果说第一部分的案例属于故事型案例，这两个案例则明显属于心理咨询型案例。故事型案例大多出自一线班主任之手，而心理咨询型案例大多出自专业心理教师之手。通过上述案例，我们可以看到，李老师和钟老师两位老师不仅有较深厚的心理学功底，而且有较丰富的心理咨询经验，面对学生的问题，分析清晰（先了解来访者的基本情况，继而从心理、家庭等方面进行分析）、诊断准确。引导过程中的教育智慧随处可见。

通过前后两类案例的对比，不难看出，两者在思路和技术手段上都存在明显差异。和一般教育工作者相比，专业心理教师对学生心理问题的辅导显得更专业、更系统，也更理性，很多做法和想法值得我们思考、学习。

对策措施

借助对两个心理咨询案例的分析，我们可以逐步理清在对学生的心理行为问题做心理咨询时可遵循的基本思路和采用的基本技巧。

1. 尽快与来访学生建立互信关系

从心理咨询技巧来看，两位老师都做到了深入来访者的内心，在其心中建立良好的印象，取得来访者的信任。可见，互信关系的建立是帮助学生解决问题的前提。要与学生建立互信关系，我们可以通过以下几点来实现：

- 对学生热情而真诚。
- 为学生保密。向别人了解情况或寻求帮助时首先征得学生的同意。
- 让学生感受到教师的专业能力，感到教师能够帮他解决问题，这时，他们会因佩服教师的专业能力而对教师产生信任感。

- 学会借助"共情",赢得学生信任。共情(empathy),也称为神入、同理心,又译作同感、同理心、投情等。共情的好处包括:心理咨询教师能设身处地地理解求助者,从而更准确地把握材料;求助者会感到自己被理解、悦纳,从而感到愉快、满足,这对咨询关系会有积极的影响;促进了求助者的自我表达、自我探索,从而达到更多的自我了解以及使咨询双方进行更深入的交流;对于那些迫切需要获得理解、关怀和情感倾诉的求助者,有更明显的咨询效果。共情中常用的句式有:"看起来,你很难过……""你的感觉是……""这样听起来……""我能感受到你……""你是想说(这很不公平)……""你的意思是……"

2. 尽量多了解问题发生的背景和来访学生的成长史

咨询者可以通过对来访者的观察,来访者的个人陈述,同学、老师、家长的反映等多角度、全方位地了解来访者。咨询者收集的资料越多、越充分,对将要辅导的个案就越有利。

对于专业的心理教育工作者而言,可以从个人成长史、精神状态、身体状态、社会功能(是否能进行正常的学习、生活)、心理测试(症状自评量表 SCL-90、焦虑自评量表 SAS、抑郁自评量表 SDS)结果、原因分析(生物学原因、社会学原因、心理学原因)等方面收集咨询者的个人信息,为下一阶段的诊断和诊疗做好外围的了解性工作。对于不太专业的教育工作者而言,也可以从个人成长史、事件发生的直接原因、环境、个人感受、症状特征等方面来了解学生。

3. 全面、合理地分析学生心理问题产生的原因,明确着力点

两个案例都分别从家庭原因、个人原因等方面对导致学生心理行为问题的原因进行了分析。

在案例 1 中,李老师从家庭原因(父母对他期望很高,给予了他无形的压力,要求他升入重点高中、重点大学)和个人原因(自我期望过高,害怕失败,存在不合理的认识/信念)两个方面分析了导致学生出现问题的原因。其深层原因其实是评价标准的单一(以学业成绩为标准,以能否考取

重点高中、重点大学为标准），学生唯恐任何一丁点的意外影响了自己考取理想高中的希望，于是对杂念特别在乎和恐慌。这一点，从"他担心自己考不上重点中学。他觉得那可恶的杂念影响了他的学习，以至于使他的成绩有所下降"的表述中可以了解到。这也让我们明白，对Q的心理辅导可以通过转移他的注意力来解决问题，即李老师所说的"为所当为，做该做的事，就是把目光放在当下，努力把现在的事做好"。

而案例2表面看是由于学生成绩退步导致的强迫症问题，深层原因是评价标准单一问题，根本原因则是学生童年记忆中的家庭重大变故和负性经历积压的压力：8岁时玩儿童性游戏受到严厉的批评，留下"我是个不完美的人"的阴影。可见学生很在乎自己在别人心中的形象。这也让我们明白，对学生小美的心理辅导可以以"如何看到自己的生活和别人的评价"为着力点来解决问题。

4. 借助一定的专业技巧和教育智慧，为学生提供专业援助

在这里可以通过人本主义心理学中的倾听、尊重、提问、同感、支持、鼓励等技术，帮助来访者理清思路，助其了解自己的感受和情绪，从而提供心理支持。

在案例1中，李老师引导Q与杂念相处，初步觉察自己的问题；然后带领他直面自己的问题，利用对峙挑战他的不合理信念（"我的目的是要上重点中学，上重点中学必须消除杂念"）。同时，通过其社会支持系统，找到其父母进行沟通，达成共识，取得其父母的配合，减轻了Q的学习压力。

在案例2中，钟老师则运用理性情绪理论，引导小美澄清非理性信念，在此过程中使用了系统脱敏疗法、认知领悟疗法和思维导图等方法，使小美的强迫性行为有了较大的改善。

这些都是教育者的专业技巧，没有这些专业技巧的支撑，我们能够提供给学生的心理援助将是有限的。

5. 掌握心理咨询中基本的谈话技巧

两个案例中教师对谈话技巧的应用让人惊喜，也让我们看到在心理咨询中掌握一些谈话技巧的重要性和必要性。

（1）**开放式问题的使用要合理、有度。**案例1中提道："如果一块大石头，你用吃奶的劲也搬不走的大石头，挡住了你的路，你会怎么办？"案例2中提道："教师问小美：'你觉得反复洗手时的想法和情绪是怎样的？'"这样的表述技巧是开放式问题。其目的是了解情况、事件及来访者的感受，促使来访者自我开放、剖析自我，促使来访者心理的成长。

需要提醒的是，开放式问题要使用有度，同时注意发问时的语气、语调，避免给人"咄咄逼人"的感觉。提问时尽量不要问"为什么这样""为什么不这样"之类的问题，因为这样的问题往往隐藏了教育者的价值观。如果教师隐含的价值观和前来咨询的学生的价值观相冲突，会不利于教育咨询的继续深入。所以，使用开放式问答时不要随便否认来访者的价值观。

（2）**在咨询过程中，教师要及时给予学生积极的回应，让学生感受到教师是在乎他的。**在案例1中，李老师的非语言（点点头）行为和语言（"嗯，很好"）都体现出李老师运用了隐喻性鼓励这一技巧。隐喻性鼓励使当事人觉得自己的想法被理解，这种理解建立在咨询者帮助当事人理清思路的基础上，即咨询者一步步地引导当事人谈话后，使其感受到思路逐渐明朗和清晰。这告诉我们，在了解问题的过程中，咨询者应该少说话，多理解，多分析。

（3）**在心理咨询过程中，教师要尽量学会巧妙运用谈话技术，帮助来访者理清思绪，理性分析、思考问题，从而推动来访者的心理一步步成长起来。**谈话技术除了上面提到的开放式问题和隐喻性鼓励之外，还有封闭式的问答、释意、情感反映、自我开放等。值得提醒的是，技巧是技法，是工具，是为学生的成长服务的，换言之，即使你掌握了很好的谈话技巧，也不要为技巧而技巧，要时刻牢记学习语言表达技巧的目的是在尊重学生的基础上帮助学生。此外，技巧是我们在帮助学生的过程中使用的一种有效工具，在运用技巧之前，我们首先要做的是拿出一颗真诚帮助学生的心，学会从学生的角度思考问题、看待问题。心理学上的"共情"最能解释这一点。

6. 理性引导，帮助学生纠正错误观念、正确认识自我

帮，是为了不帮。咨询是途径，帮助学生解决问题、获得成长是心理咨询的目的所在。因此，在心理咨询过程中，教师要借助各种方式对学生进行理性的引导，帮助学生纠正错误观点、正确认识自我，这样才能使学生理性回归自我，真正彻底地解决学生的心理问题。

在案例 1 中，经过数次的咨询辅导，Q 终于认识到："为所当为，做该做的事，就是把目光放在当下，努力把现在的事做好。"在案例 2 中，小美最终认识到："我只做自己能力以内的事，有些事情我做不了，也不必做了。""换言之，小美终于明白自己并不能为了父母、为了别人而优秀，背负太多的责任（包括父母的责任）只会让自己力不从心，最重要的是坦然面对和接受有不足的自己。"这就是对错误观念的纠正和对自我的再认识，这样才能帮助学生顺利地实现理性回归自我的目的。

从上述两个案例，我们似乎可以归纳出对中学生进行心理咨询的主要任务是：

- 建立新的人际关系；
- 认识内部冲突；
- 纠正错误观念；
- 深化中学生的自我认识；
- 学会面对现实问题；
- 增加心理自由度；
- 帮助中学生做出新的有效行为。

心理咨询很重要，但并不是每个教育者都可以随意对学生做专业而有效的心理咨询。刘根平、李伟老师在《心理咨询促进中学生心理健康的探讨》一文中指出，专业的心理咨询者在咨询工作中必须注意以下几点：

- 心理咨询人员必须经过一定的培训，遵守特定的原则，使用恰当的方法，帮助中学生体验他们的生活环境、认识自我，培养中学生学习和生活的独立性，增进他们的社会交往能力。
- 学校应建立相应的管理机构；开设心理健康专题讲座，积极开展心理

咨询活动；设立心理咨询机构，培训专业心理咨询人员，保管学生心理档案。

- 帮助家长学习心理健康知识，使他们了解学生心理发展的特点，掌握科学的家教方法，配合学校做好中学生的心理健康工作。
- 鼓励中学生积极参与心理咨询，首先要让学生明确心理咨询不仅对有心理问题的学生适用，同样对心理健康的学生也适用。此外，可以在中学生中培训学生咨询工作者，使中学生的心理问题得到及时有效的解决。
- 根据中学生半幼稚、半成熟的心理状态，对他们进行心理健康教育既要使用一般的心理咨询和心理辅导方法，更要注意探讨和完善适合中学生心理特点的心理健康教育体系。

精要点评

"班主任是中小学日常思想道德教育和学生管理工作的主要实施者"，因此，我们很容易将班主任的角色定位为德育工作者。受这种思维方式实际上是思维定式的影响，我们也很容易将学生的行为问题一概定性为品行问题，于是乎，就很容易用德育常用的套路，诸如"定性""定论""说理""说服"，不行就用"送政教处""请家长"等方式来解决学生当前的问题。然而，成长中的青少年学生的许多行为问题都是"成长中的心理问题"，或者是一种心理障碍或心理疾病，譬如"早恋""恋物癖"等。"心病还须心药医"，班主任作为"中小学生健康成长的引领者"，学会从健康成长和心理教育角度看待学生的问题行为，提升自身的心理教育意识、能力，更有利于有效解决学生的问题行为，也更有利于自己的专业成长。

第五章　师生关系问题与对策

 现象扫描

【镜头1】几天前，班主任让学生每人交10元钱照毕业照，可是没有一个学生响应，班主任很失望。这天，班主任语重心长地对学生说："大家想一想，再过20年，这张照片将会多么珍贵。那时，当你打开相册，你会自豪地说：'这是我的同学小阳，他现在是大律师。这位是李总裁，我的同桌……'"

这时，坐在最后一排的小峰站起来说道："这位是我们死去的班主任！"

一句话引起全班学生哄堂大笑，也把班主任刺激得青筋暴起，师生冲突一触即发！

【镜头2】一位班主任在课堂上看见××学生又在上课时睡觉了，而且走到这个学生身边他也没发觉，于是就对着他大声说道："下课了！"结果引起了全班学生的哄笑。但这个学生居然满不在乎地又趴在了桌子上，班主任这时生气地说："你就像猪一样，只知道睡！"让大家意想不到的是，这位学生大声地吼道："我像猪，但你是猪！"师生陷入敌对状态。

这不仅是班主任专业能力大赛的情景题目，事实上，也是真实的案例。

师生关系是指教师和学生在教育教学活动中形成的相互作用的人际关系。良好的师生关系不仅是提高学校教育质量的保证，而且是学校平安和谐环境建设与发展的保障。然而，由于受青春期中学生情绪容易冲动、部分教师传统师道尊严观念以及不当教育教学行为的影响，校园中师生冲突现象屡见不鲜。如何营造良好的师生关系？如何处理好师生的矛盾冲突？

这其间是否有规律可循？

【案例1】我为自己定"班规"

事情要从我刚走上班主任岗位时讲起。那时候的我，工作雷厉风行，所带的班级年年被评为先进文明班，学生成绩优异，学校的各项评优评先我都榜上有名。因此，我的照片一直贴在学校宣传栏上，照片上的我带着微笑，充满自信！每每经过，我都会有意无意地看上一眼。

可是那一天，当我又一次经过宣传栏时，却看到了令我惊讶的一幕：我的照片被人用修正液全部覆盖。我怒火中烧，可心中却有一种说不出的委屈。到底是谁？又为什么这样做？

正当我气愤、委屈的时候，我收到了这样一封匿名信：

老师，分数在您心中真的比我们重要吗？您看到我鞋子摆放不合格扣0.5分对班级的影响，但是您看到您的批评对我的伤害了吗？我知道您为这个班级付出了很多，但我必须说，您爱的不是我们，您爱的是自己，您只是想向别人证明您的优秀，却一直无视我们的感受……

一句句诘问，如同一把把尖刀刺入我的心脏，痛彻心扉。泪眼蒙眬中，班级管理的一幕幕浮现眼前：学生的鞋子摆放不合格，我罚他负责全宿舍同学鞋子的摆放；学生被子没叠整齐，我让他在众目睽睽下重新叠被子；有人迟到，我罚他清洁教室并写下上千字的检讨……

是啊，我对他们简单粗暴，我怕他们的表现不好，怕班级无法在各项评比中胜出，怕年轻的我无法为他们提供一个优秀的学习成长环境，我害怕……我以为我做的一切都是在为他们的成长护航，没想到带给他们的恰恰是痛苦和伤害。

深刻的反思让我明白：教育绝不是对学生的管制，而是要真正地了解学生的需求和困惑，引导他们自主、自由地在成长的道路上体验到爱和快乐，体验到尊重和尊严。

从那天起，我为自己制定了一条"班规"：教育者不能"目中无人"。从那天起，主导我内心的不再是分数和荣誉，而是那些有活力、有感情的孩子们。

我收起了暴躁的脾气和大嗓门，收起了各种惩罚制度，学习着用春风化雨的方式去对待那些青春躁动的少年：对习惯迟到者，每次迟到我就送他一个闹钟，做善意的提醒，最高纪录是我连续送出5个闹钟，结果那个学生按时上学了；有一次，学生从高空掷物，我并没有冲着他们发火，而是和全班学生一起反思，并邀请犯错的学生和我一起拍摄校园安全宣传视频，推介给全校师生观看……就这样，学生对我渐渐敞开了心扉，而我也打心底里更加欣赏他们。感受着他们一点一滴的进步，我的心态也越来越平和、成熟。

现在，学生仍会犯错，但是我看到了他们歉意的笑，看到了他们战胜自我的努力，看到了他们更健康、快乐的成长。

高二结束前的一天，我又收到一封信，一样的笔迹：

感谢您，敬爱的老师！是您，用爱和陪伴滋润着我们的成长！

而我却从心底里涌上一句："谢谢你们，我的孩子们，是你们纯洁的心涤荡我心底的杂念，是你们让我明白，育人者，心中先要有人！"

（广东省佛山市名班主任培养对象、
广东省班主任能力比赛一等奖获得者　刁乐）

【案例2】爱而不宠

高考成绩出来那天，小琪第一个给我打来电话。她带着哭腔告诉我："老师，离重点还差一分，我辜负了您的期望。"接着她又说："老师，没有您就没有今天的我……"

"没有您就没有今天的我。"听到这句话，我感到很欣慰。

记得开学第一天，我就认识了传说中的小琪：英语超棒，年级状元，活泼、聪明，一级棒的学生，老师眼中的宠儿。我很庆幸她在我的班上，感觉自己像得了一块宝一样开心。但万万没有想到，这么"优秀"的学生也是个问题学生：上课经常和同学聊天；晚自习时擅自走动，严重影响他人学习；午睡时打电话、发短信，影响了他人的休息……

为什么那么优秀的学生会有那么多问题呢？为此，我进行了多方了解，反复思考，最后得出一个结论：爱过剩、宠过头。的确，小琪很聪明，成绩很好，讨人喜欢，所以老师、父母都对她宠爱有加，也正是这些宠爱助长了她今天的坏习惯。

我该怎么办？我想起高尔基的一句话：“爱孩子，这是连母鸡都会做的事，但教育好孩子却是一门艺术。”是啊，教育是一门艺术，这门艺术不仅需要投入爱，更需要有理性、有技巧的爱。突然，我好像醒悟了一样，知道要怎么做了。

我知道小琪性格开朗，心胸开阔，她应该能够承受一定的打击。于是我的第一步是让小琪认识自己的缺点。我特意设计了一堂班会课，主题就是"认识自我"。小琪开始时不太经心地剖析了自己的缺点。为了让她更好地认识自己，我在课前组织了几个学生做好准备，在班会课上有理有据地指出她的问题的严重性。我看着她由刚开始的意外、争辩，到后来的无言、低头……

当天晚上，我在路上碰到她。她看到了我，却故意低下头，避开了我的目光。第二天早上，我看到办公桌上有一张纸条，用大大的字迹写着："你为什么要这么对我！！！"由于用力过大，纸张已经被笔迹划透。

看到她这样受伤，我感觉很难受。但是理智告诉我，我要寻求的教育契机来临了，因为我知道只有让她痛到"刻骨铭心"，她才会真正"痛改前非"。

这时如果与她面对面地谈心效果肯定不好，于是我采取间接的攻心术——书信。我连续三天给她写了五封饱含感情和期待的信，我不管她回不回信，一封接一封地对她的内心进行"轰炸"。

我小心地、谨慎地观察她的状态。几天后，她开始抬头注视老师、注视同学，开始改变自己的不良习惯。我知道，我的教育见效了。

看到她的改变，我在心里偷着乐，但是仍旧不敢放松警惕，毕竟"冰冻三尺，非一日之寒"，为了防止反弹，我经常提醒自己"爱她但不能宠她，越爱她就越需要给她理性的爱"。

两年里，我对她一直严格要求，她上课开小差，我毫不留情严厉批评她，批评过后，我会写纸条激励她，让她明白：老师严格要求你就是爱你……

一分耕耘，一分收获。面对她今天的进步，面对她"没有您就没有今天的我"的感言,欣慰之外,给我更多的是感触。正如朱小蔓在《教育职场——教师的道德成长》一书中所说:"教师对学生的爱是具有理性的自觉之爱,她超越了母爱的'盲目性'。她是教师在对学生身心发展规律有了充分认知、对教育本质有了真正领悟、对教师职能和角色有了清晰把握的基础上形成的理性之爱。"我想,这就是我所追求的理性的爱,爱学生,不是给她她现在最想要的,而是给她她以后的发展最需要的。做到爱而不宠,才能实现对学生一生有益的大爱。

(语文高级教师、广东省佛山市南海区十佳班主任　周玲)

问题分析

1. 影响师生关系的因素

影响师生关系的因素有哪些?两个不同的案例让我们看到了不同的因素,这些不同放在一起有助于我们开阔思维、细化思考。

(1) 教师对学生的观念、态度与教育教学行为方面的因素。

案例1让我们看到,学生对教师的不满源于教师烦琐而苛刻的日常管理,当教师不是以教育者的身份出现在学生面前、和学生朝着同一个方向努力,而是以管理者的身份出现,对学生不规范的行为进行限制、约束、惩罚时,学生和教师势必会站在对立面。这时的教师,在学生心中不是盟友,而是学校(管理者)的"帮凶"。所以,领导心中的"优秀"恰恰是学生的"眼中钉""肉中刺",以至于"我的照片被人用修正液全部覆盖"。可见,教师一味扮演"管理者"的角色会引起学生对自己的不满。

案例1还让我们看到,学生对教师的接纳和师生关系的和谐源于教师的改变:"教育者不能'目中无人',从那天起,主导我内心的不再是分数和荣誉,而是那些有活力、有感情的孩子们。"这种改变实际上是一种转身,是教师由管理者到陪伴者的转身,由敌对者到同行者的转身,由胁迫者到协助者的转身。从深层看,这种转身实际上体现了教师教育理念的更新:尊重生命尊严,尊重成长中的生命个体,帮助学生"完成自我"。

案例2让我们看到,学生对教师的不满源于教师对学生有针对性地进行的"认识自我"的缺点分析。这一步棋在教师看来属于"挫折教育",但是在学生看来无疑是"故意针对"和"公然打击"(从纸条中的"你为什么要这么对我"可以看出)。可见,教师的批评和否定会引起学生的不满。

案例2还让我们看到,学生对教师的再次接纳源于教师的感情轰炸("我连续三天给她写了五封饱含感情和期待的信,我不管她回不回信,一封接一封地对她的内心进行'轰炸'")和教师的"教育爱"。虽然这爱比较严格,但是学生能够接受,因为教师理性施爱的过程实际上是师生共同成长的过程。周老师以她的精彩故事让我们明白,教师对学生的爱,应该是职业的爱而不是私人的爱,教师的爱是一种关心,一种理解,一种宽容,一种帮助,有时候甚至是一种严格。教师爱学生的目的是发展人、成就人,这决定了教师给学生的是职业的爱而不是私人的爱,在施爱过程中,教师需要注意爱的自觉性(自觉自愿地关心学生、无私、不求回报)、爱的原则性(按照教育方针的要求严格地要求学生。教师与家长不同。家长爱学生通常存在爱的迁就性、强制性、随意性。做教师的应该明白:让学生喜欢我们,不是去迁就学生;迁就学生,学生喜欢你,不代表你这样做对学生的成长是有利的)、爱的普遍性(爱学生是一个整体观念,对所有学生一视同仁,不为难任何一个学生,不特殊对待任何一个学生)。

当然,两个普通的案例无法囊括影响师生关系的所有因素,为了得到更客观、更全面的答案,我们不妨以案例为基础,以"师生关系"为核心,根据生活中的实际情况对影响师生关系的因素进行拓展性分析和思考,于是,不难发现:

教育者的学科教育能力会对师生关系构成影响。学生会因为佩服教师的专业能力而喜欢教师,也会因为讨厌教师的教学而不喜欢教师本人。我曾经遇到过全班学生集体签名"请愿",向学校申请换掉某个老师。理由是这位老师"上课特别沉闷、啰唆,不知所云,讲过如同没讲,导致学生上课睡倒一片"。领导们前去听课,发现学生反映情况属实,该班相应科目的成绩和其他平行班相比也有较大差距。至此,不得不承认学生不喜欢老师有其客观合理性。所以说,一个人的专业能力不强,是较难得到学生的认可和尊重的。

教育者的仪容仪表、言谈举止等因素会对师生关系构成影响。 青春期的学生是感性的，他们会因为某个老师"特别帅""特别漂亮"而特别喜欢某个老师、喜欢某门课，也可能会因为某个老师"长得影响市容"而不喜欢某个老师，甚至有学生会在乎老师有没有及时更换衣服、身上有没有异味。曾经有学生在周记里说："老师，我发现某某领导好虚伪，周一升旗仪式讲话时还口口声声说不要随地吐痰、扔垃圾，但是前几天我就看到他在校道上随地吐痰。我特别讨厌这种虚伪的人，人前冠冕堂皇，人后举止卑劣，真令人作呕！"也许学生的表达激烈了些，但这不正告诉我们学生对教师仪容仪表、言谈举止的在乎吗？教育本身就是身教胜于言传的事业，学生对教师的言行会有高于普通人的期待，也是常理。

以上都是从教师的角度分析影响师生关系的因素。综合而言，影响师生关系的教师因素包括：

- 教师对学生的态度——教师对学生持积极的、肯定的、赞赏的态度更受学生爱戴；
- 教师的教育理念——只关注成绩的教师容易引起学生的不满，而真心关注学生成长的教师容易得到学生的认同；
- 教师的管理方式——专制型或放任型教师不利于建立健康的师生关系，而民主型教师更受学生的喜爱；
- 教师的专业水平——学识渊博、见解独特而深刻的教师更易赢得学生的敬佩；
- 教师的人格特征——乐观、开朗、宽容、幽默、兴趣广泛的教师更受学生欢迎；
- 教师的人品——诚实守信、敬业乐业、克己奉公、以身作则的教师较易得到学生的拥护。

(2) 学生对教师的教育教学行为的理解、认同方面的因素。

就学生方面而言，影响师生关系的因素包括：

- 部分学生不理解教师对自己的教育和管理，不能客观地对待教师的批评，主观上认为教师是故意针对自己，因此对教师有意见。
- 中学生正处于青春期，成人意识和独立意识增强，个别学生为了得到同学们的关注，选择通过"挑战"教师来满足自己的"英雄"情结。
- 部分学生思想认识跟不上，不懂得什么是尊重教师以及应该怎么做才算是尊重教师。
- 部分学生尤其是独生子女娇生惯养，对人对事都比较挑剔，认为班级管理太苛刻或教师专业能力不强。
- 有的班级"刺儿头"学生比较多，有人带头和教师作对，导致师生关系紧张。

（3）学校师生人际沟通氛围、环境方面的因素。

学校环境在某种程度上也会影响师生关系，学校中人与人之间的关系以及课堂的组织环境也是影响师生关系的重要因素。学校现有的干群关系、教师之间的关系、教师与家长的关系等都直接影响着师生关系。比如，有的学校同学科教师之间存在不正当竞争，教师为了突出自己的优秀而互相抨击和否定，这势必会导致学生对教师产生偏见。同时，班级的课堂组织环境、学生人数、师生接触频率等也直接影响着师生关系。一般来讲，有着优良校风和融洽的校园人际关系的学校环境，民主而轻松的课堂气氛，较小的班级规模以及师生较频繁的接触，有助于建立良好的师生关系。但是，这些因素是教育部门的行政领导才能思考和决定的，我们普通教育工作者不用考虑太多，以免空生抱怨，反而影响工作积极性。

2. 学生为何不喜欢教师

在师生关系问题中，如果一个班级的学生和教师关系比较恶劣，甚至经常处于敌对状态，究竟是教师方面出了问题，还是学生方面出了问题？对这个问题，我们可以以"学生不喜欢教师"为例，对不同的情景进行具体的分析。

（1）学生不喜欢教师是长期性的还是突发性的？ 如果学生不喜欢教师是突发性的，说明平时的师生关系还不错。可能是因为教师对某个偶发事件的处理不够妥善，直接导致学生对教师的不满。这种不和谐是暂时的，有以往的感情基础，师生只要真诚相待，应该比较好解决。如果学生不喜欢教师是长期性的，就要进入第二、第三个问题的讨论分析。

（2）**是班级中的个别学生不喜欢教师，还是较多甚至是大部分学生不喜欢教师？**如果只是个别学生不喜欢教师，大部分学生感觉教师不错，这说明师生关系整体而言比较健康，主要问题应该是出在个别学生身上（当然，有特殊心理原因或特殊背景的情况除外）。如果班级中较多学生都不喜欢教师，要么是班风出了问题（班级的舆论风气、价值导向不好，不懂得珍惜教师的劳动成果，不懂得尊重教师），要么是教师本人出了问题，需要反省和改进。

（3）**如果是大部分学生都不喜欢教师，那学生是不喜欢某一个教师，还是不喜欢大部分教师甚至所有的教师？**如果是大部分学生不喜欢某一个教师，对其他教师都还比较欣赏，那说明是该教师出了问题，需要反省和改进。如果是大部分学生都不喜欢大部分教师甚至是不喜欢所有的教师，那说明班风出了问题，学生群体自身的价值观也存在问题，需要加强班级文化建设和对学生的思想教育。

借助这样的分析，可以帮助我们逐渐理清头绪，弄明白问题出在哪儿，是出在教师身上还是出在学生身上，是个别学生的问题还是班风建设出了问题，是偶发事件所致还是教师本人需要反思改进。

 对策措施

影响师生关系的因素是多方面的，建设良好的师生关系需要师生的共同努力，尤其是需要作为班级建设领航者的班主任和作为教学组织者的学科教师的努力。教师和学生是建设良好师生关系的主导者和践行者。作为学校教育教学主导者和践行者的班主任和学科教师，应采取哪些恰当的策略措施和有效的方式方法来直面不同的师生矛盾情景，来化解不良的师生关系呢？

一、师生关系长期不和谐班级的化解策略

对师生关系长期不和谐的班级而言，教师可以通过反思自我、更新理念、真诚相待、提升能力、具体情况具体分析等方法来建设良好的师生关系。

1. 反思自己对待学生的态度和方式

接纳是相互的，如同尊重是相互的。发自内心的接纳和尊重，源于教师和学生在内心的相互确认。当教师想要学生接纳自己、尊重自己时，首先应该想一想自己是否在心里接纳了学生并真正做到了尊重学生，做到了以学生喜欢的方式和学生交往并确立关系。

试想，现实中有多少老师表面上装作尊重学生，实际上却总是以师长的身份居高临下地对学生提出苛刻的要求？"我的班级（课堂）听我的，否则你可以滚出这个班。""你必须如何如何，否则后果自负。"这样赤裸裸的恐吓袒露的究竟是尊重还是苛责？试想，现实中有多少老师口口声声说爱学生，却以爱为名做着伤害学生的事情？"因为我爱你，所以我罚你重抄作业50遍，因为我要对你的成绩负责。""因为我爱你，所以我不允许你犯错误。""因为我爱你，所以你要按照我的要求去做。"教师的这种爱对学生而言究竟是幸福还是负担？

甚至还有一些老师，自身脾气不好又不懂得控制情绪，对犯错误的学生轻则冷言冷语、讽刺挖苦，重则打骂训斥、无所顾忌，试想，这样的老师怎么可能得到学生的接纳和尊重，又怎么可能与学生建立起良好的师生关系？

所以，如果师生关系不良，教师首先应该反思自己对待学生的态度和方式，找出自己在对待学生的态度和方式方法方面有什么不足并勇于改进。

对教师而言，发现自身不足最有效的办法是拿出勇气和诚意，让学生对自己提出批评意见。对此，我想和大家分享日本"推销之神"原一平的故事。

原一平，连续15年保持日本全国推销冠军纪录，连续17年推销额达

百万美元，人称"推销之神"。1962年，他被日本政府特别授予"四等旭日小绶勋章"。1964年，世界权威机构美国国际协会为表彰他在推销业做出的成就，为他颁发了全球推销员最高荣誉——学院奖。他是明治保险的终身理事，业内的最高顾问。

在原一平年轻的时候，有一天，他来到东京附近的一座寺庙推销保险。他口若悬河、滔滔不绝地向一位老和尚介绍投保的好处。老和尚一言不发，很有耐心地听他把话讲完，然后以平静的语气说："听了你的介绍，丝毫引不起我的投保兴趣。年轻人，先努力去改造自己吧！""改造自己？"原一平大吃一惊。"是的，你可以去诚恳地请教你的投保户，请他们帮助你改造自己。我看你有慧根，倘若你按照我的话去做，他日必有所成。"

原一平接受了老和尚的教诲，他策划了一个"批评原一平"的集会。集会的目的是让别人能坦率地批评自己，所以他确定了下列三项原则：一是集会要使人人都能畅所欲言，所以人数不能多，以五人为限；二是为了要让更多的人都有批评的机会，每次邀请的对象不能相同；三是既然是他主动邀请别人来的，别人就都是他的贵宾，一定要热诚地招待他们。

基于上述三项原则，他做出了以下决定：

①集会名称：原一平批评会。

②时间：每月举行一次，一年12次。

③地址：在安静的小饭馆，以晚餐的方式（每人一小瓶酒、一块炸猪排）进行。

④邀请人数：每次5人，并请其中一人当会议主席。

⑤参加限制：已参加过一次的人，最少隔一年再邀请他出席。

⑥礼物：为感谢贵宾的宝贵意见，会后赠送每人一个小孩玩具。

一切就绪，他立刻去拜访几个关系较好的投保户，他诚恳地对他们说："我才疏学浅，又没有上过大学，因此连如何反省都不会，所以我决定召开原一平批评会，恳请您抽空参加，对我的缺点加以指正。"这些人觉得这种性质的集会很有意思，都很痛快地答应了。

原一平批评会终于开始了，他觉得自己就像是砧板上的一块肉，等着任人宰割。第一次批评会就使原一平原形毕露：

"你的个性太急躁了，常常沉不住气。"

"你的脾气太坏，而且粗心大意。"

"你太固执，常自以为是，这样容易失败，应该多听别人的意见。"

"对于别人的托付，你从不知拒绝，这一缺点务必改进，因为'轻诺者必寡信'。"

"你面对的是各种各样的人，所以你必须有丰富的知识。你的知识不够丰富，所以必须加强进修，以成为别人的'生活指导者'。"

"待人处世千万不能太现实、太自私，也不能耍手腕或耍花招，一切都应诚实。人与人之间的关系，只有诚实才能维持长久。"

他把这些宝贵的逆耳忠言一一记下来，随时反省自己。原一平批评会按月定期举行，他发觉自己就像一条蚕正在"蜕变"。每一次的批评会，他都有被剥一层皮的感觉。经过一次又一次的批评会，他把身上一层又一层的劣根剥了下来。随着他把身上一层又一层的劣根剥了下来，他逐渐进步、成长。他把在批评会上获得的改进用在每天的推销工作中，业绩直线上升。

如果您的班里师生关系不够理想，真诚地建议您向原一平学习，勇敢地找出自己的缺点并积极改正，唯其如此，才能不断完善自我。越是品行修养比较高的学生，对教师的品行修养的要求也就越高，只有当教育者自身得到了完善，对待学生的态度和方式得到了改进，师生关系才可能变得更加和谐。

2. 及时更新自己的教育理念，实现华丽转身

从角色分工来看，教师是教育者，是知识传授者；学生是被教育者，是知识接收者。教师是管理者，拥有管教、引导和惩罚学生的权利；学生是被管理者，有服从教师管理的义务。正是现实中这种并不对等的角色分工使部分教师产生了"高高在上""高人一等"的想法，工作中我行我素，责怪、辱骂甚至体罚学生的情况时有发生，根本谈不上对学生的尊重。

此外，在现实的应试教育的大背景下，教师往往只关注学生的成绩，仅仅以成绩为标准来衡量"好学生"和"差学生"，在很大程度上忽略了对学生思想品行、身体健康等生命质量的关注。这种做法也许短期内可以帮助学生取得较好的学习成绩，但是从学生整个生命历程发展的角度来看，无疑是在杀鸡取卵、饮鸩止渴。

教育不同于其他行业，因为教育者的工作对象不是物品，而是一个个活生生的生命体。作为教育者，我们应该更清醒地认识到，教育的对象是生命，教育是为提升人的生命质量服务的。因此，教育是一项关注生命的工程，它帮助不完美的生命趋于完美，帮助平凡的生命感受自身的价值和精彩。对人的生命成长的关注与思考应该成为教育的第一要义，而人的发展则是一切教育活动的宗旨和意义所在。只有从生命的高度去认识教育，才能从更广阔的领域去挖掘教育者和教育对象的生命潜能，提升教育者和教育对象的生命质量。

因此，教育者需要实现转变：由管理者向教育者的转变，由关注成绩向关注生命成长的转变。唯其如此，教育者才能成之为教育者；唯其如此，教育者才能最大限度地通过自己的努力推动学生的健康成长；唯其如此，才更容易建设和谐的师生关系。在此，我与大家分享一个我亲身经历的案例。

我在乎，每一个生命的成长

"我们做出了一个艰难的决定——放弃迎新晚会上的街舞表演，因为没有时间排练。"街舞队队长小恒发来短信。

"每当有别的班的同学在QQ上加我为好友，我就会想入非非，这正常吗？"小玲在周记中提出了这样的困惑。

当学生在短信、周记中一次次袒露心声，表达他们的遗憾、困惑和不太成熟的决定时，我都清醒地认识到，班主任除了要关注个别学生的成绩外，还需要关注每个学生的生命体验。只有这样，才能更好地推动学生的生命成长。

于是，在接到小恒短信的当天晚上，我决定召开关于街舞队表演的会议。当学生提出因为没有时间排练而"不得不放弃"时，我略做思考就一次批了35张请假条：两天的课全部给学生排练街舞。

后来，学生在周记中说：

"老师,在我们街舞队因时间问题而被迫放弃的时候,你给了我们希望,35张请假条感动了我们,你的一番话我会永远记住的:'不让你们留下遗憾……'"

"第二天,我们吃完午饭就练习,没有一个人说累。我被成员们打动,非一般的气场!阳光!激情!专业!这一天的训练很累、很苦,但也很开心、很幸福,大家围在一起做我们感兴趣的事,多幸福!"

尽管他们没有被选中参加迎新晚会,但大家一致决定,授予街舞队"感动十四班十大人物"团体奖,以表达对他们坚持到底、永不言弃精神的肯定。

事后,我常想,学生一时落下的知识可以补回来,可尽心尽力做准备又被迫放弃的遗憾可以补回来吗?这件事让我确定,学生的成长比成绩更重要。

针对小玲的困惑,我策划了"青春的分享——我们的爱情"分享会。会上,学生针对爱情提出了相当精彩的观点。

"有人认为不恋爱的高中是不完美的,我却想改了这句话:不暗恋的高中是不完美的。我们还年轻,还不懂得如何去爱、如何为爱负责任。我们现在说'爱'还早了点。若你真的喜欢上他,你大可不必说出来,只要默默地在不影响自己学习、生活的前提下关注他就好。这才是你最应该做的。"

……

我在乎每一个学生的成长,在乎每一个生命的成长体验,这种在乎让我触摸到了生命的温度,更让我感到了身为人师守护生命成长的价值。

3. 真诚相待,共同努力,以心换心

雷夫·艾斯奎斯在《第56号教室的奇迹》自序《教室里的火》中说:"多年前,感到疲倦沮丧的我,花了好几个星期寻找自己灵魂的本质,甚至反常地做了一件事——问自己到底值不值得再教下去。"在专注于帮助那个文静的小女孩点燃酒精灯而连自己的头发着火都没发现的时候,他突然感受到了作为教师应有的态度和价值:要用"头发着了火似的"态度,全心全意地投入到教育工作中去,尽一切努力帮助孩子们进步。这就是雷夫带给我

们的感动，这感动那么简单，却那么真诚、那么深地触动了我们心中最纯粹、最敏感的部分。这感动，源于雷夫对工作的投入，源于雷夫帮助学生的真诚。

所以，即使教师难以顺利地实现由管理者向教育者的转变，面对学生最少也应该努力做到真诚，真诚地去了解原因，真诚地和学生一起分析利害关系，真诚地和学生一起寻求解决困境的办法，真诚地陪着学生一起努力。相信这份真诚能让学生感受到教师的真心和大爱，能让学生感受到教师不是他们的敌人，而是他们成长道路上的协助者、同行者，在需要的时候随时能够成为他们强大而坚定的支持者。

想一想，还有别的方法吗

一天早读课，我照例进教室看学生早读。走了一圈，我发现学生状态很好，我心里颇为欣慰。突然，我看到L的位置是空的，我心里一紧：怎么了？是不是不舒服？要不要去看医生？他自己一个人在宿舍，会不会不安全？如果他不舒服又起不来、去不了医院怎么办？

一系列的担心让我越来越担忧。正当我焦虑不安、想着要不要找个学生去宿舍看看的时候，听到一声怯怯的"报告"，L站在了教室门口。

我走过去满是关切地问："怎么了，是不是不舒服？要不要看医生？"

L明显地很吃惊，小声说："谢谢老师，没有不舒服，我睡过头了。"

"哦，这样啊，那下次要注意一下，别再睡过头了。我刚才还担心你是不是不舒服呢！"这样简单提醒之后，L回到了座位上。（后来，当我再次想起这一幕时，我理解了L的惊讶：估计他是没想到我不仅没有批评他，反而那么关心他吧！）

几天后，L再次迟到了。这次，因为有了第一次他"睡过头"的经历，我不像上次那么紧张了。等他来到教室，询问他原因，果然又是——睡过头了。

"怎么又睡过头了呢？"我问。

"我也不知道，就是睡不醒，可能是春困吧，越睡越瞌睡，咋都睡不醒。"L说。

"春天来了，大家都困，可以理解。你看看，有没有什么办法可以提醒一下自己按时起床?"

经过讨论,我们认为,找人叫他起床会比较合适,于是拜托他同宿舍的两个比较认真负责的同学每天负责叫他起床。我心里想,这下应该没问题了吧?

谁知一个星期不到,他又一次迟到了。我询问叫他起床的同学,同学说:"老师,我们叫他了,我们是叫醒他、让他靠在枕头上坐起来才离开宿舍的。可能是我们走后他又倒下了吧!"

已经是第三次迟到了,怎么办?骂他?让他写保证书?叫他家长来学校配合教育?这些都可以,但是,这样真的有用吗?

找到L,我表示很无奈,L自己也感觉很无奈。真的没有办法了吗?我们两个相对无言,愁眉不展。后来,L同宿舍的同学给出了建议:用懒人闹钟,吵到你醒来!

懒人闹钟果然够狠,接下来的两个星期,L没有再迟到,用他的话说就是:闹钟实在是太吵了。这句话惹得我们哄堂大笑!

但是意外的是,两个星期后,他又一次迟到了。问他原因,他说:"老师,你知道,闹钟的铃声是——丁零零……特别单调,我现在已经适应了它的节奏,能听着铃声睡着,或者在潜意识中会选择性忽略它。"当时我都差点晕过去!

怎么办?放弃,还是继续努力?放弃,很容易;坚持,却需要更多的耐性和努力!我问L:"你感觉自己有能力克服迟到这个不良习惯吗?你感觉我们还有希望吗?"其实,这时候的我知道,虽然我们还在相互鼓励,但是其实我们都动摇了,貌似我们已经无法找到更好的解决方案了。

L问我:"老师,你每天是怎么起床的?"

我说:"我有定闹钟啊,我习惯了每天听到闹钟的声音就起床。"

"那老师你有没有没听到铃声的时候?"

"哦,这个还真有!不过一般我会定两个闹钟,没听到第一个,还有第二个,这叫双保险。而且我是用智能手机定闹钟,闹钟铃声是我喜欢的比较高亢的音乐,这样就算我想睡懒觉,音乐铃声也会把我叫醒的!"

"牛啊！老师，那么好的方法你怎么不告诉我？我决定向你学习，用音乐闹钟，而且每天要定三个音乐闹钟。同时，我每天晚上睡觉之前也会不断地给自己心理暗示：一定不能迟到，听到铃声就起床；一定不能迟到，听到铃声就起床。这样强化之后，我想应该能够按时起床了！"

说做就做，当天下午，几个音乐闹钟买回来了，我看到L的脸上充满了兴奋和期待。之后的一段时间，L真的很少迟到了（不是完全没有迟到，但是次数少了很多）。

现在，L已经高中毕业了。直到今天，我们仍然保持着极好的师生关系，他经常在假期回来看我，一起谈高中三年的快乐和糗事。他不止一次地说道："老师，我真佩服你，那么有耐心地陪着我一起想办法！其实这件事对我来说最重要的不是我不再迟到了，而是我感到当老师都没有放弃我的时候，我没有理由放弃我自己！每当我面对困难的时候，我开始习惯性地问自己：想一想，还有别的办法吗？老师，谢谢你，陪伴我成长，教会我成长。"

每次想起L，我都会被自己感动，也为自己感到庆幸。我庆幸当学生出现问题时，我不是训斥和恐吓，而是陪着他一起想办法；我庆幸当一种办法不奏效时，我不是失望，而是和学生一起想更多的办法；我庆幸当我还没有先进的教育理念和过人的教育技巧时，我用自己的真诚和真心实现了和学生的共同成长。

4. 勇于提升自己，尤其是提升自己的专业魅力

学生对教师最直观的认识和评价源于教师的课堂表现，学生往往会因为喜欢教师在课堂上的专业魅力而喜欢教师本人。课堂表现的好坏取决于教师的人格魅力和专业水平。所以，除了不断反思、提高个人人格魅力之外，教师还需要通过提升自己的专业水平来提升自己的专业魅力。试想，一个上课枯燥乏味、对基本概念和基础知识都解释不清的教师怎么可能得到学生的认可和尊重？一个面对学生在学习中的困惑，无法引导学生深入思考并与学生一起解决问题的教师怎么可能得到学生的认可和尊重？而教师如果通过学习和研究，不断地提升自己的专业水平，做到课堂讲解逻辑

清晰、重难点明确，学生听课简单易懂，班级成绩稳步提升，这样的教师自然会得到学生的认可。

越是学习成绩优秀的学生，对教师的专业水平要求越高，教师渊博的知识对他们来说就越具有一种巨大的吸引力。所以，教师要勇于提升自己，尤其是提升自己的专业魅力。

5. 言传身教

教师在平时应注意自己的仪容仪表、语言表达和行为习惯，增加自己的人格魅力。这一点比较容易理解，在此不做赘述。

6. 教学生掌握人际相处的基本原则

师生关系是师生互动的结果，仅仅靠教师单方面的努力是不够的。因此，除了教师要做出以上努力外，还需要学生给予积极的反馈。学生是成长中的个体，作为教育者，我们有责任教学生掌握人际相处的基本原则，这有助于改善师生关系。

为了让学生明确在人际交往中需要学会尊重、理解和信任，我通常借助一些能够触动人心的故事或活动。比如，我曾经在班里讲过这样一个故事：

选择：你想我白天变成美女还是晚上变成美女

人格心理学教授给学生讲了这样一个故事。

国王亚瑟被俘，本应被处以死刑，但对方国王见他年轻乐观，十分欣赏，于是就要求亚瑟回答一个十分难的问题，如果答出来就可以得到自由。

这个问题就是："女人真正想要的是什么？"

亚瑟开始向身边的每个人征求答案：公主、牧师、智者……结果没有一个人能给他满意的回答。

有人告诉亚瑟，郊外的阴森城堡里住着一个老女巫，据说她无所不知，但收费昂贵，且要求离奇。

期限马上就到了，亚瑟别无选择，只好去找女巫。女巫答应回答他的问题，但条件是，要和亚瑟最高贵的圆桌武士之一、他最亲近的朋友加温结婚。

第五章 师生关系问题与对策

亚瑟惊骇极了，他看着女巫，驼背、丑陋不堪、只有一颗牙齿，身上散发着像臭水沟一样的难闻的气味……而加温高大英俊、诚实善良，是最勇敢的武士。

亚瑟说："不，我不能为了自由强迫我的朋友娶你这样的女人！否则我一辈子都不会原谅自己。"

加温知道这个消息后，对亚瑟说："我愿意娶她，为了你和我们的国家。"

于是婚礼被公之于世。

女巫回答了这个问题："女人真正想要的，是主宰自己的命运。"

每个人都知道女巫说出了一条伟大的真理，于是亚瑟自由了。

婚礼上，女巫用手抓东西吃，打嗝，说脏话，令所有的人都感到恶心。亚瑟也在极度痛苦中哭泣，加温却一如既往地谦和。

新婚之夜，加温不顾众人劝阻坚持走进新房，准备面对一切。

然而，一个从未见过的绝世美女却躺在他的床上。女巫说："我在一天的时间里，一半是丑陋的女巫，一半是倾城的美女。加温，你想我白天变成美女还是晚上变成美女……"

这是个如此残酷的问题，如果你是加温，你会怎样选择呢？

故事讲到这里，我停下来，让全班学生思考，然后在班里统计：哪些人选择让女巫白天是美女，哪些人选择让女巫晚上是美女。统计完毕后，我让他们各自发表自己的选择以及理由。

全班学生，一部分选择让女巫白天是美女，因为别人看到自己的老婆很漂亮，自己会很骄傲；一部分选择让女巫晚上是美女，因为这样晚上不会做噩梦。学生发表完观点后，我接着讲故事：

当时，人格心理学教授的话音一落，同学们先是静默，继而开始热烈地讨论，答案更是五花八门，不过归纳起来不外乎两种：

白天是女巫，夜晚是美女，因为老婆是自己的，不必爱慕虚荣；

白天是美女，因为可以得到别人美慕的眼光，而晚上可以在外作乐，回到家一团漆黑，美丑都无所谓。

听了大家的回答，教授没有发表意见，只说这故事其实是有结局的，

加温做出了选择。于是大家纷纷要求教授说出结果。

教授说,加温回答道:"既然你说女人真正想要的是主宰自己的命运,那么就由你自己决定吧!"

女巫终于热泪盈眶:"我选择白天夜晚都是美丽的女人,因为你尊重我,让我主宰自己的命运,我爱你!"

所有人都沉默了,因为没有一个人做出和加温一样的选择。我们有时候是不是很自私?我们以自己的喜好去主宰别人的生活,却没有想过别人是不是愿意。而当你尊重别人、理解别人时,得到的往往会更多……

爱是一个生命喜欢另一个生命的感情,是一种平等的关系,是无条件的,是一种整体的接纳,是要让对方接收到的。要真正做一个受欢迎的人,就必须掌握三大法宝——理解、尊重与信任!

理解、尊重与信任,不仅适用于情人之间,也适用于朋友之间、家人之间、师生之间。教师不妨引导学生想想:当感觉老师不够好时,当希望老师变得更好时,是否应该想一想,除了站在自己的角度思考问题,也应该站在对方的角度思考一下?也许学生觉得教师上课的精神不太好,那可能是因为昨天晚上他备课、改作业、哄孩子忙到深夜,这时候,教师需要的不是不满,而是理解;也许学生觉得教师近期的心情不好,那可能是因为这段时间他遭遇了比较大的打击或挫折,这时候他需要的不是指责,而是安慰。当学生对某个老师心存不满时,教师不妨引导学生多学着换位思考,多去理解、尊重和信任对方,这样,师生关系一定会更加和谐。

7. 当遭遇个别学生不尊重教师时,要具体情况具体分析

上面我们分析过,有时师生关系不和谐是由学生因素造成的。

有的学生本来无意冒犯教师,但是他并不懂得自己的言行可能会对教师的感情造成伤害。这时候,教师要宽容,并在以后找个合适的时机提醒学生。比如,有一次我进教室布置任务,刚刚说完,就听到有学生小声说了一句"痴线"(粤语,"神经病"的意思)。其实,这只是学生一种不文明的语言习惯,但作为老师的我感觉难以接受。于是,我找到该学生,问他是不是对我刚才的讲话有什么意见,为什么要这么说老师。他说没有,他完全没想过要骂老师，只是习惯了这种表达，说完之后才意识到对方是老师。我明确告诉他自己的习惯不能建立在随意伤害别人的基础上，包括语言习惯和行为习惯，他表示理解和接受，并向我道歉。此后再没有发生过类似事件。

个别学生为了得到同学的关注，选择通过"挑战"教师来满足自己的"英雄"情结。此类学生相当容易判断，其目的是想表现自我，希望通过自己的"另类"和"对老师的挑战"来吸引教师和同学的注意力。当他的挑战有人关注时，他会显得扬扬得意，甚至老师越在大众面前批评他，他就越得意、越有英雄感；而没人注意他时，他会显得索然无味。所以，对待此类学生（暂且称之为"挑战者"），教师千万不要上当，不要当场集中火力去"进攻"他，因为教师的"进攻"对他来说不是伤害，反而是他渴望得到的收获。怎么办呢？教师可以先避开锋芒，对这种情况不予理睬，这样，挑战者就会因为"没有对手"而感觉"没有意思"；然后，找个机会对这种现象进行"对事不对人"的讨论，借助"挑战"现象引导学生围绕以下问题做深度思考：

- "挑战教师"需要挑战者具备什么样的能力或素质？（除了一点蛮干的勇气之外，起哄是最不具有技术含量的工作，相反，还暴露了挑战者本人的粗俗、无聊、素质低下、不懂得尊重别人。通过这一步可以否定挑战者的"英雄"定位）
- "挑战教师"可能能够引起我们的"哄堂大笑"，但是，我们从中收获了什么？失去了什么？（引导学生意识到，他们得到的是临时的、肤浅的甚至是低俗的欢乐，却打断了整个课堂的思路，破坏了整个班级良好的班风和学风。因此，为了大家的健康成长，对这种事的评价应该是否定的，回应应该是否定的。通过这一步可以否定挑战者的"群众基础"）
- 什么样的挑战和表现才是真正的优秀？（能回答别人不能回答的问题，让别人为你的智慧叹服，才是真正的优秀；能完成别人难以完成的任务，让别人对你的能力佩服，才是真正的优秀；能忍耐别人无法忍耐的考验，让别人对你的坚定佩服，才是真正的优秀。以正向价值观引导学生，不仅有助于师生关系的和谐，也有助于良好班风的形成）

相信问题讨论到这里，不仅可以解决学生刻意的"挑战"问题，也可以在讨论中传递正能量，让学生在讨论中得到教育、明晰下一步的努力方向，推动学生的健康成长。所以，从一定程度上说，所有的问题都有教育意义，教育意义的大小，取决于教育者本人对教育的理解程度和挖掘能力。

针对部分不理解和不能客观对待教师批评的学生，对于那些主观上认为教师是故意针对自己的学生，有一句话说得好："日久不一定生情，但必定见人心，时间会说出真话。"只要教师对学生是真心真诚、公平公正的，相信学生慢慢会理解教师。

关于有的班级"刺儿头"学生比较多、有人带头和教师作对导致师生关系紧张的，基本思路是稳住面，然后针对个体进行诊断、治疗。具体的诊疗方案，前面已经有详细介绍，在此不做赘述。

二、突发事件导致师生关系不和谐的化解策略

以上策略都是对师生关系长期不和谐的班级而言的。下面我们来讨论另外一种情况：师生关系突发性不和谐。这往往是由突发性事件导致的，我就曾遇到过这么一个案例：

为了把班里几个经常聊天的学生隔开，李老师调整了座位，把他们分别安排在了距离较远的位置上。第二天早上，李老师看到讲台上有一张纸条："老师，你以为你调整位置我们就不能聊天了？你也太幼稚了吧？你不让我们高兴，我们也一定不会让你高兴的，走着瞧吧！"

这很明显是由突发性事件（教师调整座位）引发的师生关系对立问题。遇到这个问题，应该怎么办？针对这个案例，我们不妨从以下几方面来进行思考和开展工作：

1. 首先做到冷静

虽然说我们都是普通人，面对这种明显属于对抗、挑衅的字条往往容

易冲动、发火,但是教育者的身份和被教育者的不成熟性要求我们遇到师生矛盾必须保持冷静,而且不管学生怎么冲动,教师都要努力做到冷静。因为学生还年轻,做事经常不考虑后果,就算他们的冲动造成了比较严重的后果,社会对他们也是比较宽容的。但是作为教育者的我们,必须冷静、认真地考虑可能的后果,想到一时的对立和冲动造成的负面效应可能需要以后用数倍的努力来补偿,尤其是如果因为我们的一时冲动造成某种无法补偿的伤害(如个别情绪激动的学生的自我伤害),可能会使我们一辈子内心无法安宁。

所以,遇到突发性事件,教师首先要做到的是冷静,冷静才能处乱不惊、沉着应对。

2. 认真客观地分析原因

只有弄清楚了"为什么",才能明白各自的对错,才能明白应该"怎么办"。就上述案例而言,造成师生冲突的原因包括:

(1)学生方面。

中学生的成人感和独立意识增强,渴望得到他人的尊重。李老师在不征求学生意见的情况下调整位置的做法是不尊重学生的表现,势必会导致学生的不满;而这个时期的学生的自主判断能力和独立意识增强,敢于表达自己的想法,所以才给李老师写了那张纸条。所以,从纸条上,我们看到的不应该只是学生的挑衅和不满,同时也应该看到学生独立意识的增强和对尊重的渴求。

学生思维不够成熟,考虑问题仅仅是从自己的角度出发。学生只看到了李老师不尊重他们的一面,却不理解虽然李老师的做法有不合理的地方,但他行为的出发点是为了为大家营造一个好的学习环境,是为了大家更好地成长。这种思考问题的不全面导致师生出现敌对情绪。

学生没有真正认识到自己的行为对其他同学和班集体造成的不良影响,缺乏自我反省意识。师生冲突,责任往往是双向的,只是各自的责任比例有所不同而已。虽然李老师的做法有不合理的地方,但是李老师做法的不合理首先源于学生行为的不合规范,学生一味地在情绪上和教师对抗实际上是不懂得反省自我的表现。

(2) 教师和师生关系方面。

教师做法的技巧性不够。面对学生聊天问题,解决的方法有很多。比如,可以让全班学生谈谈对有同学在上课和自习时间聊天的看法和他们的感受,这样可以借助舆论压力推动学生的改变;可以提醒学生注意聊天对周边环境的影响,利用公德意识指引学生的行为;可以加强班干部对班级纪律的管理,用管理工具规范学生的行为;可以鼓励学生挑战自己的自律能力,用个人价值感引导学生的行为等。但李老师没有这样做,而是选择通过调整位置来达到防止学生聊天的目的,这是通过堵的方式而不是通过疏导的方式来解决问题,实在是下下之策。

教师在事件中扮演的管理者角色大过教育者角色。教育的目的不是管住学生,而是培养学生自己管理自己的能力。但是在这件事中,李老师完全忽略了学生在个人成长中的主体性地位,只是希望借助管理手段(调座位)来达到防止学生说话的目的,这很明显是管理者角色大过教育者角色的表现。承接上面的观点来论述,作为一名教育者,李老师完全可以通过让全班学生谈看法和感受的方式,借助学生的观点改变当事人的错误认知;可以借助个人权利不应该建立在损坏他人利益的基础上这一观点来培养学生正确的权利意识和规则意识;可以通过强化班干部对纪律管理职责的要求来培养学生的角色意识和责任意识;还可以通过鼓励学生挑战自己的自律能力来培养学生的尊严感和价值感。这些都是作为教育者可能实现的目标。

学生和教师之间缺少常态的沟通渠道和互相信任的关系。如果师生之间有常态的沟通渠道和互相信任的关系,教师发现学生有聊天问题时就可以和学生及时进行沟通,而不必采取调座位的方法来防止学生聊天,吃力不讨好;学生也不会因教师调座位的做法产生敌对情绪。另外,学生通过写小纸条的方式发泄自己的不满,实质上不只是一种发泄,还有保护的成分在,因为写纸条的学生在发泄敌对情绪的同时不希望教师知道自己是谁,以免遭到报复,这也说明师生之间信任关系的缺失。

3. 具体策略

（1）**给予机会，发泄情绪**。既然有学生对教师调整座位的做法有不同看法，那做教师的不妨作风民主一些、心胸宽阔一些。既然已经出现了一张纸条，不妨让每个学生针对班级纪律问题和教师调整座位问题写一下自己的感受。为了看到学生的真实想法，建议纸条是匿名的。书写的过程既是思考的过程，也是发泄不良情绪的过程，正当的不良情绪的发泄有助于问题的解决。

（2）**当众阅读，观点碰撞**。在学生写完纸条后，教师可以一张一张抽来当众阅读。如果班级班风还算可以，班级学生总体还追求上进，或者教师在班里还有一定的群众基础的话，学生和学生的观点应该是相互矛盾的：有的学生会强调教师做法的不合理，表达不满情绪；有的学生会强调教师的做法虽然不合理，但是有一定的必要性，表达对教师的支持。这样的观点碰撞，能够有效引导学生学会站在对方的角度思考问题，有助于学生理解教师。

（3）**自我检讨，化解矛盾**。观点碰撞之后，教师可以放低姿态，在全班学生面前检讨自己，勇敢地承认自己做法的不科学性，对自己的做法给学生带来的情感上的伤害真诚道歉。这个过程可以有效化解学生对教师的不满情绪。

（4）**总体引导，反观全局**。接下来，教师可以引导全班学生针对班级问题进行思考，可引导学生思考以下问题：

- 你感觉我们班前段时间的状态怎么样？
- 如果让你给我们班的情况打分，满分 100 分的情况下，你会打多少分？哪些方面是你感觉不够好、需要扣分的？
- 你希望下一阶段我们班在哪些方面做出改进？

给学生时间，让学生把这些问题的答案写出来，答案不需要太详细，说明存在的问题和改进的思路即可。这样做的好处是可以引导全班学生对班级存在的问题进行一个整体扫描，不仅有助于学生理解教师调整座位的无奈，也有助于全班学生聚焦班级问题，引导班级朝健康的方向发展。

（5）**建立渠道，积极沟通**。上述事件的有效解决可以让学生看到教师的诚意，此时，可以利用师生之间坦诚交流的机会，建立师生正常沟通的有效渠道，引导学生以后有什么想法或者对教师有什么意见可以及时向教师提出，告诉学生教师非常希望能和大家开诚布公地实现无障碍交流。沟通渠道可以包括建立班级QQ群，设置班级"心灵信使"交流箱，使用周记、短信、电子邮箱等方式。

(6) 做通当事人的思想工作。如果教师认识学生的笔迹，可以考虑找到当事人，先做通他的思想工作，然后让他从整个班级发展的角度出发来排位置（当然，这一步也可以不做，因为通过以上几步，问题已经能得到有效解决）。同时，教师可以安排他做纪律委员，管理学生上课说话、睡觉问题，利用角色效应转化学生。其实，案例中提出不满意见的学生并不一定存在大的问题，可能只是有爱聊天的小毛病，同时个人情绪比较激动而已，教师不用过于紧张。

在师生关系问题这一专题的结尾，我想和大家分享这样一段话，它刻在英国威斯敏斯特教堂地下室的一块墓碑上面：

我在年轻的时候有一个伟大的愿望，我想改变世界；但是随着我的年龄的增长，我发现我不能改变世界，所以我想改变整个国家；但是等到我的年龄再大的时候，我发现我没有这个能力改变自己的国家，那我就想我的愿望就是改变我的家庭；等到我年老的时候，我发现我也没有能力改变我的家庭，我就想我要改变我自己；等到我行将入土的时候，我才发现我依然没有改变我自己。这时候我就想，如果我一开始的愿望就是改变我自己，那么我自己改变了，同样就有可能改变我的家庭，就有可能改变我的国家，甚至有可能改变整个世界。

是的，遭遇问题时，我们通常习惯寻求外界的帮助。但是，别人无法帮助我们改善师生关系和班级状态，能够帮助我们改变这种状态的，只有我们自己。只有我们自己先改变了，师生关系和班级状态才会改变。所以，要想收获和谐的师生关系，享受身为人师的快乐，我们要做的，首先是改变我们自己。

精要点评

现代师生关系是教师与学生双方建立在教学相长、教育平等和互动成长基础上的新型的师生人际关系,包括师生伦理关系、情感关系和教学关系。师生伦理关系界定师生双方在教育教学中的权利义务与角色要求;师生情感关系反映师生双方在教育教学中的交往本质和沟通方式;师生教学关系体现师生双方在教育教学中的活动关系和行为方式。

良好的师生关系具有民主平等、相互尊重、心理相容、和谐相处、相互促进、共同进步的特点。心理学中的喜欢原理告诉我们:喜欢一个老师,就有93%的学生喜欢这个老师上的课;不喜欢这个老师,只有23%的学生喜欢这个老师上的课。教师可以是良好师生关系的营造者,也可以是学生"师源性心理障碍"的引发者。"价值认同""心理相容""EQ沟通""平等对话""激励成长"等心理技术,尤其是"通过改变自己来改变学生"策略,都是改善或修复师生关系的行之有效的手段和方法。营造良好的师生关系,是教师的教育智慧,更是教师的教育理念。

第六章　家校关系问题与对策

 现象扫描

【镜头1】学生小A在晚自习时间玩手机，被巡视的班主任发现。班主任B老师训斥了他几句，然后按照学校规定把手机没收暂作保管。A觉得很委屈，回家后哭着告诉妈妈说班主任老师对他不公平，故意针对他，"别的同学玩手机老师就没有没收，故意没收我的手机，分明是看我不顺眼"。于是，小A的妈妈跑到学校找校长告状。

【镜头2】一天晚上，我拖着疲惫的身躯回到了家。这时，一阵急促的电话铃声响起。我拿起电话，是一个蛮横的声音："我找何老师！""我就是，请问您是？""我问你，为什么给我儿子剪头发？你凭什么这样做？你有什么权力？你这是侵犯人权，我要找校长告你！"一句句恶狠狠的质问，一声声嘶力竭的斥责，让我无法开口，却泪如泉涌。想想我每天早上6点多到校，晚上10点多回家，十几个小时拼搏在学校；想想我舍夫抛子，全力以赴为了这些孩子；想想我那可怜的儿子，那零乱的家。我付出了那么多，可是，为什么得到的却是家长的不满和指责？

家校关系是教育中非常重要的一对关系，家校关系的好坏直接影响教育效果的好坏。作为教师，应该如何面对学生或家长的投诉？怎么做才能有效建立起良好的家校关系？

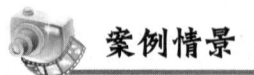

【案例1】"借力打力"促沟通

家校沟通非常重要，但是往往有些家长因为袒护学生或者不了解事情的真相，导致这一沟通障碍重重。担任多年班主任，我摸索出了一个方法：与"袒护型"家长沟通时，可以考虑采取"借力打力"的方式。这种方式往往能化干戈为玉帛，取得良好的效果。

一天早上，小白在自习时间玩手机，被我发现并没收了。下课后，他交给我一张纸条："如果因为你没收了我的手机导致什么严重后果，小心你担不起。"我对他解释说手机已交到年级组。于是，他去找年级组长。在无正当理由的情况下，年级组长拒绝把手机还给他，他竟然对着年级组长破口大骂。

正当我们考虑如何处理这件事时，校长办公室来电："小白的家长在校长办公室投诉班主任和年级组长，希望学校妥善处理。"我一愣，惊讶的同时感到相当气愤和无奈，有种"恶人先告状"的感觉。为什么学生犯错误，反而是家长向学校投诉班主任和年级组长？这家长实在是太过分了！经过分析，我觉得家长可能是"袒护型"家长，单方面袒护孩子，或者是偏听了孩子的一面之词。

怎么办？我稍微平定了自己的情绪，在走向校长办公室的同时快速思考着对策，最后决定用"借力打力"的方式来解决这件事。

我微笑着向家长问好，把家长请到会议室，给家长倒了两杯温开水并双手捧给家长。家长满脸怒气地接过开水，不停地抱怨。

我面带微笑地听着他们的抱怨，直到他们发泄完怒气，情绪慢慢平静下来。

我说："你们的心情我可以理解，我们谁都不想出现这种事，但是事情既然出现了，那我们就一起努力，来解决这件事，因为我们的目标是一致的，都是为了孩子的健康成长。再说，你们今天来学校的目的肯定不是为了吵架而是为了解决问题。"考虑到家长可能是"袒护型"家长，我先肯定了孩子的诸多优点

第六章 家校关系问题与对策

和近期的进步,描述了我心中设想的孩子未来发展的理想远景,让家长觉得我和他们是"同一阵线"的,以此化解敌对情绪。然后,我委婉地指出,每个人都要经历一个成长、完善自我的过程,就算孩子偶尔犯了小错误,我们也要正确引导和处理,给孩子机会,让孩子成长。最后,我觉得有必要让家长了解整件事的经过,而描述事实的最佳人选莫过于小白本人。

小白来了以后,我首先在他父母面前肯定了他的诸多优点和近期的进步,以缓解他的敌对情绪,也让他不好意思撒谎,然后,我给了他一个发泄的机会,说:"你有什么委屈就说,老师和父母都会支持你。"等他说完,情绪比较稳定后,我说:"我想你父母一定很想知道事情的起因和具体经过,我们一起来给他们解释一下好吗?"

于是我问:"老师是在什么情况下没收你的手机的?"

……

"年级组长没有把手机给你,你对他说了什么?"

……

我就这样一点一点地提问,他一点一点地回答。我巧妙地通过他的口说出了事实,让他父母意识到主要责任在孩子那里。

慢慢地,他父母开始着急了,问:"儿子,是这样吗?真的是这样吗?"当看到小白点头承认后,他父母慢慢平静了,说话时少了之前问罪的情绪,多了一份不安和愧疚。

在这种情况下,我和家长、学生开始一起讨论解决这件事情的方法,事情最终得到了妥善解决。

最后,他的父母满怀歉意和感激地离开了,以后再遇到问题时总是主动和我联系,从此我们建立了相互信任的关系和顺畅的沟通渠道。

这次家校沟通之所以获得成功,我想主要是因为以下几点做得比较好:

(1)尊重家长。虽然家长很不理性地向学校投诉,但是作为班主任,还是要做到情绪稳定、尊重家长。比如,在案例中,我倒了两杯温开水并双手捧给家长,始终面带微笑,耐心倾听家长的埋怨。

(2)耐心倾听和理解家长。家长充满怒气地来到学校是出于对孩子的关心、对学校做法的不理解以及对事实的不了解。作为班主任，要理解家长的心情，耐心倾听家长的埋怨。

（3）利用心理学上的"自己人效应"，让家长知道自己和家长的目标是一致的，都是为了孩子的健康成长，争取到家长一起努力解决问题。

（4）"借力打力"，借助学生之口陈述事实，化解情感冲突。在案例中，我采用问答的方式，巧妙地通过学生之口让家长了解了真实情况，让家长意识到这件事的主要责任在孩子一方，使其改变认知，化解了家长对学校和老师的感情冲突，对妥善解决问题起了至关重要的作用。

（5）把家长当作教育孩子的合作伙伴，和家长一起讨论解决事情的方法，取得对孩子教育的一致意见，从而实现了家校教育的合力。

在这些因素中，尊重、理解是前提，但是真正化解冲突、解决问题的环节是"借力打力"，借助学生之口弄清事实，化解了家长对学校和老师的情感冲突，对妥善解决问题起了铺路架桥的作用。

因此，作为班主任，我们在与"袒护型"家长沟通时，不妨采取"借力打力"的方式，这样往往能化干戈为玉帛，取得良好的效果。

【案例2】"老师有什么了不起！"

一天，我正坐在年级组办公室备课，突然背后传来一阵大吼："你就是小王老师啊，老师有什么了不起的！你别以为自己是老师就可以为所欲为，你敢折磨我孩子，我就敢折磨你！"回头一看，发现是一个学生家长冲进了办公室，面红耳赤、非常激动地冲着年轻的小王老师吼叫。小王老师怔住了，呆呆地站在那里，脸上一阵红一阵白，不知所措。

我赶紧起来打圆场，说了老半天，终于很勉强地把家长安抚下来，带进了旁边的小会议室。为了避免家长再次激动，避免两个当事人之间因为情绪冲动发生冲突，我让小王老师暂时先待在办公室，等叫他进会议室时他再进来。

我帮家长倒了杯水，让家长喝点水，冷静冷静，慢慢说。在他刚开始述说的时候，情绪还比较激动，我一直注视着他，一边频频点头回应，一边劝家长喝水（点头回应可以让家长感到自己被在乎，劝家长喝水有助于稳定家长的情绪)。在家长叙述的过程中,不管对错,我一概不追问,任由他述说(当事人不在现场,我也不知道他说得对不对。不过,就算当事人在场,就算当事人就是我,我也会选择不追问、不质疑,任由他表达)。这个过程很重要,因为家长述说的过程实际上不只是在陈述事件本身,更是在表达个人感受和发泄不良情绪。借助这一过程,我们可以了解家长真正的关注点是什么,他和孩子最关注、最在乎的是什么。这可以让我们明白下一阶段沟通的重心。

十几分钟后,家长说完了,情绪终于比较稳定了,我明显地感觉到他的身子由刚才的僵硬状态慢慢变软了,双手舞动的幅度也小了。这时,我按照自己的疑问,追问了几个问题,才算弄明白了事情的前因后果。

开学第一节课,新来的小王老师对学生明确提出要求:老师的课讲到哪里,学生就要把练习册做到哪里,到时候老师会抽查;抽查时发现没做完的,要求学生要把练习册上归纳的基础知识点抄写3遍,哪部分没做就抄写哪部分。结果,一周前检查时,小王老师发现几乎所有学生都顺利完成了练习册,只有小D同学还停留在练习册第一课,之后的练习册全是空白的。根据要求,小王老师要求小D把练习册上的基础知识抄写3遍。但是小D说太多了,拒绝抄写。于是,僵持之下,师生发生了冲突。小王老师在班里公开训斥了小D,甚至对小D说:"如果你不完成我布置的作业,就不要听我的课!"小D回应道:"不听就不听。"然后他把书当场摔在地上,哭着回家了。小D回家后对家长哭诉老师对他太苛刻了,罚他抄写练习册3遍,而且不抄完不让上课。家长一听,着急了,就冲来学校找老师了。

听完之后,我让家长先休息一下,然后找小王老师了解情况。了解之后,我发现,家长所述基本符合事实。家校矛盾经常有,但是有时家长不支持老师也不能完全怪家长,我们做老师的也要反思一下自己的做法是否合理。在这件事上,我就感觉小王老师的很多做法有值得商榷之处。为了引导小王老师认识到他的问题所在,我问了小王老师几个问题:

(1)学生不做作业,为什么要罚抄写而且要抄写3遍?这个标准是老师自己定的还是和学生讨论后共同决定的?如果处罚的依据、处罚的标准都是老师根据自己的想法制定的,并没有咨询学生的意见,并没有得到学生的认同,学生凭什么要接受老师单方面规定的惩罚？别看其他学生都完成了作业，他们完成作业可能是因为他们有学习的自觉性，也可能是因为他们害怕受到惩罚，不想惹麻烦。但是总会有不怕的，小D就是一个。如果老师本人不反省自我并做出调整，这种冲突以后还会继续出现，因为专制和胁迫带来的只能是表面的服从和骨子里的抗拒。

（2）从开学到现在，老师检查了几次作业？为什么学生从第二课就开始空着没做了，老师到现在才发现？虽然开学第一节课老师就说了要检查，但是应该没有及时检查，所以才会给学生一种错觉：老师只是说说而已，不是动真格的。试想，如果老师在公布了要检查练习册之后，每个星期检查一次，对没有完成的学生给予及时提醒，相信小D就不会欠那么多作业"债"，也就不会出现今天的尴尬了。

（3）这么多作业，而且是抄写3遍，对小D来说多不多？如果让他抄写，确实比较困难，很明显给人一种刁难学生的感觉，学生也很难完成这么多的作业量；如果不让他抄写，这话是自己说过的，对全班学生不好交代，分明是自己打自己嘴巴。而且如果这件事处理不好，很可能造成更多学生的效仿，"破窗效应"随时会来。

（4）如果学生完不成任务，接下来该怎么处理？真的敢因为学生没完成作业把学生赶回家？这种行为说严重了是违法的！

说着说着，小王老师冷汗出来了，说："贾老师，我知道我刚开始没考虑周全，这件事我有责任，我愿意向家长道歉，并对自己的行为做出反省和调整。"我说："希望你能理解，我不是在指责你，而是希望帮助你顺利解决这个问题，并希望你能够在以后的工作中思考问题更周全、做事更稳妥，这也是为了你自己的成长。"

之后，小王老师向家长承认，虽然自己的出发点是好的，但是做法很不成熟，并真诚地向家长道歉，希望得到家长和学生的原谅。家长怒气消了，和老师握手言和。

调解到这里，家长和教师之间的矛盾基本已经解决了，但是还有一个问题：以后再出现小D不完成作业的情况怎么办？老师要不要管？怎么管？为了解决这个问题，我向家长提出了我的担忧："全班同学都按照要求完成了作业，只有小D没有完成作业。这在一定程度上说明您的孩子没有自觉完成作业的好习惯。如果在这件事上，您的孩子没有受到任何教训，他难免会认为做不做作业无所谓，反正老师也不能把自己怎么样。然后，他就会对作业想做就做，不想做就不做。成绩一落千丈考不上好大学是小事儿，等到有一天，他课听不懂，多余的时间和精力无处发泄，难保不会跟着别的孩子学坏。到时候，直接受伤害的是您的孩子和您的家庭。"

家长听完后，感到我是真正在关心孩子，于是和我一起着急起来。后来，经过讨论，我们和学生小D共同约定，可以不抄写练习册基础知识3遍，但是小D必须在接下来的两个星期内把欠的作业"债"补回来，有什么不懂的可以随时问老师。而小王老师要做的则是在小D遭遇不懂的问题时，及时给予帮助，此外，每个星期要检查两次小D还作业"债"的进程，确保小D保质保量且按时完成作业。至此，这次家校冲突事件得到了较为圆满的解决。

其实，每个家长都不希望自己的孩子在学校受委屈，每个家长骨子里都有"护犊"情结，只是表现的程度不同而已。同样，每个家长都希望自己的孩子能够在学校得到更好的成长，在这一点上，我们老师和家长的期待是一致的。因此，为了孩子更好地成长，我们和家长应该而且完全可以成为同盟者。

这件事给我的最大触动是，当出现家校矛盾时，做老师的不要一味抱怨家长不配合学校的教育工作，因为有时候家长不配合学校工作不能完全怪家长，我们做老师的自己也要反思一下自己的做法是否合理。正如家长所说：老师也没什么了不起，老师也会犯错误，老师更应该勇于反思并积极改正自己的错误。

问题分析

1. 影响家校关系的因素

影响家校关系的因素有哪些？在家校冲突中，主要责任归属何方？两个不同的案例带给了我们不同角度的思考。总体来说，我们可以从家庭（主要指家长和学生）、学校（教师）、家校关系三方面来进行思考。

（1）家庭方面的因素。

家长具有"护犊"情结，对孩子无原则地宠爱和纵容，认为自己的孩子不管做什么都是对的。

现在，很多家庭都是独生子女，六个大人围着一个孩子转，对孩子宠爱有加，唯恐孩子受委屈。于是，家长对孩子无原则地宠爱和纵容，从来看不到自家孩子的缺点，或者即便是看到了自家孩子的缺点，也是睁一只眼闭一只眼，甚至有的家长会帮孩子"打掩护""一致对外"。

我曾经遇到过这样一个家长。军训之前，他给老师打电话，说孩子身体怎么怎么不好，不能参加军训，最后通过找关系到医院开了生病证明，终于使自己的孩子免于军训；排座位时，孩子的座位稍微偏了、往后了就打电话给老师，说孩子眼睛近视，看不清黑板，需要老师照顾；孩子只要和别的同学发生任何一点点矛盾，家长就气势汹汹地跑到学校"兴师问罪"等。当我提出家长对孩子过于溺爱、不利于孩子成长时，家长不仅没有意识到自己的问题，反而充满慈悲地说："谁让我们是家长呢，做家长的既然把孩子带来这个世界上，就要对孩子的快乐成长负责，就要保护他不受委屈和伤害啊！"对此，我只能表示无语。当然，这类孩子太娇气了，很明显没有顺利实现社会化，在人际交往中迟早会吃亏。

这类家长比较容易判断，就是会经常和老师联系，经常"强迫症"似的担心自己的孩子在学校好不好，受不了孩子受任何委屈，孩子一有风吹草动就异常紧张。

教师遭遇这类家长往往比较难以处理，最好的办法就是想办法做好前期的感情投资，取得家长对教师的信任，这样，如果以后出了什么问题，家长不会太胡搅蛮缠、无理取闹。此外，在学生发生问题时，教师要学会"借力打力"，如同案例1中我的做法，巧妙地借助孩子的嘴巴说出事实，让家长意识到主要责任在自己孩子这里，这样家长一般就不会再无理取闹了。

在此，不得不说的是，曾经我很为自己那次"借力打力"的成功做法感到骄傲，并在多个场合分享过这个案例。但是，今天，当很多人叹服"借力打力"做法的精彩时，回望这个案例，我不禁为当时的处理捏一把汗，深感那真是一步"险棋"。试想,之前我和这个学生家长的联系不多,感情不算深厚,也谈不上建立起了家校之间的互相信任关系。在这种情况下,贸然使用"借力打力",如果学生胡搅蛮缠、死不承认,该从哪儿借力?如果家长恼羞成怒、拍案而起,又该如何处理?这次的成功,不只是建立在我精巧的构思和过程中的应急反应上,也因为学生和家长还算比较明事理、好沟通。家长贸然冲到学校去投诉,应该是冲动所致。所以,在此再次提醒各位老师,当我们和具有"护犊"情结尤其是和"溺爱型"家长打交道时,要尽量做好感情铺垫,打好感情牌,让学生和家长真真切切地感受到你和他们是一条战线的,这有助于以后工作的开展。

孩子缺乏独立处理摩擦的能力,又没有客观地向家长反映事实。

学生生活在学校,难免要和同学、老师打交道。在生生共处、师生共处的过程中,摩擦在所难免。这些都属于正常现象,只要能够客观理性地对待,绝大部分日常摩擦都不会构成大的冲突。但是,有的学生个性比较娇气,社会化程度不高,不具备独立处理摩擦的能力,于是只好向家长求助。求助时,学生往往站在自己的角度陈述问题,倾向于突出自己在摩擦中受到的委屈和伤害而不能客观地评价矛盾双方的责任。这样一来,家长会感觉自己的孩子受到了很大的委屈、伤害,于是导致家校矛盾。

这类家长也容易判断。面对家长的不满,教师要有足够的耐心去倾听家长的抱怨,如同案例 2 中,"在家长叙述的过程中,不管对错,我一概不追问,任由他述说。这个过程很重要,因为家长述说的过程实际上不只是在陈述事件本身,更是在表达个人感受和发泄不良情绪。借助这一过程,我们可以了解家长真正的关注点是什么,他和孩子最关注、最在乎的是什么"。通过这种倾听,我们可以了解到学生有没有把客观事实告诉家长,这种家长很多是因为偏听了孩子的告状,带着"误解"来学校的,只要把事实澄清,把误会消除,接下来的工作自然好做。

家长和教师的教育理念不一致,对教师的做法长期不满,积蓄了矛盾。

家长和教师的教育理念不一致也可能导致家校矛盾。比如,有的家长希望自己的孩子只关注学习就好了,别的都不用考虑;而教师是一个素质教育提倡者，经常组织活动。这时，家长就会感觉教师组织活动浪费了孩子的学习时间，一旦自己的孩子考试不如意，就会把责任归到教师身上。也有的家长则更希望自己的孩子健康成长，不喜欢给孩子压力，这种家长对应试型教师"逼孩子""挤时间""施压力"的做法容易产生不满。

这类家长也容易判断。他们以受过高等教育、工作比较体面的人居多。这种家长在向教师询问孩子的问题时，不仅会了解自己孩子在学校的表现怎么样，还会了解教师都做了些什么工作或者和教师谈自己在孩子的教育问题上做了哪些工作，并有理有据地指出自己为什么这么做，甚至会指导教师应该怎么做。

要教育在教育理念上与自己有差异的家长比较难，但一般这种家长的素质也比较高，较少有人会不依不饶地找学校的麻烦。

家长感觉孩子已经没有希望了，对孩子不闻不问，把教育的责任完全转嫁给学校。

这类家长以问题学生的家长为主，他们厌烦了孩子经常犯错误，厌烦了教师时不时地打电话，所以，他们选择逃避责任甚至耍无赖："反正孩子是交给学校、交给老师了，你们爱怎么管怎么管，不管也拉倒，反正和我没关系。"这种情况虽然不会导致直接的家校冲突，却也算得上"冷暴力"，对学生的成长非常不利。

对于此类家长，多向他们传递关于孩子成长的正面信息、给他们希望是促进他们与学校合作的关键。虽然说这些孩子大多是问题孩子，可是多一个标准就多一批好孩子，当我们把目光由聚焦在孩子的成绩、错误上转向聚焦在孩子的优点、特长上时，我们自然会发现孩子的亮点。这一转变很重要，因为如果父母已经放弃了孩子，孩子自己也很容易放弃自己甚至已经放弃了自己。要想他们重拾对未来的希望，引导他们发现自身的价值、感受自身的价值就显得特别重要。

(2) 学校（教师）方面的因素。

学校的规定不合理，引起了学生和家长的不满。

有些家校矛盾不是源于教师而是源于学校的管理。

学校作为一个教育行政单位，适度加强对学生的管理是合理的，也是能够得到家长的理解和支持的。比如，学校加强对手机的管理，加强对学生恋爱的管理，加强对午睡、晚睡纪律的管理等，这些做法关系到学生的健康成长，自然能够得到家长的支持。

但是，当管理强度过了头，当要求变得苛刻时，学校的管理就容易引起学生和家长的不满。比如，某学校为了加强管理，规定每个学生床下只能放两双鞋子，多放鞋子要被扣分；鞋子必须放成一条线，偏离直线要被扣分。类似的扣分多如牛毛，使学生烦不胜烦，抱怨不已。还有学校规定，学生必须全天穿帆布鞋，即使是下雨天也不能例外，导致每到雨季时班级超过一半的学生穿着被淋湿的帆布鞋上课，非常痛苦，学生和家长意见都很大。

平时经常听到一些学校领导抱怨："为什么我们的学生在学校生活了三年，我们培养了他们三年，他们却不爱学校？""为什么当别人攻击我们学校时，我们的学生不是反击，而是跟着起哄？""为什么每当学校有什么不好的消息时，我们的学生争着抢着向外界传播？""为什么我们的学生一点集体荣誉感都没有？"面对这些抱怨，我通常会习惯性地反问："学校爱学生吗？学校的哪些做法让学生感受到了学校的爱？如果学校不爱学生，又凭什么要求学生热爱学校呢？"

所以说，有些家校矛盾不是源于教师而是源于学校的管理，学校不合理的规定容易引起学生和家长的不满。

教师的做法不合理，引起了学生和家长的不满。

教师的做法不合理是引起家校矛盾最直接也最主要的因素。因为学生在学校主要是和教师打交道（生生交往除外），而教师是直接面向学生、教育学生、管理学生的人。在教育学生、管理学生的过程中，教师难免会犯错误，难免会和学生发生冲突。

比如，在案例2中，小王老师的出发点无疑是好的，但是在具体的操作过程中出了问题，和学生发生了激烈冲突，冲突又直接引起了家长的不满，于是导致家长冲到学校指责教师。不得不说，案例2中的学生虽然有过错，但是主要责任应该由教师承担。这就要求教师在对学生提出要求时要做到合理、客观，在处理和学生的冲突时要做到冷静、理性。

教师平时不注重对家长的感情投资，和家长缺少沟通或沟通缺乏技巧，容易引起家长的不满。

有些教师平时从不和家长联系，每次和家长联系都是报忧不报喜，告诉家长孩子又犯了错误，告诉家长孩子多么多么差、多么多么屡教不改、多么多么让人无奈。他们似乎忘记了，在每个家长的心里，自己的孩子都是最好的，家长最难忍受的就是别人批评自己孩子不好。教师的告状只能让家长感到厌烦，让家长感到教师教育能力低下，容易给家长一种教师推卸责任的感觉。

有的教师不能设身处地地为家长考虑，动不动就把家长叫到学校，完全不考虑家长也有工作，不可能因为教师的一个电话就放下手头所有的工作马上赶到学校。这样的教师对家长来说已经不是同盟者，而成了负担。

有的教师不懂得给家长最起码的尊重，每当学生犯了错误，就像是家长犯了错误一样，在电话里或者当面对家长大声训斥，完全不考虑家长的感受，家长一点尊严感都没有，当然会对学校心生怨恨。

试想，如果不是自己的孩子在学校还要靠教师教育，如果不是担心自己的孩子在学校会受到教师不公平的对待，家长为什么要低声下气，有时候还要装作面带微笑地接受教师的抱怨、指责甚至是训斥？

但是，这些不合理的做法势必会引起家长对教师和学校的不满。日积月累，终有一天，当教师或学校在什么事情上犯了错误、侵犯了学生的利益时，就是家长绝地反击的时候了。而这时候，我们再期待家长善待我们、宽容我们，似乎就显得很傻、很天真了。

(3) **家校关系方面的因素。**

家长会、家委会的历史性缺陷导致家校合作流于肤浅。

家长会和家委会是家校联系的常用途径，但是现实中的家长会和家委会存在诸多问题。以家长会为例，存在诸如阶段性强、连续性差等问题，往往只是在学期初、学期中、学期末等特定时段召开家长会，中间时段家校沟通基本断流;整体性强、针对性差,每每开家长会,基本流程通常是,首先,学校领导介绍学校概况和所得荣誉,其次,年级领导介绍年级特点和年级成绩,最后,班主任介绍班级情况,整个过程中,很多家长基本无法获知关于自己孩子的有效信息,家长会的针对性极差;内容狭窄、深度欠缺,很多学校的家长会开成了学生成绩总结会、落后学生批判会、学校荣誉宣传会,罕见关乎学生全面发展、多元评价的家长会。这些缺陷导致家校合作流于肤浅,难以深入到关怀学生生命成长的程度。

家校之间缺乏良好的沟通渠道和相互信任的关系是导致家校冲突的重要原因。

事实上,学校和家长的目的是一致的,都是为了孩子更好地成长,学校是在帮助家长培养孩子,家长对学校多多少少是有一些敬畏和感激的。而且,通常学校和家长之间并不存在直接的、难以调和的利益冲突,当家长认为学校有什么事情做得不对时,如果有合适的沟通渠道(如通过电话向学校领导反映),如果平时有较频繁的交往和较好的感情基础,一般不会发展到正面冲突的局面。所以,发生冲突往往是因为家校之间缺乏较好的感情基础和互相信任的关系。

2. 家校双方在教育中应有的定位

以上,我们从家庭、学校、家校关系三个方面分析了影响家校关系的因素。那么,应该怎么做才能建立起良好的家校关系?当家校之间出现矛盾时,又应该怎么处理才比较妥当?在思考具体的对策措施前,为了提高对策措施的有效性,我们有必要先明晰家校双方在教育中应有的定位。

(1) **同盟者**。教育好孩子是家长和学校的共同目标。因此,家校关系的实质是教育的同盟、共同体关系。而这种关系的基础是相互尊重、有效沟通和共同协商。因为无论是从人格上来讲还是从教育孩子的权利上来讲,家校双方都是平等的。所以平等的双方应该互相尊重,教师不能因为学生犯了错误就毫不顾忌家长的感受,批评甚至辱骂家长;家长也不能因为对教师不满就打电话或者冲进学校辱骂甚至恐吓教师。互相尊重是建立良好的家校合力育人关系的前提。

（2）**合作者**。学校主要负责学生在学校的教育工作，家长主要负责学生在校外的教育工作。学校教育与家庭教育的责任分工不同，各司其职，各尽其责，才能形成合力。根据力学原理，两者的分歧越大，合力就越小。因此，为了更有效地推动学生的成长，学校和家长应该是积极、友好的合作者。既然如此，当孩子出现问题时，双方要做的就应该是平心静气地坐下来一起讨论解决方案，而不是一味地指责对方。

（3）**互助者**。教师与家长在教育孩子中的角色、身份不同，经验背景不同，但各有各的特点和优势。教师和家长之间若能互相支持、相互合作，成为互助者，就能做到共生共赢。有的家长缺乏教育孩子的方法技巧，教育孩子的能力有限，教师可以教家长一些与孩子有效沟通的方式方法，提升家长教育孩子的能力，使家长在教育孩子时更游刃有余；有些家长素质较高，在教育孩子方面有自己独特的见解，这是一种很好的教育资源，教师可以用来为其他家长做专题培训。

（4）**教师起主导和引领作用**。学校教育的专门性、教师工作的专职性、教师能力的专业性，决定了教师尤其是班主任在家校合作中的主导性、指导性和引领作用。家庭教育的随意性、不系统性，特别是家长在教育意识、教育能力方面的不足决定了在家校互动合作关系中教师应该起主导作用，家长的成长需要学校和教师的培训、带动和指导。教师应该成为建立良好家校关系的主导者。

 对策措施

在以上分析和定位的基础上，为了形成良好的家校关系，我们分别从"系统规划"和"具体应对"两方面来寻求建立良好家校关系的策略。其中，系统规划侧重通过系统工作加强学校和家长之间的日常联系，做好感情铺垫并努力建立起家校之间互相信任的关系；具体应对则侧重分析当具体的家校冲突出现在我们面前时，我们应该遵循的原则和可以运用的具体技巧。

一、系统规划

系统规划，是在日常工作中借助比较系统的工作加强和家长的联系，取得家长的信任、理解和支持，从而建立良好的家校合作关系。系统规划的思考类似于"顶层设计"，建设思路不是以家校出现的具体问题（低端）为核心展开，而是超越具体问题，按照系统思路整体构建家校沟通渠道、搭建家校沟通平台、建立家校关系的免疫系统。按照这种思路，可以以家校沟通为核心，从以下几方面来开展工作。

1. 首次接触，赢得良好第一印象

"首因效应"，也叫首次效应、优先效应或第一印象效应，由美国心理学家洛钦斯首先提出。首因效应指出，在人际交往中给人留下的第一印象至关重要，对个人整体印象的形成影响很大。

教师要学会利用首因效应，在第一次和家长接触时就积极展现自己，全身心地为学生和家长服务，让家长在第一时间感受到你的负责和优秀，赢得良好的第一印象。

要赢得良好的第一印象，我们可以：

（1）**书信传情，先声夺人**。每次接新班时，我都会在开学之前准备好"给家长的一封信"，在开学第一天发给家长，向家长传达自己对新学年和新学生的期待。以2010年为例，给家长的一封信，我是这么写的：

致教育同盟者的您

尊敬的家长：

您好！欢迎您把孩子送进九中，很荣幸能成为您孩子的班主任，我是高一（4）班的班主任贾高见老师。

从您把孩子送进4班开始，从我开始担任4班班主任开始，我想我们就已经由陌生人变成了统一阵线上的朋友。因为我们开始有着共同的职责和期待：作为父母，您想教育好您的孩子；作为班主任，我也想教育好您的孩子。虽然能力有限，但我会尽我所能。在此，也希望您能和我一起努力，风雨同舟。

　　为了更好地了解对方，促进彼此的交流，先向您简单介绍一下我自己。我本人于 2005 年毕业于东北师范大学，现在在北京师范大学读教育硕士。工作 5 年来，我带过两届高三，均取得了较好的成绩。其中，2008 年培养出南海区历史单科状元，2010 年培养出佛山市音乐单科状元，我本人也获得 2008 年度佛山市教育科研奖、广东省优秀班主任能力大赛一等奖，2009 年被评为南海区名班主任、佛山市名班主任培养对象。

　　说这些不是为了炫耀，只是想告诉您一个信息：我会努力成为您孩子眼中、心中的优秀班主任，我会真诚公正地去对待班里每一个孩子，我会尽我所能为您服务、为您孩子的成长服务。同时，我希望您能相信我，更希望我们能够互相配合，教育好您的孩子。

　　每个人在成长的过程中都可能遇到一些问题，甚至犯一些比较严重的错误。我想，作为家长和老师的我们要做的就是在孩子健康成长时为他们喝彩，让他们走得更快、更稳；在孩子遭遇困境甚至犯错误时及时引导、帮助他们，让他们不至于偏离健康成长的轨迹。

　　因此，为了我们共同的目标，为了孩子的健康成长，在此我提出几点小建议供您参考。

　　建议 1：尽可能地和孩子保持沟通，帮助孩子顺利度过过渡期。高一是一个特殊的时期，孩子们来到一个全新而陌生的环境，难免会有不适应。这个时候，他们更需要老师和父母的关心。因此，希望您能在百忙之中抽出时间多和孩子沟通，了解孩子的想法，鼓励孩子积极适应新环境，这有助于帮助孩子顺利度过过渡期。当然，这一时期，我也会在班里举行一系列配套活动，以帮助孩子尽快认识新同学、适应新环境。

　　建议 2：如果您发现孩子有什么异常，希望您能及时和老师沟通。我知道，有些家长工作比较忙，没时间和老师沟通；也有些家长怕打扰老师，平时很少和老师联系甚至从来不和老师联系。如果孩子一切都好，您不用刻意和老师联系；但是，如果您发现孩子的行为有什么异常，或者您知道孩子遭遇了什么自己难以处理的问题，希望您能及时和我沟通。您越及时和我沟通，我们就能越及时地针对孩子的问题提供相应的指导和帮助。不要等到孩子出了大问题才找老师，这时往往已经错过了最佳教育期，您和我可能都会感到比较无奈。因此，我建议，如果您发现孩子有什么异常，请您及时和我联系。我的电话号码是×××，电子邮箱是×××，QQ是×××。我的目的很简单：一切工作都是为了您孩子的健康成长。

建议3：尽量不让孩子带手机来学校。很多家长觉得孩子是第一次离开家到外地生活，总是不放心，希望孩子带着手机以便于随时联系。这种心情可以理解。如果实在有需要，请为孩子准备普通手机（就是只能打电话和发短信，不具备上网功能的手机），以免因为手机的上网等诸多功能影响孩子的睡眠和学习。有些孩子的手机功能齐全，已经远远超出了与父母沟通的需要。几乎每年都有相当一部分孩子用手机在午睡、晚睡甚至上课时间上网、聊天、看电影，甚至在网上参与赌博，结果耽误了自己，后悔莫及。所以，给孩子配备高端手机来学校，不是爱孩子的表现，是在以爱的名义伤害孩子。

为了您的孩子更好地成长，让我们一起努力，因为在教育的阵线上，我们是同盟者。

祝您：工作顺利，身体健康！

祝愿您的孩子能在九中成就梦想！

班主任：贾高见
2010年8月22日

试想，开学第一天，家长带着陌生感和期待来到学校，收到这么真诚而贴心的一封信，内心怎么会不感到温暖？怎么会感受不到教师发自内心的对孩子的爱和负责？

（2）**精心准备，关注细节**。开学第一天事务繁多，教师容易因为过于忙碌而忽略对细节的关注。事实上，精心布置、关注细节有助于建立良好的第一印象。首先，教师可以提前找学生做好宿舍和教室的卫生清洁工作，将桌椅摆放整齐、擦干净。其次，教师可以提前安排好宿舍床位和教室座位，让学生能够一目了然地看到自己的位置，不至于茫然无措。最后，教师可以提前在黑板上写好欢迎词等祝福语，如果自己字迹不好看，可以在学校找书法好的老师代为书写，让家长和学生有种赏心悦目的感觉。

(3) **做好预案，遇事不乱**。再精细的安排都可能存在漏洞。为了避免漏洞影响到迎新工作，教师应做好应急预案，同时多安排几个高年级学生帮忙接待，以便在自己必须离开时，迎新工作能够继续有条不紊地进行。

(4) **大方得体，彬彬有礼**。教师本人的衣着、举止给家长的第一印象也很重要，因此教师应该做到穿着大方、举止得体，对家长和蔼可亲、彬彬有礼，让家长一看到教师就感觉"有文化、有素质、有修养"。

2. 日常反馈，建立常态沟通平台

学生入校后，教师要有日常反馈意识，尤其是在刚开学的一段时间，最好每天晚上8点左右（不要太晚，以免打扰家长休息）给家长发条短信，告诉家长孩子在学校的表现，让家长安心。进入初中、高中后，很多学生是第一次离家开始住校生活，不习惯是正常的，家长担心更是人之常情。所以，教师在刚开学阶段的每日反馈就显得非常重要，这不仅可以让家长安心，还可以给家长一种"老师很负责任，把孩子交给他我放心"的感觉。

除日常反馈之外，教师最好和家长建立常态沟通平台，常用的沟通平台包括：校讯通服务平台（发送短信）、家校联系单（设置"多棱镜""回音壁"等家长参与环节）、班级家校QQ群、手机、微信等。通过这些平台，家校之间可以实现方便、快捷的沟通。

3. 多元表扬，发现学生正向价值

很多教师习惯表扬成绩好、进步快、乖巧伶俐的学生。其实，每个学生都是一个独特的生命个体，每个人在兴趣、爱好、特长、气质、性格等方面都有自己的生命独特性，这些独特性不是"差距"而是"差异"。因此，当我们看学生的眼光不再是仅仅看到成绩，不再是把不同看作"差距"而是把不同看作"差异"的时候，我们就能发现学生生命的丰富多彩。所以，作为教师，我们要学会多元表扬，从不同的角度去发现学生的价值，去肯定、认同学生的价值，甚至可以在全班学生面前去宣传不同学生的不同价值，让每个学生都感受到生命的价值感和尊严感。当家长感到教师是真心地欣赏自己的孩子时，不仅会为孩子感到骄傲，同时也会对教师产生亲切感，甚至会心存感激。

4. 真诚关心，奠定家校感情基础

最能够打动家长的，莫过于教师对学生发自内心的关心和在乎。所以，除了日常工作，教师还要学会利用学生的"关键节点"去关心学生、打动家长。这些关键节点包括：学生身体不适时，教师要表示足够的关心；学生生日时，教师可以送上美好的祝福；学生一个人外出时，教师要提醒学生注意安全；学生没有按时返校时，教师要及时打电话询问学生的去向。总之，要想办法传递给家长一个非常重要的信息：您的孩子，我在乎。这样，学校和家长之间就比较容易产生深厚的感情。

5. 积极展示，提升学校公信力

相信每个学校、每个教师都为学生成长做了很多工作，但是这些工作对家长而言大多是幕后工作——看不到，摸不着。所以，虽然教育者付出了很多，但是家长往往并不知道他们做了什么。因此，教育者应该学会积极展示，借助一定的平台（如博客、QQ群等公共平台）把班级工作、学校工作晒给家长看。当家长看到学校的诸多付出后，自然也就会对学校有种信任感，这有助于提升学校的公信力。

6. 借力家长，参与班级建设工作

既然学校和家长的目标是一致的，既然家校之间是合作、互助关系，教师就应该学会借助家长的力量和资源，吸引家长参与日常班级建设工作，而不是被动地等到学生出了问题才看到家长的力量。借力家长，家委会是一个有力的抓手。

班级家委会作为学生家长参与班级管理和班级建设的群众性组织，不仅可以为班级建设出谋划策，还可以提供众多支持，是班级建设中可借助的重要力量。为了更好地发挥家委会的作用，建议家委会成员主要由班级学生家长中教育能力强、活动能力强、工作时间较为自由且对孩子教育比较热心的家长组成，这样的家委会更可靠、更实用。

（1）**借力家长，为班级日常建设出谋划策**。家长应该而且可以成为学校教育的参与者，教师在班级日常建设中要懂得利用家长的智慧，为班级日常建设出谋划策。为了不增加家长的负担，教师可以利用QQ群等交流平

台就班级存在的问题和想开展的活动征求家长的意见。在活动组织中，也可以吸纳一些有时间、有参与意愿的家长一起参与活动的策划和组织。只有教师不把家长当"外人"，不拒绝家长的热情，家长才更便于参与班级日常建设的各项活动。

（2）**借力家长，为家长培训提供教育资源**。教育背景、家庭环境、工作环境等一系列因素决定了不同家长的教育水平是有差异的。为了整体提高家长的教育水平，可以借助家长资源，开设"育子经验交流论坛"，请在家庭教育方面做得比较好的家长在论坛上做经验整理，为需要学习的家长提供教育资源。

（3）**借力家长，出面协调家校冲突**。学校和家庭之间出现矛盾时，如果当事双方不便面对面地解决问题，则可以考虑借助家长资源出面协调家校冲突。此时，出面调解的家长可以作为学校和家长的缓冲地带，成为冲突中的润滑剂，这样往往更有利于问题的解决。

（4）**借力家长，为学生提供成长经验**。每个家长都有自己独特的成长经历和社会资源，这些经历和资源不仅是他们自身的财富，也可以成为支撑班级建设、推动班级发展的重要力量。我们可以通过"真人图书馆"的形式，通过对家长独特成长经历的了解解决学生成长中的困惑，给学生注入不竭的成长动力。在此，我想和大家分享广东省中山市优秀教师、全国中语会中青年教师课堂教学大赛二等奖获得者张岩老师借力家委会来激励学生备战高考的案例：

备战高考，借力家委会

2010年高考临近，一次模拟考试后，班级学生成绩出现大幅度滑坡，学生士气低落。对此我很着急，不断地找学生交流，试图为班级注入新的活力。但所有努力都是徒劳的。在那个被称为"高原期"的阶段，学生对于班主任的苦口婆心已经有了免疫力。他们对于梦想不再执着，甚至开始惧怕高考。

无奈之下，我召开了紧急家委会会议，希望借助家委会的力量扭转这一局面。会上，我首先肯定了学生前期的不懈努力，同时将班级目前的状态坦诚相告，希望家委会参与接下来的班级工作。我的建议得到了家长的一致响应。家长们集思广益，提出了各种方法。其中一位在家务农的家长说："张老师，我没什么文化，但我可以用我的经历告诉孩子们，现在不是放弃的时候。我不需要太多的时间，让我到班级讲10分钟，就讲我自己的故事。"这位家长的话给了我极大的启发。让家长走进课堂，这样更真实，更能让学生震撼。

于是，在接下来的班会课上，我请来了这位家长。让我意外的是，还有一位家长也来了。这位家长跟我说："我是被我们家委会的组长调来的，他担心自己说得不到位，就请了我这个当律师的一起来了，让我'查缺补漏'。您还欢迎吧？"哪有不欢迎的道理！激动之余，我差点流出眼泪。

那节班会课真的很振奋人心。我记得那位务农的家长就讲了一个故事，大意如下：他是种菜的，种菜的人懂得一个道理——每一棵菜都是不能放弃的。他种的菜如果生了虫子就用手慢慢地捉，不依赖农药，否则人吃了不健康。正因为如此，他的菜卖得很快，经常买菜的人都知道他是个本分人，不急功近利。他告诉学生，做人要本分，不能好高骛远。学知识就像种菜一样，对大问题小问题都要踏实解决，不要老想着能占到什么便宜……家长的话很朴实，但台下爆发出雷鸣般的掌声。

第二位家长说的是："我是一位律师，目前对我的事业很满意。但刚走上工作岗位时，我却十分不如意。为了能够获得更多的机会，我夜以继日，不断充电，希望自己变得更强大。但是世事难料，我不但没有成功，反而一次次被客户拒绝，甚至一次次被同事耻笑。但是我没有放弃，一直坚持，因为我有一颗渴望成功的心。今天我可以说我非常感谢那段日子，正是一次次的失败、一次次的被取笑才让我更渴望成功。人生就是一种经历，我们要感谢那些不快乐的经历，因为它警示着我们要继续前行。同时，我们要感谢那些快乐的经历，因为它时刻提醒我们前方还有阳光。同学们，一次跌倒不要紧，作为家长，我们看到了大家的努力，看到了张老师的执着和坦诚。我们相信，在张老师的带领下，我们班同学会坚强地走下去，直至取得高考的胜利。"现场再次响起了雷鸣般的掌声。

那个时候，我已经不必再说些什么，只是向两位家长深深地鞠了一躬，并当着学生的面表态："我们3班，是不会被一次考试击倒的。接下来的路，我们要么倔强地站立，要么懦弱地放弃。我选择那份倔强，谁愿意跟我一起？""我愿意。""我也愿意。"我往台下一看，原来是这两位家长的孩子。"算我一个，也算我一个……"

就这样，一次对班级发展起决定性意义的班会奠定了那年3班高考成功的基础。接下来，不断有家委会的成员走进班级"开讲"。在那段日子里，正是这些家长带给了学生源源不断的精神引领，让学生提升了自我成长的责任意识；在那段日子里，班主任、家长、学生拧成了一股绳，班级重新走上了发展的快车道。最终，我们以全校同层次班级最优异的成绩创造了一个足以让我们自豪的奇迹。

适时地借力，不是逃避责任，而是为了让我们的教育更接"地气"。我感谢曾经支持我和我们班级的每一位家长，正是因为有了他们的参与，才让学生的成长变得更自然。教育，不能让家长离场。这需要我们班主任的智慧。充分的借力让我们的教育更加平实、朴实、厚实。

（本文发表于《班主任》杂志2013年第5期，有修改）

当然，需要指出的是，在家校合作过程中，教师需要把握尺度，努力做到以下几点：

- 充分尊重家长。尊重家长的人格，也尊重家长的意愿，不能勉强家长参与班级建设。
- 合理利用家长资源。不能以功利化的心态去利用家长而不去考虑家长的感受，利用家长的力量是为了帮助学生成长和加强班级建设，不是为了为某一小部分人谋福利、谋特权。
- 适度利用家长的帮助。在利用家长资源时，教师不应忘记在班级建设中应以教师、学生为主，家长只是提供适度协助，教师不能把自己应该承担的教育责任全部转嫁到家长身上。
- 处事妥当。借用家长资源时，一定要提前通知、合理安排，尽量不因为学校工作影响家长的日常工作和生活，不给家长带来负担。

7. 明晰责任，共同承担教育责任

如果我们做到了以上六点，就相当于成功地建设了整个家校合作的大厦，这时，家校合作的亲密性和互信关系的建立使得大部分家校矛盾都可

以提前被消弭掉，或者说，问题根本就不会发生，这就是顶层设计、系统规划的魅力所在。

但是，这不等于就不会再出现家校矛盾。在这种情况下，也仍然会出现偶发的、特殊的、不能自动被免疫系统免疫掉的家校问题。而这些不能被免疫掉的问题，就需要明确划分学校和家庭的责任归属，切实做到共同承担教育责任。很多时候，家校矛盾的责任是双方的，如果私下协调无法解决，万不得已时可通过法律等途径解决。家校双方各自为自己的行为承担责任，虽属无奈，也算正常现象。

二、具体应对

具体应对，侧重讨论当偶发的、特殊的、不能自动被免疫系统免疫掉的家校矛盾问题出现在我们面前时，我们应该怎么做，我们应该遵循的原则和可以运用的具体技巧有哪些。面对家校冲突，我们可以做到：

1. 冷静，努力控制情绪

往往家校矛盾越尖锐，矛盾双方就越容易激动甚至冲动。作为教育者，我们应该努力做到对方越冲动，自己就越冷静。因为冲动不仅对解决矛盾无益，反而可能使矛盾升级，造成更严重的后果。所以，面对家校矛盾，我们首先要做到冷静、努力控制情绪。这一点好说，但是难做到，需要一定的社会阅历和修炼。

2. 坚信教育目标一致

虽然家校之间出现了矛盾，但是我们要坚信双方的教育目标是一致的，都是为了给孩子提供更好的成长环境，都想用自己的努力推动孩子更好地成长。有了这个坚信，并努力利用这一点引导家长站在有利于孩子成长的角度去考虑问题，就有助于使矛盾双方站在同一个角度、朝同一个方向思考问题。案例2就很好地做到了这一点，让家长认识到教师检查作业的出发点是为了孩子，这样，家校双方就站在了同一个立场上。

3. 尊重，建立合作前提

面对家校冲突，尊重是双方解决问题、重新走向合作的前提。

(1) 尊重，首先表现在教师要尊重家长。不论主要责任在学校一方还是在家长、学生一方，教师都不应对家长咄咄逼人或不理不睬，而应该尽量对家长做出积极的回应，比如"倒两杯温开水并双手捧给家长""始终面带微笑""耐心倾听家长的埋怨"等。

(2) 尊重，还表现在教师应该尊重自己的教育理念，坚持自己的职业操守。这是对自我的尊重。有些教师一面对家长的责难就乱了阵脚，不断地否定自我、检讨自己。事实上，教育者需要处理好家校关系，更需要有自己的教育理想，只要自己的做法没错，大可不必过分自责。无原则地退让和妥协不只是对自己的不尊重，更是对学生成长的不尊重。

4. 理解，学会换位思考

由于受教育水平、人生阅历、个人修养、对事件了解的程度等各方面因素的影响，家长有时可能会有一些不太理性的举动。此时，虽然家长不够理性，但教师要相信家长不会无缘无故地来学校找碴儿。有时教师不理解家长，不是因为他无理取闹，而是因为教师没有理解他独特的逻辑方式，仅此而已。所以，面对家校冲突，甚至是面对家长的无理取闹，教师应学会换位思考，理解家长爱子心切的心情，站在家长的角度考虑问题。同时，教师还要想一想，在这件事中，教师自己有没有什么做得不对的地方。反省自我并坦然承认自己的不足，有助于化解家长的敌对情绪。

5. 求证，明确事实真相

再现事件过程，澄清事实真相，明确责任归属。对于这一步，学校方面需要做好充分的准备：事件过程可由当事人、现场目击人等以文字的形式写出来并签名确认；争议环节可由当事人和目击证人一起确认。对于要由哪些人出面，学校方面需要有充分的准备。澄清事实真相之后，双方可依据事实，划分责任归属。

6. 询问，了解家长诉求

在事实澄清、责任明晰后，在家长情绪稳定、家校双方能够比较理性地进行沟通时，教师可以询问家长的具体诉求和他们满意的解决问题的方式。当家长的要求超越教师所能接受的底线时，教师应该采取合适的方式，有理有据有节地表达自己的要求。此时，语气需要委婉，原则必须坚持。毫无原则地妥协不是解决问题的正确途径。

为了更妥善地解决问题，教师在询问对方诉求时，可尽量引导对方列出三个或三个以上自己认为比较满意的解决问题的方式。这一步可以为解决问题提供比较广阔的思考空间和比较多的解决途径，避免出现双方在某一问题上紧咬不放、针锋相对。

7. 协调，力争妥善解决

结合上面提出的诉求，矛盾双方可以坐下来讨论解决问题的合理方式。如果有必要，教师还可以借助家长委员会等中间人的力量分别对双方做思想工作，引导双方做出适度妥协。矛盾的解决往往是双方妥协的结果。

8. 跟踪，做好善后工作

矛盾解决后，矛盾双方应主动做好善后工作。如果家长方面没有反应，就需要学校方面做出高姿态，主动和家长联系，多关心孩子、尊重孩子，争取做好善后工作，早日与家长重新建立起良好的家校关系。

 精要点评

从学校和班级资源管理的角度来说，家长是重要的教育资源。而善用资源是优秀教师尤其是班主任的最高管理智慧。家校有效沟通，形成教育合力，是提高育人效果的最有力的保证。在学校教育与家庭教育功能萎缩、媒介文化业已成为青少年第一影响源的背景下，对于教育者来说，加强家校的有效沟通、合作，合力联动，是发挥学校教育和家庭教育对学生产生正面教育、积极影响作用的根本保障。对于教师而言，增强作为家校沟通的桥梁、纽带的意识，教育资源整合意识，以及家校有效合作的指导能力，是一种与时俱进的专业素养；对于家长来说，积极参与学校和班级事务，热情支持学校和教师的工作，与学校及教师齐心协力、同心同德、相互合作、共同成长，是合力教育好孩子的需要，也是现代父母应该具备的素质。

第七章 责任缺失问题与对策

 现象扫描

【镜头1】学生生活铺张浪费,花钱没有节制,攀比奢侈品,被批评时反而说:"我花自己的钱,关你什么事?""钱是用来花的,这点浪费算什么,我老爸说他赚钱就是让我花的。"

【镜头2】学生对学业不用心,作业马虎应付,学习得过且过,被问:"如何对得起辛辛苦苦挣钱供你学习的父母?"学生回答说:"子不养,父之过。""如何为社会做贡献?""天下兴亡,我微不足道,多我一个不多,少我一个不少。"

【镜头3】学生行为随心所欲,毫无约束,在公共场所随地吐痰、乱丢垃圾,被指责时振振有词:"紧张什么?这是环卫工人的工作。"

……

这样的镜头随处可见,比比皆是,不胜枚举。

是公德缺失?行为不良?还是德行泯灭?

聚焦点应该是责任感——生活责任感、学习责任感、集体责任感、道德责任感、家庭责任感、社会责任感,乃至整体责任意识和责任承担的缺失!

案例情景

【案例 1】 变形记

刚进校门,就看到门卫室张贴着"217 助力雅安募捐点"几个大字,下方堆满了纸巾、方便面、饮用水、消毒酒精等救灾物资。这些是不同班级的学生、老师和门卫捐助的物资。走进教室里,学生兴高采烈地向我汇报最新进展。"已经在各班教室、年级宣传栏处贴满了《募捐倡议书》,也和小卖部老板、门卫联系好了,他们答应为我们提供帮助!""晚自习时间,全班出动回收物资。"我开心地听着,心里乐开了花。看到这帮孩子主动提出号召全校师生为雅安灾区募捐物资、承担责任,我知道这群孩子"变形"成功了。

别看现在的他们这么有担当,之前的他们可完全是另外一副模样,过去的那些镜头不止一次地刺痛着我。

镜头一:学生不仅常常忘记做清洁工作,还习惯将用过的纸巾、喝完的饮料瓶随手乱丢,不一会儿就垃圾遍地。他们有自己的一套理论:"搞卫生的同学扫干净就好了。"

镜头二:教室宣传栏张贴的通知正随风飘扬,站在一旁核对答案的三个学生却视而不见。我拿来透明胶和剪刀贴好通知,学生视而不见,更没人主动上前帮忙。

镜头三:每次课间,尤其是体育课后,都有一群学生跑到小卖部买各种饮料,虽然班级门口就有饮水机。他们的逻辑很简单:有钱不花,留着白搭。

诸如此类的事情屡见不鲜,每每看到,我心里总有一股"无名火"蹿上来:都高中生了还一点责任感都没有,一点主动精神和服务意识都没有!逼得我每天一到班上,就得督促"大头虾们"搞清洁,监督"熊孩子们"捡起桌底的垃圾,俨然成了保姆加清洁工。

学生对集体事务的漠视刺痛了我的心。看来,我得和家长们好好沟通,努力形成教育合力。我告诉家长,引导孩子主动承担家庭、班级事务,表面上会占用一定的学习时间,实际上能培养孩子对社会、家庭、人生的责任感,进而促进孩子对自己的成长负责。不少家长表示以后要让孩子承担一定的家务,并配合学校做好孩子的思想工作。

家长会的效果还没呈现,又有学生忘记搞清洁了。被催促搞清洁的小怡一脸的不情愿:"我们家都不用天天拖地的。"既然学生不愿意搞清洁,那我就来个"以其人之道,还治其人之身"。接下来几天,我都没有提醒学生做清洁。很快,问题暴露:垃圾桶被装得满满的,溢出来的部分还不断往下掉,垃圾桶里堆积的食物发出阵阵恶臭味;黑板几天没擦,快成"白板"了,老师们在黑板上写什么,大部分学生都看不清……

终于,一群学生跑到我面前抱怨:"老师,你赶紧说说他们吧,垃圾好几天没倒了,熏死我们了。上课的老师看我们的眼神都不对了,有的老师上课都不愿意讲课了!"

"能怪我吗?前几天的垃圾都没倒,我一个人也倒不了这么多啊!"今天负责清洁的小峰也很无奈。

"那总得倒吧,再这样下去我们迟早会被垃圾熏死!要不然,就让那些不倒垃圾的同学坐在垃圾桶旁边,我们换位置!"有人开始把矛头指向前几天逃避倒垃圾的学生。这时,我看到那几个没有倒垃圾的学生脸红着,灰溜溜地躲到了角落里。

"这是我们共同的教室,做好清洁工作是每个同学的责任。如果每个人每一天都负责任地做好清洁工作,还会出现今天的局面吗?"班长的话得到不少学生的应和。"对,就是责任。我们应该学会承担责任。每个人负好自己的责任,这个班级就能有序运转。如果有人逃避自己的责任,这个班级就会出现问题,最终危及大家的利益。"当天,劳动委员带着大家进行了一次彻底的大清洁,干净、整洁、明亮的教室又回来了。至此之后,忘记做清洁工作的情况渐渐少了,因为如果有人忘记做清洁工作了,马上会收到来自其他学生的提醒。

以前我总是想方设法地规避问题、帮助学生少走弯路,可学生总不愿领情。这次我狠心地让班级"裸奔"了几天,当问题暴露在每个学生面前,当学生真正感受到了不负责任带来的恶果时,他们终于意识到了负责任的重要性。

看着学生的改变,我在欣慰的同时还有担心:这次改变是因为他们意识到不负责将危及个人利益,那对于看似遥远的学校责任、社会责任,学生能不能主动承担呢?

恰巧3月是"学雷锋月",学校让我们班负责文艺演出。没想到学生只对上台表演感兴趣,却对"学雷锋"这个主题表示抗拒。问及原因,学生回答:"老师,我们高唱一曲《学习雷锋好榜样》,不是很傻吗?""就是,我妈老说管好自己就行了,学习雷锋帮助别人,万一被人讹诈怎么办?"看着他们的担心,我内心一阵尖锐的痛:是什么让孩子这么早就学会了自保?是什么让他们稚嫩的心灵过早地沾满了尘埃?可这能全怪孩子们吗?我们的社会给了他们帮助别人的安全感吗?我们的教育告诉他们承担责任的重要性了吗?为了帮学生擦去心灵的尘埃,促使其"变形",我和学生分享了一个故事:

先暖被窝后暖自己

在破旧的寺庙里,小和尚沮丧地对师父说:"这座庙,只有我们两个,我去化缘时别人都对我恶语相加,说我是野和尚,给的香火钱更是少得可怜。今天这么冷,都没有人给我开门,化到的斋饭也少得可怜。师父,我们菩提寺要想成为你所说的庙宇千间、钟声不绝的大寺怕是不可能了。"

师父披着袈裟什么话也没有说,只闭着眼睛静静地听。

小和尚继续絮絮叨叨。好久,老和尚才睁开眼问道:"这北风吹得紧,外边又冰天雪地的,你冷不冷呀?"

小和尚哆嗦着说:"我冷呀,双脚都冻麻了。"

"那不如我们早些睡觉吧!"

两个和尚钻进了被窝。过了一会儿,老和尚问:"现在你暖和了吗?"

小和尚回答道:"当然暖和了,就像睡在阳光下一样。"

老和尚道:"棉被放在床上一直是冰凉的,可是人一躺进去就变得暖和了,你说是棉被把人暖热了,还是人把棉被暖热了?"

小和尚笑了:"师父,你真糊涂呀,棉被怎么可能把人暖热了,是人把棉被暖热了啊。"

老和尚问:"既然棉被给不了我们温暖,反而要靠我们去暖它,那么我们还盖着棉被做什么?"

小和尚想了想,说:"虽然棉被给不了我们温暖,可是厚厚的棉被却可以保存我们的体温,让我们在被窝里睡得舒服呀!"

黑暗中,老和尚会心一笑:"我们撞钟诵经的僧人何尝不是躺在厚厚棉被下的人,而那些芸芸众生又何尝不是我们厚厚的棉被呢?只要我们一心向善,冰冷的棉被都能被我们暖热,何况芸芸众生这床棉被呢?庙宇千间、钟声不绝的大寺还会是梦想吗?"

小和尚听了,大悟。

据说,第二天一大早,小和尚就化缘去了,依然有很多恶语相加,可他却始终彬彬有礼。10年后,菩提寺成了方圆十几公里内的大寺,香客更是络绎不绝,小和尚成了住持。

我对学生说,与大家分享这个故事,并非欣赏小和尚最后做了住持,而是崇拜他那颗及时开悟的心,以及开悟后对理想的坚守。现在的社会,总是有不令人满意、甚至寒心的地方。可是,如果我们渴望生活在一个人人负责、温暖安全的社会,总要有人做出改变和努力,与其在抱怨中苟延残喘,不如借助自己的努力将世人的"棉被"暖热,然后用来温暖我们自己。

学生被深深地触动了,他们不仅明白了"先暖被窝后暖自己"的道理,而且开始了"暖被窝"行动:开始从自己的小天地探出脑袋,国事家事天下事,事事关心了。雅安地震后,女生201宿舍找到我,说想发动全校学生为雅安募捐物资,于是才有了文章开头的一幕。

我们总在抱怨现在的孩子自我、缺乏责任意识,可一个自小由父母、老师圈养在书斋里的孩子,怎么会产生强烈的社会责任感呢?一个自小由父母、老师分担所有责任的孩子,又怎能承担社会责任之重呢?与其抱怨,不如放手让孩子学着承担,即使摔跤,孩子也能从中吸取养分,华丽"变形"。

(中学二级教师、班主任　张意珠,有修改)

【案例2】老师，需要我做什么

"老师，六个小组长到沈好那里背英语，他居然不要我们背，说组长背英语的事情他不管。"英语课代表栾丹气喘吁吁地跑进办公室，找我投诉英语背诵管理员沈好。

"你把过程说清楚，到底是怎么回事？"我拉着栾丹的手让她坐我旁边，望着她跑得通红的小脸问道。

"老师，你说沈好英语背诵得很好，就让他来负责管理我们六个组长的背诵，组长再负责管理小组内每个同学的背诵，我觉得这个方法很好。可是，沈好总是嫌我们这里不对、那里不好，后来他干脆就不要我们去他那里背诵了，他这个英语背诵管理员太不负责了！"栾丹很委屈地说着。

"知道了，去把沈好叫到我办公室来。"

失职

我看着眼前这个我亲自安排的英语背诵管理员，单刀直入地问："你做英语背诵管理员，是我亲自选任的，我相信你可以做好这个职务。但是，有同学反映说你失职了，有这回事吗？"

"老师，他们背诵得又慢又结巴，听着就烦，我不想做这个职务了。"他一脸不悦，直接说出了自己的想法。

"沈好，我们星光班每个同学都要做事才能得到月底的工资，不同的职务有不同的工资等级。如果你不愿意做英语背诵管理员，自然会有其他同学争着做。"我引导他思考他失职会产生的后果。

"那就让别人做吧。"他一脸轻松地说着，仿佛铁了心似的。

"行，今天是你自己要失去这个职务，所以你要为自己的言行负责。知道吗？"我看他心意已决，便不再和他多说，虽然我不能放弃对他主动承担班级职务的培养。

"没问题。"他仍然很坚定地回答道。

"好吧，从现在开始，你不再是英语背诵管理员，按照班上每个人要有职务的规定，目前没更好的职务给你，所以你只能做一个最低等级的保洁员，同意吗?"

"保洁员就保洁员。"沈好不屑一顾地回答道。

我看着他如此坚定,有些无奈,我知道教育沈好学会承担责任需要寻找教育契机。

待业

"沈好,保洁!"我走进教室里,看见了沈好座位周围有一点白色垃圾,便大声对他说道。

"知道了,老师。白正正、殷传义,快来一起做保洁。"沈好一边答应着,一边叫着另外两个和他同样职务的同学。

"他们也是保洁员,不过他们周围的保洁工作做得很好。你的周围由你自己承担保洁任务,快去拿工具打扫干净吧。"我告诉他要明确自己的保洁任务,不要拉着别人一起来承担。

于是,他一个人默默做完了自己座位旁边的保洁工作。

月底到了,星光班最激动人心的座位拍卖会开始了。谁的星光币多,谁就能够买到好的"房产"。有时一个不起眼的位置,因为几个人都要买,居然被他们相互抬价,可以将一个"偏僻地带的房产"炒出"黄金价位"。那些有资本抬价的学生趾高气扬,而平时不可一世的沈好却埋着头。

"沈好,怎么不去买自己喜欢的位置啊?"我抓住他此时心情低落的教育契机,希望再次唤醒他学会承担责任,去竞争适合自己的班级职务,实现自己的劳动价值。

"老师,我只是一个待岗的保洁员,工资太低,没资格和他们抬价。我还是想去做好英语背诵管理员,可以吗?"一向那么不可一世的他,在一场班级座位拍卖会中被挫败了,他认识到自己可以做得更有价值,对我提出了恢复原职的请求。

"当初我们说过,自己要承担自己言行的责任,现在已经有人做你的原职了。如果你要主动承担更好的班级职务,只能靠你在班级职务竞选中脱颖而出了。想想你适合做什么职务?"我看着眼前已经发生思想转变的固执男孩,给他指明该如何去努力的方向。

"老师，我的历史成绩一直都很好，历史课代表的成绩还不如我，我要做你的历史课代表，行吗？"他认真地看着我，期待我可以马上答应他的要求。

"沈好，我很高兴你能够主动承担班级职务，但是你要明白，做好班级职务，需要的不是你个人成绩有多好，而是通过你的努力，让大家都变得更好。"终于，他可以静心听我说什么是承担责任、什么是做好班级职务了。我没有直接回答他的要求，而是让他先反思自己的问题。

"老师，我明白了，你同意我做你的历史课代表吗？"他再一次恳求道。

"我相信你会是一个出色的历史课代表。不过，你能否竞选上历史课代表，最后还是要由同学的选票来决定。加油！"

上岗

为了获得好成绩，沈好学习历史的兴趣更足了，每次考试，他的历史分数都几乎接近满分。更重要的是，他不再像以前那样保守，而是学会了主动和同学交流自己的学习经验，甚至还给历史成绩差的同学讲题。

班干部竞选开始了，沈好如愿以偿地获得了历史课代表职务。那天，在我在班上把沈好的成功竞选作为班级故事进行了公开表扬后，我看到他脸上洋溢着自信的笑。

"沈好，祝贺你成功竞选，欢迎你重新上岗。记得你的职责不只是自己要学好历史，而是既要帮助老师承担一些学科任务，也要多帮助同学。大家好才是你的工作做得好。你可以给同学布置相关历史作业、评定作业等级。记住，为同学提供服务和帮助，帮助他们成长，这是你的职责。"

沈好安静地听着我对他上岗的责任要求。以往那么不屑一顾的他，在自己努力付出后终于体悟到什么是责任意识。

敬业

我的历史课代表很珍惜这次自己竞选来的"岗位"。为了做到师生满意，他往我的办公室跑的次数多了起来，每次都会问："老师，需要我做什么？"

办公室老师看着他那么认真负责的态度，羡慕起我来。他们对沈好说："下次做我的课代表吧，不要去竞选马老师的历史课代表了。"沈好听了心里美滋滋的。

"老师，我先把历史课代表做好再说吧，你们说得我都不好意思了。"沈好红着脸,在老师们赞扬他时,反而低调起来。

在我的历史课代表的努力工作下,学生学会了提前预习历史知识,更多学生在历史课上争着讲课,课下的历史作业完成质量也明显提高了许多,在第一次月考中,我班的历史平均分提高了许多。

沈好的成长过程告诉我们,教师要教会学生学会承担责任。有了责任感,才能驱动他继续勇往直前,才能让他感受到许许多多有意义的事,才能使他感受到自我存在的价值和意义,才能使他真正得到师生的信赖和尊重。学会承担责任,是一个人安身立命的根基。

(湖北省武汉市东西湖区十佳魅力教师　马艳新)

问题分析

两个案例都是关于学生责任感缺失和如何培养学生责任感的,虽然做法不同,但是目标一致:引导学生做一个负责任的人,引导学生学会对自己负责、对自己的岗位负责,并进一步延伸到对集体、对社会负责。

责任感缺失问题是当前学生道德问题的一个典型代表。改革开放以来的社会转型,在带动生产力快速发展的同时,也带来了一些严重的社会失范现象,这些社会失范现象对中学生的思想道德产生了较大影响。在相当一部分学生中存在着比较严重的思想道德问题,比如,功利主义成为部分学生的重要行为准则,有利可图的工作就主动去做,对义务劳动、集体劳动则不上心;个人价值和个人意识增强,爱国主义、集体意识淡薄,过于关注个人感受而对集体利益或他人利益熟视无睹;享受意识膨胀,节俭意识淡漠,花钱大手大脚,浑身上下各种名牌,铺张浪费严重等。在这一系列问题中,最核心的问题当属责任感缺失问题:不懂得对自己负责,所以学习敷衍了事、随意浪费时间、肆意挥霍青春;不懂得对集体负责,所以清洁工作拖延应付、在宿舍内肆意聊天、对集体活动不感兴趣;不懂得对社会负责,所以随意浪费资源、随意破坏环境。

1. 学生责任感缺失的原因

影响青少年责任感培养的原因是多方面的,如社会转型和制度的不完善、家庭教育和学校教育中责任感培养的缺失等。

(1) **社会转型和制度的不完善是导致学生社会责任感缺失的重要原因。** 从社会转型和制度完善的角度而言,由于中国特色社会主义制度、规范、机制尚在发展与成长之中,社会道德规范还没有完善和刚性化,道德理念还只是传统文化的自发表现,没有内化于民众的心中。引发当前各种社会道德问题的本质根源不完全在于公民道德水平问题,而在于社会转型期政治、经济、法律等制度建设的不完善(参见《中国社会道德问题面临的形势与对策建议》,光明网,2011-11-23)。如同案例 1 中所讲:"'管好自己就行了,学习雷锋帮助别人,万一被人讹诈怎么办?'是什么让孩子这么早就学会了自保?是什么让他们稚嫩的心灵过早地沾满了尘埃?我们的社会给了他们帮助别人的安全感吗?我们的教育告诉他们承担责任的重要性了吗?"

此外,社会上各种不良事件屡见不鲜,且大多和不负责任有关,如"三鹿奶粉"事件、"毒大米"事件等。为什么有些企业和企业主敢这么不负责?一个是因为有利可图,但是更重要的是,我们没有一种机制能够有效地预防企业和个人的不负责,我们没有完善的制度能够让不负责的企业和个人付出惨痛的代价,从而遏制他们不负责的行为。

所以,社会转型和制度的不完善是导致学生社会责任感缺失的重要原因。

(2) **家长在家庭教育中大包大揽,不注重对学生的责任教育。** 家长是子女成长的第一任教师,很多孩子成长中的问题,其根源在于家庭,孩子责任感的缺失,其根源同样是家庭教育中责任教育的缺席。很多家长只关注孩子的学习成绩而忽视了对孩子责任感的培养,很多家长认为"只要孩子好好学习就好了,其他的家务活耽误学习时间,可以不做",甚至在很多家庭,孩子连自己的房间都不需要收拾,父母帮忙铺床、叠被、收拾房间,甚至把饭菜端到餐桌上才叫孩子吃饭。这种做法无疑剥夺了孩子发展责任意识和承担责任的机会。父母的责任感越强、大包大揽得越多,孩子所需要承担的责任就越少,孩子在家庭中甚至没有学会对自己负责,没有学会对自己的日常起居、行为习惯负责,没有学会对自己的成长负责,又怎么可能培养出家庭责任感、集体责任感和社会责任感?

(3) 学校教育中的机会偏向不利于培养所有学生的责任感。学校作为专门的教育机构,对学生道德品质的形成和培养有着不可推卸的责任。但是,当前学校教育中的很多做法却并不利于培养学生的这一品质。在学校教育中,教师往往喜欢那些责任心强、能力强、行为乖巧的学生,自觉不自觉地将各种机会给他们,而忽视了对缺乏责任心的学生的培养。这样,对教师而言,教育和管理可以变得更轻松;但是对缺乏责任心的学生而言,责任感一直得不到锻炼,不利于他们责任感的培养。

此外,在应试教育模式下,教师和家长一样,只关注学生的成绩,对一些成绩好的学生睁一只眼闭一只眼,对他们的一些不负责任的行为没有及时提出批评并给予引导,也不利于学生责任感的培养。

2. 学生具备责任感的重要意义

(1) **一个人必须学会对自己负责。**一个人对自己的行为负责,才会规范自己的行为,使自己的行为符合社会预期和个人发展的要求;对自己的发展负责,才会努力学习,通过自己的努力取得更大进步;对自己的天资负责,才会不断发现自己的价值和特长,完善自己,通过个人努力获得更好的发展、创造更大的个人价值。

(2) **一个人必须学会对家人、父母负责。**一个人学会对家人、父母负责,才能勇敢地承担起家庭责任,通过自己的努力为家人创造更好的生活环境,而不是在面对困境时选择逃避。很多中学生遭遇挫折后选择自我伤害甚至自杀,这不只是抗挫折能力差的表现,更是不负责的表现。因为他们没有意识到自己自杀后,赡养父母、孝敬父母的责任由谁来承担;他们没有想到自己自杀后,他们的父母、亲人会多么伤心。他们忘记了自己对家庭、父母的义务和责任。所以,自我伤害其实是缺乏责任感的表现,是逃避责任的表现。

（3）一个人必须学会对集体、社会负责。如果一个人对集体不负责，对自己应该履行的公共事务不负责，就很容易出现案例1中班级"裸奔"的情况：垃圾没人倒，臭气熏天，最终可能使班级无法正常运转。如果一个人对社会不负责，可能会因为一己私利或者为了小集团的利益而做出伤害他人、伤害社会的事情。"三鹿奶粉"中的三鹿集团，不就是为了小集团的利益而带给了全社会莫大的伤害吗？

我们留给孩子怎样的世界，取决于我们留给世界怎样的孩子。因此，加强对学生的责任感教育，培养学生的责任意识，不应该仅仅是教育工作者的责任，更应该是家长的责任，是全社会的责任。

 对策措施

培养学生的责任感，首先应该规范社会行为，建立完善的社会制度，保障良好的社会环境。其次，应该从家庭教育做起，家庭教育与学校教育相结合，形成有利于孩子责任感培养的成长环境。对此，我们可以从社会制度、家庭教育、学校教育等方面来分析培养学生责任感的方法。

1. 社会要为培养孩子的社会责任感和道德意识提供法律保障

道德问题根源于社会现实问题，现实问题的解决不仅需要人的自觉，更需要依赖于各种制度、法律的完善。为此，我们希望社会尽快建立和完善社会信用体系，以个人信用体系的建设为基础和抓手来促进社会道德的完善。

此外，我们还希望社会进一步建立和完善事故问责机制和相应的处罚性法律法规，借助问责机制和法律法规，使不负责任、违背道德、给社会造成伤害的企业和个人受到相应的惩罚。这不仅是对当事人的惩罚，也是给广大民众的一个交代，有助于遏制社会不良风气的蔓延，有助于强化人们的责任意识。

2. 责任教育应从小做起，从家庭教育做起

（1）家长要教育孩子从小开始为自己的日常生活负责。家长要从孩子小时候就开始培养孩子为自己负责的意识。让孩子为自己负责，不是体现在口头教育上，而是体现在生活细节上。生活即教育，生活中蕴含着丰富的教育资源和教育机会。比如，孩子小时候，家长可以要求孩子自己的玩具自己整理；孩子上学后，家长可以要求孩子自己的书包、文具自己收拾；稍微大一点，家长可以要求孩子自己的房间自己收拾、自己清洁；再稍微大一点，家长可以要求孩子承担一定的家务，如择菜、洗碗、擦桌、扫地等。一个人的责任感首先就表现在对自己负责，对自己的日常生活负责。

（2）**家长要有智慧地引导孩子把日常工作做细、做好**。孩子刚开始做家务大多是出于"兴趣""好玩"，时间长了，难免会感觉"乏味""烦躁"，因而选择放弃做家务，或者以多种理由拒绝做家务。此时，家长要有智慧地对孩子进行引导。一方面，家长可以在适当的时候选择"示弱"，告诉孩子自己很忙、很累，没空做家务，希望孩子能够帮忙完成。另一方面，家长可以和孩子一起制定"家务契约"，制定一定的奖励规则来鼓励孩子做好家务。比如，如果孩子连续扫地一个星期且质量有保障，可以允许孩子买一包自己喜欢的零食，价格不高于3元；如果孩子连续收拾房间两个星期且整洁有序，可以允许孩子买一个自己喜欢的玩具，价格不高于10元等。但是，如果孩子没有按照约定完成自己应该负责的工作，则要给予一定的惩罚，比如，一星期不能买零食。这样就可以借助奖励和惩罚让孩子认识到对自己工作负责的重要性。

（3）**家长要敢于让孩子从小学会为自己的过失负责**。惩罚有时比奖励更能培养一个人的责任感。因为当一个人犯错后，内心会有一种害怕、不安全感，会有一定的惩罚预期，只有受到相应的惩罚才更容易获得心理平衡。但是，如果家长在孩子犯错后，并没有给予孩子相应的惩罚，反而给孩子更多的安慰、奖励，甚至帮孩子"搞定"一切后事，则极容易传递给孩子一个不良信号——不管自己怎么做，不管自己犯什么错，都会有人帮我做好善后工作。这样极容易养成孩子对自己的行为不负责的不良习惯。前段时间闹得沸沸扬扬的"李某某强奸案"即是典型代表。客观地说，李某某也是受害者，是不良家庭教育的受害者，如果他的父母不是一再利用自己

的能力帮孩子做好一系列善后工作，如果他的父母从小舍得让他对自己的过失负责、犯错后承担相应的责任并接受惩罚，也不会造成越来越不可收拾的局面。

需要说明的是，"为自己的过失负责"并不是家长应该想方设法地对孩子进行体罚或心罚，而是应该和孩子一起分析自己不负责任的行为带来的不良后果，并鼓励孩子通过自己的努力弥补不良后果。为自己的过失负责的典型故事是小时候的里根赚钱赔邻居玻璃的故事。

(4) **家长要勇于鼓励孩子为家庭外的事情负责**。家长不仅应该教育孩子学会为自己负责、为自己的过失负责，还要鼓励孩子勇敢地为家庭外的事情负责，从而将孩子对个人、对家庭的责任感扩展到对社区、对社会的责任感。在这一扩展的过程中，家长的引导和以身作则显得非常重要，家长的社会责任感会对孩子社会责任感的产生发生直接影响。所以，家长要以身作则，积极参与社区管理和社会活动，并表现出对公共事务的热情，这样，孩子才不会认为公务事务事不关己，不会感到公共事务是负担。

3. 教师要在学校教育中注重培养学生的责任感

(1) **改变认知：教师要想办法让学生认识到责任感的重要性**。认识决定行为，教师要想培养中学生的责任感，首先要想办法让学生认识到责任感的重要性。

教师可以借助生活体验让学生认识到责任感的重要性。案例 1 中的张老师让班级"裸奔"的做法让学生认识到了负责任的重要性；案例 2 中的马老师借助学生"失职"后的"待业"以及在座位竞选中的无奈让学生认识到了为自己的岗位负责的重要性。张老师和马老师共同的高明之处在于，他们没有进行简单的说教，而是借助体验来让学生认识到负责任的重要性。

教师可以借助故事让学生认识到责任感的重要性。比如，案例 1 中"先暖被窝后暖自己"的故事就是教师借助故事来培养学生的责任感。

教师可以借助体验式活动让学生认识到责任感的重要性。我在工作中通常采用体验式活动来培养学生的责任感，因为学生的品德形成过程不仅是一种道德知、情、意、行协同发展的过程，也是一个"感知—体验—明理—导行"的心路历程,情感因素特别是情感体验在这一过程中起着举足轻重的作用。所以,教师如果能够借助体验式活动引导学生参与、感知、体验、思考、内化、提升,就能起到事半功倍的效果。在培养学生责任感方面,我通常采用的体验式活动包括:

【活动1】"对不起,我错了"

活动目的

让学生认识到犯了错误要勇于承认,培养学生勇于承担责任的精神。

道具准备

无

活动规则

①教师喊"一"时,所有学生向右转;教师喊"二"时,所有学生向左转;教师喊"三"时,所有学生向后转;教师喊"四"时,所有学生向前跨一步;教师喊"五"时,所有学生不动。

②做错的学生要走出队列,站到大家面前先鞠一躬,然后举起右手高声说:"对不起,我错了!"

活动场地

室外或室内空场地

活动过程

①所有学生相隔一臂站成几排(视人数而定)。

②教师讲明活动规则。

③活动开始,教师随意喊"一、二、三、四、五"中的任一数字,同时观察哪些学生做错了。

④当有学生做错时,做错的学生要走出队列,站到大家面前先鞠一躬,然后举起右手高声说:"对不起,我错了!"

⑤几个回合后,教师提问:刚才我们每个做错的人都勇敢地站出来说"对不起,我错了"吗?

⑥感悟分享:采访那些做错后没有站出来的学生:你为什么不肯站出来承认自己做错了?(感觉不好意思,没有勇气;感觉反正别人也不一定注意

到自己，不承认别人也不知道等）采访那些做错后勇敢站出来承认错误的学生：当你站出来承认自己做错了之后，内心有何感受？（感觉自己有责任做得更好，也感觉自己勇敢地承认了自己的错误，心里踏实了很多，没有了那种偷偷摸摸做贼一样的感觉）

⑦教师小结：面对错误时，大多数情况下，没人承认自己犯了错；少数情况下，有人认识到自己做错了，但没有勇气承认，因为很难克服心理障碍；极少数情况下，有人站出来承认自己做错了，并勇敢地为自己的错误承担了责任，他们为自己的错误付出了代价，同样他们也收获了内心的安宁。同学们，让我们做一个勇于承担责任的人，为自己的行为负责，为自己的未来负责。

【活动2】梦想长城

活动目的

让学生感受到在团队中每个人都很重要，每个人都应该努力做到自己最好的状态，为团队负责。

道具准备

椅子若干

活动规则

分组竞赛，组成人椅后坚持时间最长的小组获胜。

活动场地

室外或室内空场地

活动过程

①将8张椅子围圈放（请相关学生帮助完成场地布置）。

②每个小组选出两名代表，男生一组、女生一组，8位队友脚朝顺时针方向围圈坐在椅子上，将自己的头（提醒：不是肩膀，因为仅仅用头和腿的力量挑战更大）靠在后面一个队友的腿上，同时用自己的腿支撑起前一位队友的头。

③8名队员按指示撤走凳子，看看每组能坚持多久。

④提醒：撑不住时要先把手放在地上，以免摔倒。

⑤采访学生,分享体验:刚才辛苦吗?为什么那么辛苦,你们还是那么努力地坚持?

⑥教师小结:团队是由所有成员组成的,每一个人的努力坚持对团队而言都很重要,所以我们每个人都应该努力做到自己所能做得最好的状态,这是对团队的负责,也是对自己的负责!

(2)**细化责任:通过细致合理的分工,让学生明确责任范围**。学生首先要明确自己的责任范围,然后才能更好地负责任。工作中,我们可以通过将班级事务细化,借助"人人有事做、事事有人做"来达到培养学生责任感的目的。很多教师在工作中没有把班级工作明确分工到个人,而是安排一部分学生共同负责某一项任务,这样做的结果必然会导致职责不清、人浮于事,必然会给一部分学生偷懒、钻空子留下可乘之机。所以,通过细致合理的分工,让学生明确责任范围是培养学生责任感的好办法。有了明确的分工和职责范围,学生一般不太会擅离职守,而是会想办法去完成自己的工作。所以,明确的分工有助于提升学生的责任感。

(3)**及时反馈:借助评价手段强化学生的责任意识**。在细化责任、明确分工后,班级大部分学生都能按照要求对自己的工作负责。但是也会有一些不负责任的学生,刚开始会带着"试探"性的目的完成工作。在试探的同时,他们也在观察,观察教师有没有对他们的工作进行跟踪。如果教师在分工之后便对他们工作完成的质量不闻不问,他们便会悄悄地放低标准甚至逃避工作。因此,在细化责任、明确分工之后,教师要对每个学生的任务完成情况进行跟踪并及时给予评价,借助评价手段强化学生的责任意识。

评价时,教师首先要大力肯定那些认真负责工作的学生,肯定他们工作的效果和强烈的责任感,鼓励他们保持认真负责的态度,同时借助教师的正面评价来树立班级正气。教师还需要及时指出学生工作不到位的情况,并提出具体要求,工作质量不能打折扣。对于个别干脆没有完成工作、擅离职守的学生,教师则需要在了解情况的前提下提出批评,并给予相应的惩罚,避免某些不负责任的学生因为自己的不负责破坏班级的整体风气。

（4）**文化引领**：**借助班级文化强化学生的主人翁意识和集体荣誉感**。班级文化是一个班级共同意志、共同价值观的体现，是一个班级的核心价值和灵魂所在。从"孟母三迁"的典故，到"近朱者赤，近墨者黑"的古训，无不证明着环境文化的重要性。班级文化作为班级中重要的"隐形教育"资源，具有间接而内隐的教育影响。良好的班级文化对学生的自我要求和自我管理能起到积极的促进作用。所以，教师可以通过营造一个积极向上、负责任、敢担当的班集体来培养学生的责任感；教师可以通过建设一个民主、和谐的班集体来强化学生的主人翁意识；教师可以通过打造优秀班级和分享班级成果来强化学生的集体荣誉感。借助这一系列班级文化建设活动，可以慢慢地强化学生的责任感。

（5）**精神引领**：**借助主题班会将学生的责任意识升华和细化**。作为教育者，我们不仅要培养学生对自己的责任感和对班集体的责任感，同时还需要培养学生对国家、对社会的责任感，这就需要我们借助一定的教育手段将学生的责任意识升华和细化。

所谓升华，是指教师要激发学生把对国家、对社会的责任感升华为"天下兴亡，我的责任"。社会、国家的荣辱，是我们每一个人的责任，我们每个人都应该坚定信念，勇敢地承担起对国家、对社会的责任。为此，我在班里召开了"天下兴亡，我的责任"主题班会，借助我国台湾忠信高级工商学校校长高震东老师的演讲稿，激发学生对国家、对社会的责任意识。

所谓细化，是指教师要引导学生把对国家、对社会的责任感细化到每一天的行动中。因为对国家、对社会的责任感不是喊口号喊出来的，而是通过每一天的具体行动做出来的。比如，为了引导学生做到珍惜环境、节约资源，我在班里开展了"给垃圾桶做'诊疗'"主题班会，引导学生在日常生活中改进自己的行为，身体力行，做一个勤俭节约的人，做一个珍惜环境、对社会负责的人。（"给垃圾桶做'诊疗'"主题班会课例见本章附录）

（6）**身体力行**：**借助教师的人格魅力强化学生的责任感**。要培养学生做一个负责任的人，家长和教师自身也要身体力行地做一个负责任的人，用自己的实际行动来增强自己的人格魅力，借助自己的人格魅力来强化学生的责任感。

也就是说，在负责任方面，教师应该努力成为学生的榜样。教师要严于律己，要求学生不迟到，自己首先应该做到不迟到；要求学生认真整理内务、做好清洁工作，自己首先应该把自己的办公桌收拾好；要求学生热心班级活动，积极为团队出力、为集体负责，自己首先应该把班级放在心上、积极参与班级活动；要求学生节约资源，不铺张浪费，自己首先应该做到勤俭节约、珍惜资源；要求学生勇于承担社会责任，自己首先应该勇于承担社会责任。教师是学生成长的引路人，教师应该身体力行，努力成为学生的榜样。

责任意识对个人成长和社会和谐都非常重要。在培养学生的责任感方面，不仅需要社会有相应的法律法规作为保障，更需要家庭、学校采取积极的措施，从小开始、全程培养。我们留给孩子怎样的世界，取决于我们留给世界怎样的孩子。留给世界一批负责任、敢担当的孩子，我们责无旁贷。

【附录】主题班会课例：给垃圾桶做"诊疗"

活动背景

一天晚上，当我走到垃圾桶旁丢垃圾时，猛然发现垃圾桶中堆满了各种饮料瓶，有的是装牛奶等有营养价值的饮料瓶，但更多的是装"可乐"等昂贵又对健康有害的饮料瓶。这让我萌生了带着学生给垃圾桶做"诊疗"的念头。一方面，可以借此培养学生的勤俭节约意识；另一方面，我想让学生意识到勤俭节约不只是一种习惯，更是珍惜环境、节约资源的表现，也是对社会、对地球资源负责任的表现；进而，我想引导学生把节约资源、珍惜环境的行为细化到每一天的行动中去。

活动目标

（1）认知目标：让学生认识到自己在无意之中就因为自己小小的奢侈行为造成了巨大的浪费，应厉行勤俭节约，把节约资源、珍惜环境的行为细化到每一天的行动中。

（2）能力目标：培养学生勤俭节约的习惯。

（3）情感目标：从情感上引导学生认同勤俭节约，勤俭节约不只是一种习惯，更是一种修养、一种美德，是对环境负责、对资源负责的表现，从而培养学生的责任意识。

活动准备

（1）准备课件。

（2）为了增强效果，教师可以选择垃圾桶里饮料瓶比较多的一天开展本次活动。

活动过程

1. 谜语竞猜

教师：同学们，今天的班会课，让我们先来猜两个谜语。

（课件出示谜语1）

谜面

（1）它很低调，总是静静地待在角落里。

（2）它很大肚，总能接纳你的任何遗弃。

（3）它外表邋遢，却内涵丰富。

（4）它用自己对脏的容忍，换来你对干净环境的享受。

（5）它就是你身边的生活用品，你能猜到它是什么吗？

谜底

垃圾桶

（课件出示谜语2）

谜面

垃圾桶——打一成语

谜底

藏污纳垢

教师小结过渡：你们真是聪明的学生，那么容易就猜出了两个谜面的谜底！那老师今天为什么要大家猜和"垃圾桶"有关的谜语呢？垃圾桶真的是藏污纳垢的地方吗？藏的什么污、纳的什么垢呢？让我们一起来给我们的垃圾桶做个"诊疗"吧！

教师导入主题：给垃圾桶做"诊疗"。

2. 现场诊断

（1）教师找一个学生到讲台做价格统计员，在讲台上计算价格，书写内容要让所有学生看到。

（2）教师亲自将垃圾桶拿到讲台，逐一把垃圾桶中的饮料瓶等物品拿出来放在讲桌上（如果比较脏，可以在讲桌上垫一些纸张），然后请学生一起计算每一样东西的价格。"×××，3元。""×××，5元。"价格统计员及时把价格逐一写到黑板上。

（3）计算完毕后，教师让全班学生一起看所有饮料瓶放在一起的"盛况"，并故意夸张地拿出相机给所有"战利品"拍照留念，以留作"证据"。然后，在当天的总价格统计出来后，公布总价格：82.5元。

（4）每天花费82.5元购买饮料对学生不会构成太大的冲击力，为了构成更大的冲击力，教师可以以此为标准，接着问以下几个问题：

①一个班级，一年要浪费多少钱？

计算：82.5×365=30112.5元

②九中54个教学班，三年要浪费多少钱？

计算：30112.5×54×3=487.8225万元

③南海区有203所学校，203所学校的学生三年要浪费多少钱？

计算：487.8225万×203=99027.9675万元，接近10个亿！

④全国有多少个省？每个省有多少个市？每个市有多少个区？看到这个数据，想到更大的数据，你有什么感想？

学生1：小奢侈，大浪费！

学生2：不算不知道，一算吓一跳！从来都不知道原来我们在不经意之间就造成了如此严重的浪费！以后一定要控制自己，不乱花钱！

（5）感悟分享。

3. 明理现场

（1）名言明理。

教师：从小到大，我们学过很多提倡节俭的名言警句，你能想到哪些呢？

(出示课件)

　　静以修身，俭以养德。——诸葛亮《诫子书》

　　由俭入奢易，由奢入俭难。——司马光《训俭示康》

　　以耕读为本，以勤俭为德。——施耐庵

　（2）故事明理。

　　教师：同学们有没有发现，古人告诉我们，节俭不只是一种行为，更是一种习惯，甚至，节俭不只是一种习惯，更是一种品德、一种修养！所以，今天我想和大家分享一句名言。

（出示课件）

　　勤俭，不只是一种习惯，更是一种修养！——贾高见

　　有一次，我和几个同事去德国考察。走进一家餐馆，我们心里犯起了疑惑：这样冷清清的场面，饭店能开下去吗？

　　更可笑的是，一对用餐情侣的桌上，只摆有一个碟子，里面只放着两种菜，还有两罐啤酒。如此简单，是否会影响他们的甜蜜聚会？如果是男士埋单，是否显得太小气？他不怕女友跑掉？

　　另外一桌是几位白人老太太在悠闲地用餐，每道菜上桌后，服务生很快就给她们分掉，然后就被她们吃光了。

　　我们觉得比较饿，就多点了些菜。结果还有三分之一没有吃掉，剩在了桌上。我们结完账，各个剔着牙，歪歪扭扭地出了餐馆大门。

　　出门没走几步，餐馆里有人在叫我们。是谁的东西落下了吗？我们都很好奇，回头去看。原来是那几个白人老太太，在和饭店老板叽里呱啦说着什么，好像是针对我们的。

　　看到我们都围上来了，老太太改说英文。原来她在说我们剩的菜太多，太浪费了。我们觉得很好笑，这老太太也太多管闲事了！

　　"我们花钱吃饭埋单，剩多少，关你什么事？"同事阿桂当时就说。老太太更生气了，为首的老太太立马掏出手机，拨打着什么电话。

　　一会儿，一个穿制服的人开车来了，自称是社会保障机构的工作人员。问完情况后，这位工作人员居然拿出罚单，开出50马克的罚款，并严肃地

对我们说:"钱是你们的,但资源是大家的!你们没有权利因为自己有钱就浪费大家的资源!"这下我们都不吭声了。驻地的同事只好拿出50马克,并一再说:"对不起,我们浪费了资源。"

教师:同学们,看完这个故事,让你最震撼的一句话是什么?

学生:"钱是你们的,但资源是大家的!你们没有权利因为自己有钱就浪费大家的资源!"

教师:是啊,钱是你的,但资源是大家的!不要因为有了钱,而丢了德行、没了修养!更何况今天我们用的钱还不是自己赚来的,就更不应该浪费了!那么,除了给垃圾桶做"诊疗"外,我们身边还有哪些行为属于浪费行为,应该予以改变或制止呢?让我们一起来观察、来改进!

4. 火眼金睛与身体力行

(1) 火眼金睛。

教师:同学们,平时生活中还有哪些浪费行为?请把它们列举出来。

学生列举,教师小结,为制定下面的身体力行条款做准备。

(2) 身体力行。

教师:同学们,根据刚才同学们发现的浪费行为,最少我们可以从以下方面改进自己的行为,身体力行,做一个勤俭节约的人,做一个珍惜环境、对社会负责的人。

(出示课件)

①平时尽量不买碳酸类饮料,口渴时选择用开水代替。

②吃饭时根据饭量取饭,不浪费粮食。

③温度在28℃以上才开空调,空调设定温度不低于26℃。

④放学后自觉检查并关闭教室内的所有电器开关。

⑤节约纸张,正面用过后可以用背面作草稿纸。

⑥提倡节约用水,用完水要及时拧紧水龙头。

⑦独善其身,兼济天下:看到浪费现象及时纠正。

5. 教师总结

教师:同学们,今天我们用了半小时时间来给垃圾桶做"诊疗"。真是不算

不知道,一算吓一跳,原来我们在不经意之间就造成了如此严重的浪费!这非常值得我们警醒,也告诉我们,以后要不断反思自己的行为,做一个勤俭节约的人!同学们,勤俭节约不只是一种习惯,更是一种修养、一种美德,是对环境负责、对资源负责的表现!同学们,让我们一起努力,做一个对自己负责、对环境负责、对资源负责的人。

精要点评

智者说:"天下兴亡,匹夫有责!""天下兴亡,我的责任!""我们留给孩子怎样的世界,取决于我们留给世界怎样的孩子。"德育无须冠冕堂皇的大话、空话,却不能忽视脚踏实地的真话实话。没有责任感的孩子,永远不能长大成人;没有责任教育的学校教育,不是真正的教育。责任感教育的实质是唤醒学生自觉的责任意识和需要。教育者的责任就是教育学生成为有责任、敢担当的人。怎样才能培养学生成为有责任担当的人?激发他的责任意识,丰富他的责任体验,唤醒他的责任需要,锻炼他的责任行为。责任感教育,服从于品德形成的"内生外化"规律和品德发展的"由他律到自律"原理。

第八章 理想迷失问题与对策

 现象扫描

【镜头1】课堂上,老师在讲课,小王趴在课桌上睡觉。老师轻轻把小王拍醒让他听课,小王却说:"你干吗打扰我睡觉?我就算不读书,也比你有钱!以后我睡觉时不要打扰我!"班主任找到小王,问小王将来打算做什么。小王回答:"不做什么,吃利息、收租金就够了,人生得意须尽欢,干吗要活得那么辛苦?"面对这种理想迷失、不思进取的学生,教师很无奈。

【镜头2】"大学毕业就失业!""大学生毕业后重新读职校!"严峻的就业形势,使"读书无用论"思想在不少学校蔓延。教育基础相对薄弱的农村学校、山区学校学生辍学外出打工现象很普遍,即使是在一些办学条件比较好的学校,这种现象也并不鲜见。不少学习基础比较差的学生放言要放弃学习,认为学习没有什么用,不如趁早打工赚钱。这种现象,波及面越来越大,越来越严峻。

 **案例情景**

【案例1】一只不沉底的皮球

"喂,叶老师吗?我女儿小灿是不是被人欺负了?她昨天打电话告诉我,说不想读书了,要退学,问她原因她又不说,是不是出了什么事了?"听着小灿妈妈急切的话语,我纳闷了:这个因违反校纪而被其他学校劝退的女生,刚来到我们班不长时间,怎么她又想退学呢?

我马上把小灿请到办公室了解情况:"小灿,在这里学习还适应吧?"

小灿不吭声,不摇头也不点头,低着头不看我。

我移过椅子坐在她旁边,拍拍她的肩膀,轻声地问:"你妈妈说你想退学,是不是遇到了什么困难?可以跟老师说说吗?"

小灿沉默了一会儿说:"老师,我就是不想读了,您就别问了。"

"是班里的老师和同学不喜欢你吗?"见她不肯说原因,我只好试探性地询问。

"还行,没有太喜欢,也没有太排斥。正常。"小灿说。

"是最近学习遇到困难了?什么课听不懂吗?"

"听是听得懂,只是……"小灿话说了一半,顿住了。不过这一半也够了,因为这个"只是"后面接着的,应该是她遭遇的困难,最少是她的困难之一。我要做的是沿着"听得懂"继续寻求后面的"只是"具体指的是什么。

"是课能听得懂,只是作业不会做吗?"我接着追问。

她又低下头,用双手捏着衣角,不回答。

"高中阶段的学习难度要比初中大很多,尤其是物理、化学、数学这些理科科目,对学生的逻辑思维能力要求更高,所以听不懂或者不会做作业都很正常啊。"

"但是,老师不喜欢我,老师说我特别笨,怎么教都教不会……"

哦,问题明了了,原来她是在学习上遭遇了困难,又被老师否定,所以有点自暴自弃。"除了作业不会做,还有别的原因吗?"我接着问。

"就是作业,我做10题错10题,老师说我'真厉害',闭上眼睛也不可能像我一样做到'全对',有些同学笑我是'闭眼猪'。"说着说着,小灿的眼泪出来了。

听完小灿的倾诉,我的心里突然变得很沉重:有多少渴望通过努力得到认同的孩子,最终不是被困难打败,而是被老师的否定和同学的嘲笑打败,最终选择了自暴自弃啊!这是多么可悲、多么无奈的事情。

我看着小灿的眼睛,拉着小灿的手,郑重地对她说:"孩子,我要向你道歉,

第八章 理想迷失问题与对策 207

代表那个否定你的老师向你道歉,因为他缺少身为教育者对学生应有的期待和耐心;代表那几个嘲笑你的同学向你道歉,因为他们不懂事,不知道玩笑也会伤人。我希望你相信:他们的做法是错误的,他们的'结论'更是错误的,不到临终的那天,连上帝都无法对一个人盖棺定论进行审判,何况是人!"

接着,我语重心长地对她说:"你呀,真是个傻孩子。小灿,一只皮球,可以轻易被人按在水里,但绝不可能一直被人按在水里。只要一松手,它很快就会冒出水面。你说是不是这样?"

小灿点了点头。

"那如果你就是那个皮球,老师和同学把你按在了水里,你应该怎么办?"

"冒出水面!"

"为什么皮球能冒出水面?"

"因为皮球肚子里有气啊!"

"那我问你,有没有永远冒不出水面的皮球?"

小灿想了一会儿,告诉我:"有,那就是皮球自己泄气了,自己沉到了水底。"刚说完,小灿就拍了拍自己的脑袋,挺直腰杆对我说:"老师,我知道了,我不会做那只自己泄气的皮球的,谢谢老师。"

看来,被我这么一问,小灿总算清醒过来了。可在一个星期后,小灿突然在周记里写道:"老师,尽管我很想做那只不沉底的皮球,但我发现我真的没能力做到。我还是不会做作业,还是经常做错。"看来,小灿需要的不只是思想激励和客观评价(此时我已经和科任老师就小灿的情况进行过沟通,也警告过那几个嘲笑小灿的学生),还需要想办法让她真正感受到自己的价值才行。

几天后,学校要在校园内举办一场义卖活动。我灵机一动,又一次把小灿找来。

"小灿,你能不能帮老师做一件事?"

"老师,什么事呀?"

"两天后学校有一场义卖活动,我想请你帮我把这些T恤卖到每件50元。"

"可这些T恤进价才10元呀!"

"你试一试吧。好好想想,总会有办法的。"听我这么一说,小灿勉强点了点头。

在学校举办义卖活动的那天,小灿在义卖场拉了一条横幅,上面写着"义卖,让我们心连心",还请来美术班的同学帮忙在衣服上画上了购买者喜欢的图案。结果,衣服很畅销。

卖完衣服后,小灿非常得意地把钱交到我手里,高兴地对我说:"老师,我都卖完了,早知道,应该向您多要几件。"

"小灿真棒!"看着小灿兴奋愉悦的表情,我又接着说:"一件只值10元的T恤,你都有办法使之增值,何况我们这些活生生的人呢?小灿,每个人在成长过程中都会遭遇到困难甚至是挫折,关键是看我们怎么选择,要么是打败挫折,要么是被挫折打败,你说呢?"

"老师,我要努力提升自我,成为那只不沉底、浮出水面的皮球。"小灿看着我,坚定地说。

从那天以后,小灿就一直在努力与我探讨如何让自己在学习、生活中"浮出水面"。在后来的高考中,她考取了西南财经大学,用她爸妈的话来说,他们以前做梦都没想到女儿能考取本科院校。

这个"不沉底"的故事一直在提醒着我:当孩子遭遇挫折甚至自暴自弃时,需要的不仅仅是外界的鼓励,更需要自己感受到自己的价值。重视不重视学生的价值,体现了教育者的教育理念;能不能想办法让学生感受到自己的价值,体现了教育者的教育智慧。理念在前,智慧在后,师生在成长。

(广东省佛山市南海区班主任能力大赛特等奖获得者　叶少敏,有修改)

【案例2】除了学习,你还可以做什么

"老师,小Z请假了,这段时间班里纪律好了好多,有时候甚至巴不得他一直这么请假请下去。"一学生这样说。

"贾老师,小Z今天不错,睡了一整天,没打扰别人。"一老师这样说。

"高见,小Z只要安安稳稳待在学校,不惹事儿、不出事儿、顺利毕业就很难得了,我们了解他的情况,也理解你的困难,辛苦你了。"一学校领导这样说。

第八章 理想迷失问题与对策

"老师，我肯定是没希望了，你就别管我了，我想干什么就干点什么，反正我也考不上大学。人生苦短，我也不想自己那么辛苦。再说，我不工作一辈子也不愁吃不愁穿。"小Z这样说。

小Z，何许人也？他算是年级的"风云人物"：以300分的分数进入我们学校（中考满分750分，我校录取分数线为600分），通过层层关系进入我所带的班级；上课不听讲，喜欢捉弄人、与人聊天；自习课随意走动、讲话、外出打水；学习几乎一窍不通，但逃课、吸烟、说谎、赌球样样精通，高一时因参与赌博（涉及金额以万元计）被学校记过处分……

曾经因为小Z屡教不改，无奈之下，我找过他的家长一次，目的是希望联合家长、共同教育。理想很丰满，现实很骨感。谁知，他爸爸来学校后劈头就打，一边打一边骂，打骂半小时后，开始向老师求情："老师，您看能不能再让他留在学校试试看。他这么小年纪，又不能出去做工；他一个人在家，我们也不放心，还是放在学校好一些，有你们看着，我们放心些……"面对这种暴力型家长，我只能无语，甚至下次小Z再犯错误后都不敢和家长沟通了，只好继续做保姆，把所有困难自己扛、所有工作自己做。

于是，迫不得已，我不得不鼓起勇气，挑战自己转变"后进生"的能力。

但是，面对这个同学不喜欢、老师不待见、家长不负责、连自己都放弃自己的孩子，我应该从哪儿入手？

你看得起自己吗

一天，小Z又因为上课捣乱被老师投诉到了我这里。当天晚上，我找到小Z，两个人一起到操场散步。

我问小Z："听老师说你上课故意扰乱课堂？"

"我没有，我只是问前面的同学借东西，老师就说我故意捣乱。他就是看我不顺眼，故意针对我。"

"那你想过老师为什么看你不顺眼吗？"

"我学习不好呗，反正你们这些当老师的就是看不起成绩不好的学生。"

"那你看得起自己吗？"

"当然看得起！哪个老师我都不怕，谁批评我我都敢和他对着干，看看谁厉害！"

我愣住了：我们眼中的"麻烦"，在他看来竟然变成了"挑战老师"和"表现勇敢"的机会；我们对他的"批评"，在他看来竟然变成了师生比谁更厉害的较量！原来我们的思维模式完全不同！我想，只有让他认识到自己思维模式的不合理，才有可能改变他的行为。

"如果，你去做清洁的时候，一个人故意往地上扔垃圾，他的理由是反正你要做清洁，如果没有人扔垃圾，那你不就没工作做了吗，他扔垃圾是在帮你。你认同吗？"

"当然不认同，他这是故意制造麻烦！他不丢垃圾，我可轻松很多。"小Z说。

"如果，你们家在摆酒或者拜山（祭拜祖先）的时候，有人故意上门惹麻烦，冲进去大声喧哗，还用语言侮辱、挑衅，你怎么办？"

"谁敢！谁敢来我打到他趴下走不了！"小Z自信满满地说。

"你为什么要打他？他敢上门惹麻烦，你难道不觉得他的行为特别英雄、特别勇敢吗？"我追问道。

"这叫什么英雄啊，这分明就是无理取闹！"小Z说。

"极好极好！"我边鼓掌边说。"那你能不能告诉我，你为什么认为不怕老师、敢顶撞老师、敢犯错误就是英雄行为？"我追问道。

小Z一下子愣住了："这……这……"他张口结舌，不知道该怎么回答。

"小Z，你想过什么是英雄、什么是惹麻烦吗？你想过两者的区别是什么吗？"

小Z一下子安静了，他之前可能从来没想过这个问题。

"我个人认为，判断英雄行为和惹麻烦的一个重要标准是价值。比如，当有人故意往地上扔垃圾的时候，他并没有创造价值却给别人带来了麻烦；当有人故意挑衅、辱骂的时候，他并没有创造价值却让人恼火、不快。这都是惹麻烦。这种损人不利己的事情不仅不能证明一个人的英雄气概，而且容易惹人嫌，让人觉得素质低下、没教养。"我说着，他安静地听着。

"那你现在想一想，如果按照这个标准，你看看你做过的哪些事是在创造价值，哪些事是在惹麻烦？你看得起自己吗？"小Z低下了头，接下来，我们没有再说话，沿着操场默默地走了两圈。

当天晚上放学时，我给小Z写了张纸条："我相信你是一个很有英雄气概的大男生，想一想，如何做一个让自己看得起、也让别人看得起的人，好吗？"

之所以鼓励小Z做一个大男生，是因为我始终相信每个人都有自尊心，每个人都渴望自己的价值得到认同，包括自暴自弃的孩子。就如奥地利心理学家阿德勒所说，对优越感的追求贯穿一生。自暴自弃的孩子也不例外，他们也在努力追求优越感，只是他们实现优越感的方式是扭曲的、错误的，他们以为自我放纵和惹麻烦是显示自己"了不起"的方式，仅此而已。

这次聊天后，小Z飞扬跋扈、肆无忌惮的情况好了很多，偶尔会坐在座位上发呆。我想，他的内心正在进行着激烈的斗争吧，关于英雄和狗熊，关于创造价值和惹麻烦，关于什么是真正的优越感。

这时候，我想我应该推他一把，让他感受到个人的价值。

你带来的不是街舞，是惊喜

期中考试后，学生成绩不错，班里一片喜悦。小Z的成绩稳定在300分，他一向对成绩视而不见，所以成绩基本影响不到他的心情。

我找到小Z："据我所知，你是很会玩的，现在老师给你一个组织大家玩的机会，怎么样？"小Z一听，高兴地答应了。于是，我让他负责组织一周后的"班级日"庆典活动。

这一周，小Z像变了个人似的，一改往日萎靡不振的作风，课间不断找朋友开会讨论活动流程和节目安排，上课时间则翻阅游戏书查找合适的游戏。两天后，整个活动方案贴在了班里；一周后，"班级日"庆典活动如期举行。

庆典活动上，小Z不仅担任"主持人"，而且还当场跳了一支非常炫的街舞，一系列专业、高难度的动作引来同学"哇哇"不断的欢呼和热烈的掌声，将全场氛围推向了高潮。走下舞台的那一刻，小Z像一个凯旋的将军，昂首挺胸、自信满满！

多好的机会！我在心里暗暗赞叹。当天晚上，我让全班学生在周记中写了这次活动带给他们的感受。然后，我对小Z说："小Z，我今天太忙了，你能帮我个忙吗？你能帮我看看同学们的周记，把大家对这次活动的感受总结一下吗？"

小Z来到我的办公室，开始帮我看周记。看着看着，小Z忍不住地说："老师,你一定要看看,这次活动太成功了,今天玩得太开心了。大家都对这次活动赞不绝口,说这次活动简直就是一场及时雨,赶跑了备考的疲倦,使同学们得到了彻底的放松。"

"大家有没有说哪个节目最赞?"

"当然是我的街舞啦,老师你看,有同学说'小Z,你带来的不是街舞,是惊喜','小Z,你简直就是街舞王子',还有同学说'通过这次活动,我才看到小Z的组织能力和表演能力是如此强大'。哈哈,这样的句子很多很多,我要抄写下来,保留着。"

"哈哈,至于嘛!如果你实在喜欢,就把你喜欢的挑选出来,我去帮你复印了,你留着做纪念!"

后来,我把复印的周记装订到一起,附上一张纸条交给了小Z:"恭喜你,展现了自己的精彩、赢得了大家的尊重!"

后来,小Z在周记中写道:"这是数年来我感觉到的最大的一次成功!成功,就是在展现自己的同时带给别人快乐。以前我一直以为同学们不喜欢我,其实不是他们不喜欢我,只怪我以前没有为大家做过事,也没有展现过自己的精彩。组织活动的那个星期很忙,很充实,甚至可以说有点辛苦。但是看着同学们在活动中的快乐,听着同学们的高度评价,我感到所有的忙碌和辛苦都是值得的。可能,这就是老师所说的价值吧。"

街舞,是你飞翔的翅膀

这次活动之后,小Z开始获得一个称号——"街舞王子"。晚自习时,小Z一改平时走动、外出打水的风格,竟然向我提出:"老师,我能不能利用晚自习时间练习街舞?我保证在固定的地方练习,不乱跑,你随时可以在那里找到我。"看来,他对自己"街舞王子"的称号很满意呢!这样也好,因为他不仅感受到了自己的价值,更找到了自己努力的方向。

我有条件地答应了小Z利用晚自习时间去练习街舞。因为就算是把他勉强留在班里,也是徒增痛苦,他自己难熬、痛苦,被他打扰的人也难熬、痛苦;还因为,我始终坚信人成长的路径本就不只一条,努力学习是成长,练习街舞又何尝不能成为小Z起飞的翅膀呢?

我的条件是：第一，晚自习时间和自习课时间才可以到固定的教室练街舞，不能乱跑；第二，白天上课时尽量不影响别人，清醒时看些自己能看懂的书（不指定看学科类的书，课外书也可以，言情、玄幻、恐怖小说除外），累了可以睡觉；第三，可以不完成作业，但是不能顶撞老师。这算是我和小 Z 的"约法三章"。

此后，每天晚上，别人在教室安静地上自习时，小 Z 则在学校多功能教室练习街舞。我偶尔会去看看，观摩他的表演，也和他聊聊天。一个多月后，我们班竟然有几个男生跟着小 Z 一起组成了街舞队，小 Z 成了街舞队长的不二人选。

高二开学后，小 Z 找到我，说："老师，高一的师弟师妹们马上就要来了，我们班街舞队想排练一个节目，在迎新晚会上表演，用来欢迎师弟师妹们！"我当然感到很高兴，因为这个要求让我看到了小 Z 作为师兄和街舞队长的角色改变，他对优越感的追求不再体现在惹麻烦上，而是体现在服务和奉献上，这算是极大的进步。

经商，是你选择的方向

到了高三，学习压力越来越大，时间越来越紧张，街舞队的排练只好停下。没有了队伍，小 Z 又开始变得索然无味、不知所措了。

我问小 Z："你想过将来打算做什么吗？"

"我这成绩，学技术肯定是不行的了，打工的苦我也受不了，还是做生意吧。"小 Z 说。

"那好，你看看在经商的人中你最佩服的人是谁，先去了解了解他们的成长史，为你以后经商做一些准备，好吗？如果说别人读高中是收获一个好大学，我希望你读高中是收获一个经商的好基础，这样，才对得起你高中三年的美好时光。"

于是，小 Z 买来了一本又一本商业名人传记。后来，他觉得传记不过瘾、不够系统，于是又买了一些比较通俗的创业书籍。别人上课的时候，他在阅读名人传记；别人做作业的时候，他在思考总结做生意的经验；别人总结题目类型时，他在思考产品的进货途径和市场开拓。

高三那年,当别人备考进行得如火如荼时,小 Z 的游戏机生意也慢慢地在地下进行着。高三暑假,小 Z 在广州、深圳、珠海之间贩卖周转电子产品,一个月小赚了几千块,人虽然晒黑了,却显得更有精神、更加自信。

今天,小 Z 已经高中毕业,家人帮他找了一所商学院读书,同时小 Z 还在进行着他的生意。毕业后,小 Z 对我说:"老师,谢谢你,因为你,我的高中不是漆黑一片。"

看着小 Z,我经常会想:一个孩子如果成绩确实不好,甚至已经因为成绩不好而自暴自弃、理想迷失,那么除了学习,他还可以有什么别的天空?我们能不能把目光从学习、从成绩上移开一下,帮这些孩子找到适合他们的独特的天空?

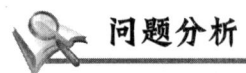

理想迷失问题近年来总体呈现越来越普遍、越来越严重的趋势。导致青少年理想迷失的原因是多方面的:

1. 学生意志力不稳定,抗挫折能力差

青少年尤其是初中学生,正处于从幼稚走向成熟的过渡期,一方面表现为强烈的自主性和独立意识,另一方面又不能摆脱心智的不成熟。所以,这个时期的学生有着强烈的不稳定性,抗挫折能力差。加之现在的独生子女从小娇生惯养、百般呵护,在成长过程中极少受委屈,这使得他们的抗挫折能力很差,遭遇挫折时很容易选择逃避甚至自暴自弃,从而导致理想迷失。比如,有的学生无法面对某次大考的失败,从此一蹶不振;有的学生难以承受教师的某次批评,于是采取对抗性反应,拒绝继续学习;有的学生甚至因为参评优秀学生、优秀班干部失败而自我否定,无法走出失败的阴影,最终迷失了自己的理想。案例 1 中的小灿选择放弃的理由不就是老师的讽刺和同学的嘲笑吗?

2. 学生难以得到客观公正的评价

美国哈佛大学教育研究院心理发展学家霍华德·加德纳在 1983 年提出了多元智能理论。传统上,学校一直只强调学生在逻辑—数学和语文(主要是读和写）两方面的发展，但这并不是人类智能的全部。加德纳根据研究，把人的智能类型分为语言智能、逻辑数学智能、空间智能、肢体运作智能、音乐智能、人际智能、内省智能、自然探索智能、存在智能九种智能类型。不同的人会有不同的智能组合，例如，建筑师及雕塑家的空间感（空间智能）较强、运动员和芭蕾舞演员的运动能力（肢体运作智能）较强、公关人员的人际智能较强、作家的内省智能较强等。根据加德纳的理论，学校在发展学生各方面智能和对学生各方面智能进行评价时，应该理解每一个学生只会在某一两方面特别突出；而当学生未能在其他方面追上进度时，不要让学生因此而受到责罚。

但是，在当前应试教育的大背景下，学习成绩俨然成了评价学生最重要的标准甚至可能是唯一的标准。学习成绩好，就一好遮百丑；学习成绩不好，则可能遭到全盘否定。这种以成绩好坏为标准的单一评价标准对不同天赋、不同智能类型的学生而言是不公平的。

在这种评价模式下，学生如果学习不好，在应试的大环境下又难以寻找到其他能体现自己价值的方向，就容易导致自我否定、理想迷失。反观案例 2，我们发现，如果我们只以成绩、努力学习为标准来衡量小 Z，他是相当严重的问题学生；但是当我们把注意力从学习上移开，转而发现他其他方面的价值，"街舞""经商"都成了小 Z 的骄傲。所以，教师在文章最后的感慨很值得我们思考："一个孩子如果成绩确实不好，甚至已经因为成绩不好而自暴自弃、理想迷失，那么除了学习，他还可以有什么别的天空？我们能不能把目光从学习、从成绩上移开一下，帮这些孩子找到适合他们的独特的天空？"

3. 来自教师、家长等外界的否定性评价

有时候，打倒学生，使学生丧失自信、迷失理想的不是成绩本身，而是身边的人以成绩为依据对他们做出的否定性评价。很多家长和教师过于看重学生的成绩，容易对学生做出不理性的甚至是否定性的评价。学生小有进步，他们感觉进步不够明显；学生进步很大，他们希望学生下次继续进步；学生一旦退步，哪怕是成绩有一点点不如意，他们就不厌其烦地提醒、批评、教育；甚至有的教师面对学生的错误不是耐心教育和引导，而是讽刺和挖苦。他们伤害的不仅仅是学生敏感的自尊心，更是他们追求优秀的动力。

这样的评价容易让学生感到很累，让学生感到不管自己怎么努力都无法达到父母和教师的期待。长此以往，学生原有的上进心在家长、教师一次次的否定性评价中就会慢慢消退，学生原有的自信心也会慢慢变成自卑和自我否定，慢慢地开始认为"自己不管怎么努力都不行，既然如此，那就算了吧"。于是，学生就会选择自暴自弃，出现理想迷失现象。案例1确实让我们感到很沉重：有多少渴望通过努力得到认同的孩子，最终不是被困难打败，而是被老师的否定和同学的嘲笑打败，最终选择了自暴自弃啊！

4. 多次遭遇失败，心理上的"习得性无力感"导致学生理想迷失

习得性无力感，指有机体接连不断地受到挫折和失败而产生的无能为力、放弃努力的心态。在生活中，我们不难发现：如果一个人总是在一项工作上失败，他就会在这项工作上放弃努力，甚至还会因此对自身产生怀疑，觉得自己"不管怎么努力都不行"，"没有希望，无可救药"。

有的学生学习一直很努力，却发现所有的努力都是白费，成绩不仅没有进步，反而可能退步。这样的经历多了，他们就会感觉"再努力也没用，就这样了"。也有的学生学习基础不好，有段时间突然心血来潮、发愤图强，努力学习了一段时间，然而并没有取得预期的进步，于是泄气，不再努力。

习得性无力感的出现，表层原因是学生没有感受到努力后进步的喜悦，深层原因是学生没有学会客观理性地为成功和失败找到正确的归因。

5. 生活经历中的重大挫折导致学生理想迷失

生活中的重大挫折如家庭变故、大考失败等也容易导致学生自暴自弃、理想迷失。

有的学生很有上进心，也有明确的人生目标，却因为无法接受生活经历中的重大挫折而自暴自弃，迷失了自己的理想。刚毕业的我班学生小Y，本来家庭幸福、成绩稳定、状态良好，可高一下学期，她的爸爸突然去世，

这件事对她的打击很大，使得她数月都无法从失去父亲的阴影中走出来。那段时间，我通过周记耐心地陪伴了她几个月，才慢慢带她走出阴影，重新融入生活。案例2中的小Z，小时候聪明乖巧，人见人爱，后来因父母感情不和、离婚各自再组家庭给他造成了极大的伤害。这也是他后来放纵自我的一个重要原因。

有的学生目标明确，初中三年、高中三年学习都非常努力，暗暗发誓要考到某所理想的学校。结果中考、高考成绩不理想，无法达成目标，于是开始自暴自弃，出现理想迷失情况。

6. 不合理的思维方式导致学生理想迷失

每个人在成长的过程中都不可避免地会遭遇挫折，遭遇挫折时的思维方式决定了个人的心理调试能力和面对挫折时的韧性。对此，"情绪ABC理论"比较能说明问题。

"情绪ABC理论"由美国心理学家艾利斯提出，其基本观点是：人的情绪不是由某一诱发性事件本身所引起，而是由经历了这一事件的人对这一事件的解释和评价所引起。在ABC理论模式中，A是指诱发事件（Activating events）；B是指个体在遇到诱发事件之后相应而生的信念（Beliefs），即他对这一事件的看法、解释和评价；C是指在特定情景下，个体的情绪及行为的结果（Consequence）。通常人们会认为，人的情绪及行为反应是直接由诱发事件A引起的，即A引起C。情绪ABC理论则指出，诱发事件A只是引起情绪及行为反应的间接原因，而人们对诱发事件所持的信念、看法、解释B才是引起人的情绪及行为反应的更直接的原因。也就是说，由于所持的信念不同，同样的一件事情发生在不同的两个人身上会导致截然不同的两种情绪反应。比如：

事件A：自己为某次考试努力了很久，结果考试成绩不理想，惨遭失败。

看法B1：可能是我努力的程度还不够，或者方法不正确吧。

情绪及行为C1：稳定情绪，分析原因，改进方法，继续努力。

看法B2：天将降大任于是人也，必先苦其心志，劳其筋骨，饿其体肤，所以这一定是老天对我的挑战，故意看看我够不够强大。

情绪及行为 C2：充满斗志，愈战愈勇，比以前更努力。

看法 B3：努力了那么久都没有进步，我真是笨，真是没用。

情绪及行为 C3：放弃努力，随波逐流，迷失理想。

可见，不合理的思维方式容易导致学生理想迷失。同样是遭遇挫折，不同的思维方式可以带来截然不同的结果。

7. 家庭不正确的价值观导致学生理想迷失

随着物质生活越来越丰富，"钱多多"的家庭越来越多，很多家长感到自己年轻时吃了太多苦，所以不愿意自己的孩子像自己一样再吃苦受罪，于是对孩子倍加呵护、娇宠，孩子要什么给什么。甚至有的家庭在孩子小时候就告诉孩子，已经存够了孩子一辈子要用的钱，孩子一辈子不用努力也可以衣食无忧。这种不正确的价值观容易使孩子高枕无忧，意识不到努力的必要，所以容易出现理想迷失情况。

8. 外界诱惑导致学生理想迷失

现在孩子的成长环境和以前相比更加复杂，面对的外界诱惑更多，环境更恶劣。通过网络、电视、手机等现代化工具，他们更容易接触外部世界，也更容易受到网络游戏、电子小说、色情网站等不良社会现象的诱惑，深陷其中无法自拔，导致理想迷失。

综上所述，导致学生理想迷失的原因是多方面的，归纳起来包括社会原因（如社会诱惑、社会价值标准）、家庭原因（如家庭教育方式和价值取向）、学校原因（如评价标准和学业反馈方式）、学生个人原因（如思维方式、承受能力）等。

 对策措施

造成学生理想迷失的原因是多方面的，在这其中，有很多因素是我们无力改变的，如社会环境、家庭背景等，但我们可以改变学校因素和学生个人因素。所以，为了使教育工作更有效，为了唤醒学生的理想和动力，我们可以围绕成长中的生命个体"对优越感、价值感的追求"这一核心来开展系列工作。可行的思路是：激发生命尊严感—发现生命现有价值—唤醒生命价值追求—体验生命价值实现—明晰生命增值方向—增强生命成长韧性—感受生命成长尊严。具体而言，我们可以做好以下工作：

1. 营造班级整体氛围，激发生命尊严感

班级整体氛围对学生的成长意义重大。帮助理想迷失的学生重拾信心、找回理想，需要教师在全班范围内传递正能量，营造良好的积极上进的班级氛围。传递正能量时，突出目标的作用和个人对价值实现的追求往往能起到比较好的激励效果。

我所带的上一届学生普遍家庭条件比较好，非富即贵，甚至有一部分学生在高中时名下就已经有了价值不菲的房产和资产，这样的学生比较容易放纵自我。为了营造积极向上的班级氛围，我不断通过各种方式在班里"洗脑"，借此激发学生的生命尊严感，为他们的努力提供源源不断的动力。

（1）借助一次次讲话，强调"个人价值"和"个人尊严"。为了营造班级整体氛围，激发学生的生命尊严感，我喜欢在各种情况下通过讲话强调个人价值和个人尊严。

刚开学时，我对学生说："父母的地位和荣誉可以成为你骄傲自大的资本，更可以成为你不思进取的耻辱！""抛开父母创造的物质财富，当你作为一个独立的生命个体站在我面前时，你有什么值得我尊重的地方？你通过自己的汗水和努力创造了什么价值？""让我看得起你的前提是，你不是靠在父辈的基础上坐吃山空，而是在不断地创造自己、完善自己。没有人可以代替你成长，如同没有人可以阻止你对成长的追求！"

当学生取得进步时，我对学生说："同学们，我很为你们感到骄傲，因为你们让我看到了一群不怕辛苦、不畏挫折、勇于拼搏、积极向上的年轻人的精彩，因为你们用自己的努力和汗水证明了自己的价值，赢得了所有人的尊重！"

当学生经过努力仍旧没有取得理想的成绩时，我对学生说："并不是每一次努力付出都有结果，但我坚信，每一次真心的付出都将构成我们生命中的温暖，滋润生命，伴随成长！因此，你们仍是我的骄傲！""学习本就是一个厚积薄发的过程，没有进步，不能说明我们的努力没有作用，只能说明我们的努力还不够。学习的过程本身就是一个不断吸纳、成长和完善自我的过程，成绩只是个人成长的附属品和持续努力的馈赠。"

当学生遭遇挫折想要放弃时，我对学生说："强者强自内心，出色源于本色。能被一次小小的挫折轻易打倒的人内心从来就不曾强大过！""生命最大的悲哀不在于贫穷，不在于卑微，甚至不在于成败，而在于失去了价值感和方向感，在于失去了对价值感和方向感的追求。一个人，倘若彻底否定了自己的价值，他就真的趴下了。所以，越是困境，我们越需要随时反观自己的努力，找到自己生命的价值所在，以支撑我们在困境中继续前行。同学们，年轻人害怕的从来都不是失败，而是失败之后的放弃！告诉我，你们没有那么脆弱；告诉我，你们不会这么轻易被打败；告诉我，你们有勇气再次站起来！""能打败你的，从来都不是挫折，只能是你自己！"

就这样，我喜欢在不同情境下用不同的话语来激发学生的个人价值感和尊严感。这种方法的好处是简单、方便，能随时随地鼓励学生；条件是需要教师有应急才能和现场鼓舞士气的能力。

(2) 借助一系列励志型主题班会激发学生对理想、人生目标的追求。主题班会是教育学生的主阵地之一，对主题的合理开发和利用能够有效地激发学生追求理想、实现个人价值的动力。高中三年，我组织召开了"梦想，在这里起航""DIY 我的目标""为自己加油"等励志型主题班会，召开了"约会成功系列之一：目标篇""约会成功系列之二：自信篇""约会成功系列之三：行动篇""约会成功系列之四：反思篇"等系列主题班会。

"梦想，在这里起航"，我和学生一起确立追求个人成长、建设优秀班级的远景；"DIY 我的目标"，我和学生一起明晰目标的重大作用和合理目标的基本特征，和学生一起量身定制个人发展目标；"为自己加油"，则在学生疲倦懈怠时为学生注入新的动力。

"约会成功"系列班会之目标篇、自信篇、行动篇、反思篇则构成了一种周期性的循环和指引。在每次大考之前，借助目标篇，我和学生一起制定个人奋斗的短期目标;借助自信篇,为学生追求短期目标的实现注入动力;借助行动篇,推动学生以实际行动为凭借,努力实现短期目标;借助反思篇,和学生一起分析前期学习中存在的问题和改进的方向。由此构成学生学习、成长中的一种周期性循环和指引。

这种班会课的安排思路和我一向主张的顶层设计、课程开发的思路是一致的。班会课上,一个个确立目标、追逐梦想的故事,一个个愈挫愈勇、坚持不懈的故事,一个个激励斗志、积极行动的故事,洗涤着学生的心灵,激发着学生的斗志,振奋着学生的精神。全班学生积极上进,营造了良好的成长环境。在此,和大家分享一个"为自己加油"的课例。(课例见本章附录)

2. 发现学生已有价值,激发学生的自我尊严感

理想迷失的学生往往表现为不思进取、自暴自弃,对他人的批评和指责毫不在意,看起来好像毫无自尊心。其实,他们不是没有自尊心,而是在经历挫折和否定之后,他们的自尊心发生了变异和扭曲,他们"毫不在意"的背后实际上可能是叛逆性的对抗。此时,叛逆、对抗和自我放纵便成为他们维护自尊心的手段,虽然骨子里他们其实也渴望得到别人的尊重和认可。面对理想迷失的学生,批评和指责不仅没有意义,而且相当于雪上加霜,因为学生出于心理自卫的需要,会变得更加叛逆、不服从管教。

所以,面对理想迷失的学生,我们要做的不应是一味地批评和指责,而应转换思路,由否定转向肯定、转向发现、转向尊重,尊重他们的人格,发现他们的优点,肯定他们的价值。来自教师和同学的尊重和价值认同能够让学生慢慢感受到自己的潜能与价值,从而在一定程度上激发出自尊心。

(1)要发现学生的已有价值,教师本人要先做出改变。首先,教师要从内心坚信每个人都有自己的价值,坚信"天生其材必有用"。有了这份坚信,教师才不会只看到学生的缺点和不足,才不会只想着批评和否定学生;有了这份坚信,教师才会在看到学生不足的同时努力发现学生的优点所在,教师才能较为客观公正地对学生做出评价。其次,教师要拓宽自己评价学生的标准。根据加德纳的多元智能理论,不同的人会有不同的智能组合,因此我们在评价学生时宜"扬长避短",尽量从不同的角度多看到学生的长处和优点。如案例2中的小Z同学学习成绩差、学习习惯差,然而他的肢体运作智能特别发达,所以街舞跳得特别好,这就是他独有的天赋和价值。所以,当教师不再以学习成绩和学习习惯来评价小Z,转而发现他其他方面的价值时,"街舞""经商"就成了小Z的骄傲。在此过程中,小Z的自尊意识也开始觉醒。

(2) **教师还要让学生发现他自身的价值**。教师的重要价值之一在于发现学生的价值(这一步可以借助观察、赏识、认同学生来实现),但教师更重要的价值是要学会让学生发现他自身的价值(引导学生学会真实、客观、全面地评价自己)。所以,发现学生已有价值,进而帮助学生看到自己的优点和价值所在,有助于激发学生的自我尊严感。

发现学生已有价值的技巧有两个:第一,标准多元化,不再仅仅以成绩或遵守纪律作为标准;第二,量身定做,学生需要赞赏和肯定,但需要的是建立在尊重客观事实之上的、发自内心的赞赏和肯定,而不是放之四海皆可用的空洞的套话,换言之,学生需要教师和同学真诚的、符合客观事实的赞赏和肯定。

为了激发学生的自我尊严感,我通常喜欢给学生讲《一块石头的价值》的故事:

一天,一个小和尚跑过来,请教禅师:"师父,我人生最大的价值是什么呢?"禅师说:"你到后花园搬一块大石头,拿到菜市场上去卖。假如有人问价,你不要讲话,只伸出两个指头;假如他跟你还价,你不要卖,抱回来,师父告诉你,你人生最大的价值是什么。"

第二天一大早,小和尚抱了一块大石头,乐呵呵地跑到山下菜市场上去卖。菜市场上人来人往,熙熙攘攘,人们很好奇,谁会买一块石头呢?结果没一会儿,一个家庭主妇走了过来,问小和尚:"这石头多少钱卖呀?"小和尚伸出了两根手指,那个家庭主妇说:"2元钱?"小和尚摇摇头,家庭主妇说:"那么是20元?好吧,好吧!我刚好拿回去压酸菜。"小和尚心想:"我的妈呀,一文不值的石头居然有人出20元钱来买!我们山上有的是呢!"

于是，小和尚遵照师父的嘱托没有卖，乐呵呵地把石头抱回了山上，去见师父："师父，今天有一个家庭主妇愿意出20元钱买我的石头。师父，您现在可以告诉我，我人生最大的价值是什么了吗？"禅师说："嗯，不急，你明天一早，再把这块石头拿到博物馆去。假如有人问价，你依然伸出两根手指；如果他还价，你不要卖，再抱回来，我们再谈。"

第三天早上，小和尚又兴高采烈地抱着这块大石头，来到了博物馆。在博物馆里，一群好奇的人围着小和尚，窃窃私语。"一块普通的石头，有什么价值值得摆在博物馆里呢？""既然这块石头摆在博物馆里，那一定有它的价值，只是我们还不知道而已。"这时，有一个人从人群中走出来，冲着小和尚大声说："小和尚，你这块石头多少钱卖啊？"小和尚没出声，伸出两根手指，那个人说："200元？"小和尚摇了摇头，那个人说："2000元就2000元吧，刚好我要用它雕刻一尊神像。"小和尚听到这里，倒退了一步，非常惊讶！

他依然遵照师父的嘱托，把这块石头抱回了山上，去见师父："师父，今天有人要出2000元买我这块石头，这回您总要告诉我，我人生最大的价值是什么了吧？"禅师哈哈大笑说："你明天再把这块石头拿到古董店去卖，照例有人还价，你就把它抱回来。这一次，师父一定告诉你，你人生最大的价值是什么。"

第四天一早，小和尚又抱着那块大石头来到了古董店，依然有一些人围观。有些人在谈论："这是什么石头啊？在哪儿出土的呢？是哪个朝代的呀？是做什么用的呢？"傍晚的时候，终于有一个人过来问价："小和尚，你这块石头多少钱卖啊？"小和尚依然不言不语，伸出了两根手指。"20000元？"小和尚睁大眼睛，张大嘴巴，惊讶地大叫一声："啊？！"那人以为自己出价太低，气坏了小和尚，立刻纠正说："不！不！不！我说错了，我是要给你200000元！""200000元！"小和尚听到这里，立刻抱起石头，飞奔回山上去见师父，气喘吁吁地说："师父，师父，这下我们可发达了，今天的施主出价200000元买我们的石头！现在您总可以告诉我，我人生最大的价值是什么了吧？"

禅师摸摸小和尚的头，慈爱地说："孩子啊，你人生最大的价值就好像这块石头。如果你把自己摆在菜市场上，你就只值20元钱；如果你把自己摆在博物馆里，你就值2000元；如果你把自己摆在古董店里，你就价值200000元！平台不同、定位不同，人生的价值截然不同。"

这个故事是否启发了你对自己人生的思考？你将如何定位自己的人生呢？你准备把自己摆在怎样的人生拍卖场去拍卖呢？你要为自己寻找一个怎样的人生舞台呢？

不怕别人看不起你，就怕你自己看不起自己。谁说你不能取得非凡的成就？除非是你自己！没有人能够给你的人生下任何的定义。你选择怎样的道路，将决定你拥有怎样的人生。

这个故事带给学生很大的震撼，它最大的价值在于触动学生重新定位自己的人生、思考自己的价值，有助于激发学生的价值感和自我尊严感。

3. 引导学生客观分析自我，明晰努力方向，唤醒生命价值追求

发现学生已有价值，在一定程度上激发出学生的自我尊严感之后，学生慢慢会认识到自己的价值所在，也会逐渐开始相信自己的力量。于是，他们开始学着以一种积极的、尝试性的态度面对生活中的问题和挑战。这一阶段对学生的转变来说非常重要。如果学生通过不断努力取得了相应的进步、得到了外界的认同，这种进步将不仅有助于改善他在大家心中的形象，更重要的是可以让他进一步确认自己的力量；如果学生的努力并没有取得预期的进步，或者外界对他的努力视而不见，则可能把他打回原形，使他重新走回自暴自弃、不思进取的道路。所以，这一阶段的学生还非常脆弱，需要教师更多的呵护和指引。在这一阶段，我们可以从以下三方面来开展工作：

（1）**给予信心**。从理想迷失、自暴自弃开始走向奋斗阶段的学生，虽然看到了自己的价值，内心虽然有追求成长的渴望，但是他们往往对自己的价值还不够坚定，容易因为一点点挫折就再次放弃自我。所以，在这一阶段，教师、父母和同学要做的很重要的一点是给予他们信心。

给予信心，实际上是帮助学生由摇摆不定走向内心坚定。

教师可以借助激励性语言给予学生信心。比如，"不是因为有些事情难以做到，我们才失去自信，而是因为我们失去了自信，有些事情才显得难以做到"，"先相信自己，然后别人才会相信你（罗曼·罗兰）"，"握起拳头，命运掌握在自己的手中，一切必须靠自己"，"过去不优秀，不等于将来不优秀；过去取决于昨天，将来取决于现在"，"每个人都是一朵花，都有盛开的季节，时机未到时，浇水、施肥、吸收阳光，等待机会"。这些语言短小精悍，却能给人以强大的自信心。

教师可以借助激励性故事给予学生信心。这样的故事很多，可以随手拈来，比如小沙弥修行的故事：

有一个沙弥耐不住禅院的寂寞，老觉得修行得太慢，感觉不出自己的长进，甚至怀疑自己究竟能不能修成正果。有一天，他再也忍受不下去了，就向老禅师发牢骚，说自己好像没有慧根、缺少佛性，对自己失去信心了。老禅师微微一笑说："山腰的工地上，石匠们正为本寺加工佛像，你反正也静不下心来，就跟他们去劳动吧，做个帮手，学点手艺……"沙弥一听，居然特别高兴，心想，终于可以出去乐呵乐呵了。

可是，三天后，沙弥又来见禅师了，他满脸歉疚地说："师父，我还是回来修行吧，连四角八棱的粗岩糙石都能变成仪态万方的石佛，何况我是一个人呢！"

老禅师舒心地笑了。

"石头都能变成佛，还有人做不到的事吗？"故事虽短，却意味深长、激荡人心。

教师可以借助激励性书籍给予学生信心。激励性语言短小精悍，激励性故事发人深省，在给予学生信心方面都有明显效果，其不足之处在于教师不可能随时跟着学生并做足准备，不可能在学生动摇时随时随地提供励志餐。为此，我在工作中尝试借助一些激励性书籍给予学生信心，效果明显。这些书籍很多，我通常推荐给学生的激励性书籍包括：陈安之的《自己就是一座宝藏》，吴甘霖的《方法总比问题多》，宿春礼、邢群麟的《方法总比困难多》，郝强的《西点军校22条军规》等。

这些书籍虽然有其不足的一面，但是用于对理想迷失、自暴自弃的学生的激励，确实能起到巨大的作用。相比较励志语言、励志故事而言，书籍更有以下好处：第一，对学生的激励和指引更加系统；第二，更有助于帮助学生确立远大的志向；第三，书籍在学生手中，学生可以在需要时及时获取激励资源。

纽约第一位黑人州长罗尔斯说："信念是不值钱的，它有时甚至是一个善意的欺骗，然而你一旦将信念坚持下去，它就会迅速升值。"在学生由理想迷失走向价值觉醒的过程中，信念的作用非常重要。

（2）**明确方向**。在给予学生信心、学生有了追求上进的思想动力之后，接下来很重要的一步是引导学生客观分析自我。通过分析，我们要让学生了解自己当前的优势和劣势，了解自己的基础和兴趣爱好，明晰自己对未来的定位和预期，并找到一个自己能够实现的点作为努力的突破口。所以，学生分析自我的过程其实就是认识自己、定位自己的过程，也是明晰努力方向的过程。

有的学生在自我价值感觉醒后，一开始自信满满，不分轻重缓急，全方位地进攻，结果，努力一段时间后，发现效果不明显，难免失望。究其原因，就是没有客观分析自己，没有认清自己的优势、劣势、兴趣所在，没有找准实现进步的突破口。

在帮助学生客观分析自我、认识自我的基础上，我们可以和学生一起制定成长目标，并引导学生学会分解目标，把一个完整的目标分解成若干小目标，并逐步实现目标。这样不仅能让学生明白自己总的努力方向，又能让学生及时感到自己的成长，有助于学生确认自己努力的价值。

需要强调的是，这种成长目标不一定是学习目标，不一定是学习成绩的提升，只要是有助于学生成长、进步，有助于学生价值实现的目标都可以作为成长目标来追求。比如，我在帮助小 Z 时，并没有要求小 Z 一定要在学习方面有哪些突破。相反，对街舞的练习，对班级活动的策划和组织，对经商的兴趣培养和尝试，对他来说都是一种有益的成长，而且对他而言可能是更有益于他长远发展的成长储备。借助这些活动，小 Z 展现了自己的精彩，赢得了大家的尊重，明确了自己的方向，也确认了自己的价值，如同小Z在周记中写的:"这是数年来我感觉到的最大的一次成功!成功,就是在展现自己的同时带给别人快乐。""看着同学们在活动中的快乐,听着同学们的高度评价,我感到所有的忙碌和辛苦都是值得的。可能,这就是老师所说的价值吧。"

(3) **呵护努力**。前面说过,这一阶段对学生的转变来说非常重要。如果他们的努力换来了预期的进步,他们会更有动力,继续努力;如果他们的努力并没有取得预期的进步,则可能被打回原形,再次一蹶不振。所以,在这一阶段,教师要联合家长、同学细心地呵护理想迷失学生的努力,保护他们努力精神的嫩芽不至于夭折。

细心呵护学生的努力,我们可以从以下几方面做工作:

- 教师、家长、学生形成教育合力,共同呵护并提供必要的帮助,借此改善理想迷失的学生的成长环境。
- 对理想迷失的学生的进步行为给予及时、积极的反馈,保护他们的积极性。
- 积极关注理想迷失的学生的思想动态,在他们遭遇困难和挫折时给予他们陪伴、鼓励和指引。学生的思想动态可以通过平时的表现、生活事件、师生交流、生生互动、QQ签名、微博等途径获知。
- 给予理想迷失的学生希望和引导。当学生心浮气躁时,教师的及时提醒就是对学生努力精神的保护;当学生一蹶不振时,教师给予的希望就是对学生努力精神的保护;当学生半途而废时,教师的陪伴坚持就是对学生努力精神的保护。所以,我经常对学生说,天才和伟人不是天生的,成功需要1万小时,谁坚持到了1万小时的练习,谁就能最终取得成功。(畅销书作家、英裔加拿大人马尔科姆·格拉德威尔总结出1万小时定律:在任何领域取得成功的关键跟天分无关;成功的唯一要素是坚持练习1万小时。一个人在10年之内,对他所从事的专业进行1万小时的练习,每周练习20小时,每天3小时,他就能在这个行业获得成功。人的大脑需要1万小时的时间,来吸收并掌握达到精通所需要掌握的技能)

4. 陪伴学生一起努力，允许反复，肯定学生的增值价值

对于理想迷失的学生而言，尝试努力的过程其实也是不断克制不良习惯、战胜逃避情绪和懒惰放纵的过程。在这一过程中，他们首先感受到的不是成功的喜悦，而是改变的艰难。作为教育者，我们要充分认识到改变的难度，这样我们才能透过学生有所改善的行为看到他们付出的一系列难以估量的努力，也唯有这样，我们才能真正理解为什么学生在完善自我的过程中会不断出现反复。

反复，往往不是因为学生没有努力，而是因为他们面临的挑战对他们而言过于艰难，甚至超出了他们的能力范围。所以，反复对学生来说是一种休息、调整。适当的反复对学生来说不是失败而是锻炼，是对学生自我管理能力的一种有益锻炼。在反复中，他们的自我管理能力会不断加强，自我认识也会越来越清晰。所以，教育者不仅要陪伴学生一起努力，还要理解学生在努力过程中出现反复是正常、合理的现象，甚至在学生自己对自己失望、自己对自己绝望的情况下，教育者仍旧要坚定地告诉他们，反复是正常的，在反复中，他们仍旧是在锻炼和成长，这样师生才能更理性、冷静、客观地面对挑战，才能收获最后的成功。

同时，教师要学会以积极的方式对学生的努力做出反馈和评价，尤其是要及时肯定学生的增值价值，强化学生通过努力为生命增值获得的快乐体验。具体而言，在对学生做出积极反馈时，建议教师做到以下几点：

- 夸具体，不夸全部。不轻易对学生说"你真棒""我欣赏你"，不要把表扬沦为泛泛而谈，表扬学生时要让学生知道因为什么而受到表扬，知道以后该怎么做、怎么努力。表扬时，使用描述性语句，能让学生更清楚地知道自己哪里做得好。比如，学生做完作业后收拾好桌面，教师可以说："我看见你能够把自己桌面上的书一本一本收拾好，摆放整齐，这样做真好！"
- 夸努力，不夸聪明。聪明是天生的，但是努力程度却和后天的生活态度有关，是可以通过个人努力实现的。学生获得的每一个表扬都应该源于学生的努力而不是天赋。

- 及时表扬,不拖延。表扬要及时才能起到最大作用。
- 表扬和提醒相结合。教师可以借公开表扬传递给学生动力,同时以私下提醒的方式,提醒学生下一阶段的努力方向,以免造成学生爱虚荣和骄傲自满的倾向。
- 适当采用夸张语气。教师在表扬学生时可以适当采用夸张语气,这样往往更能让学生感受到表扬的有力。

5. 培养学生更积极的思维模式

每个人在成长过程中都不可避免地会遭遇挫折,遭遇挫折时的思维方式决定了一个人的心理调适能力和面对挫折时的韧性。所以,我们可以借用积极的思维模式有针对性地对学生进行训练,增强学生的心理调适能力和面对挫折时的韧性。

(1) **改变归因方式,进行积极归因。**我通常会和学生一起学习"情绪ABC理论",让学生明白诱发事件A只是引起情绪及行为反应的间接原因,而人们对诱发事件所持的信念、看法、解释B才是引起人的情绪及行为反应的更直接的原因。也就是说,进行积极归因,有利于学生保持良好的情绪。

(2) **借用认知疗法,重启奋斗动力。**"积极心理学ABCDE模式"是很实用的帮助学生自我治愈、重启奋斗动力的工具。A:事件,往往指不愉快的事情。B:想法,尤其是刚开始时消极的想法。C:后果,消极想法带来的后果。D:反驳,想办法反驳掉消极想法。E:激发,重新激发自己前进的动力。教师可以借助ABCDE模式和学生一同建立ABCDE练习簿。这一模式不仅对理想迷失的学生有用,对培养其他学生良好的心态和积极的生活态度也很有用。

在具体操作过程中,我们可以这样引导学生——A:事件,在练习簿上明确写出我刚刚遭遇的不愉快的事情是什么,真实地记录下来。B:想法,找出面对这件事时的想法,尤其需要找出自己当时的消极想法,真实地记录下来。C:后果,感受和观察这些消极想法可能带来的消极后果,如沮丧、缺乏动力、不再行动、自我放弃等,真实地记录下来。D:反驳,想办法反驳掉消极想法，建立积极信念和正面思考的习惯，把反驳的思考过程真实地记录下来。E：激发，当自己摆脱悲观、消极的信念后，再通过激励，给自己加油鼓励，强化自己的正面思考。

总之，想办法培养学生积极的思维模式，带动学生以积极的态度面对生活、面对挫折，有助于理想迷失的学生在找回理想的道路上勇敢地面对挫折、战胜挫折。

6. 坚定信念：坚信天生我材必有用，坚信梦想和努力的价值

（1）坚定信念，就是要明确自己的目标，不被外界干扰。对此，我喜欢和学生分享《青蛙与高塔》的故事：

从前有一群小青蛙，它们安排了一场比赛，目标是登上一座很高的塔顶。一大群青蛙围聚在塔下观看比赛，并为竞赛者欢呼。

比赛开始了。诚实地讲，青蛙群里没有谁真的相信小青蛙们会到达塔顶。你可以听到诸如此类的话：

"哦，道路太难走了！！"

"它们将永远不会到达塔顶。"

小青蛙们开始崩溃。一个接一个，除了那些迅速攀登者们爬得越来越高……

青蛙群继续欢呼，继续评论：

"这太难了！！！没人会成功！"

更多的小青蛙放弃了。

但是有一只小青蛙继续爬得越来越高……

这只小青蛙不愿放弃！

最后，其他青蛙都放弃了登塔，除了那只小青蛙。经过巨大的努力后，它成为到达塔顶的唯一一只青蛙！

接着，所有其他的小青蛙自然都想知道这只小青蛙是怎样设法成功的。

一位参赛者询问成功的小青蛙，它是怎样找到力量从而达到目标的。

原来，胜利者是一位聋子，它根本听不到大家的议论。

这个故事很简单，但却有着很深远的意义。回到现实，我们往往也是

这样。许多时候，我们虽然有着美好的理想和远大的志向，也有着不凡的实力，为什么却一次次地失败呢？除去客观的原因，主观原因就是信念不够坚定，当听到不同的声音、遇到困难时就容易怀疑自己，怀疑自己的能力，怀疑自己的价值，最终导致失败。那只失聪的小青蛙之所以能够爬到塔顶，就是因为它听不到别人的议论。坚定则心静，心静则神清。

（2）坚定信念，就是要学会经常性地给自己积极的心理暗示。著名的"罗森塔尔效应"和"自我实现的预言效应"都有力地告诉了我们心理暗示的作用。所谓"自我实现的预言效应"是这样一种现象：起初只是一个预言（而不一定是事实），但是由于个体或群体都预期这一预言将会实现，所以他或他们的行为就会因此显示出某种倾向性，而正是这种倾向性致使该预言得以实现。从表面上看，是预言的准确，但实际上是由预言引发的人的心理作用，又引起人心理或行为上的倾向性，从而使原先并无必然性的一个预言最终真的自动实现了。

7. 回归生活：生命就是做自己

成功学有好处也有坏处。成功学的好处是可以激励人，对理想迷失的学生而言，成功学的论述可以为他们的成长注入强大的动力，帮助他们重新发现自己的价值，确立目标并为之付诸行动。成功学的不足则是过于强调远大理想和主观努力，很多成功学主张"没有想不到，只有做不到"的英雄式目标，这样的目标对很多学生而言是倾其一生都无法实现的，也是不科学的。

事实上，教育并不是要把每一个学生都培养成为英才，教育的目的是助力学生的成长。人生不是非输即赢的二分法，那样显得太绝对化了，虽然成功的定义是因人而异的，但是，"做自己"才是走向成长的最重要、最核心的方法。所以，在生活中，我们可以放松但不能放弃，可以积极而不是钻营，可以松绑却不是松懈。生命就是一种平衡、一种和谐，人们在平衡和和谐中才能成长。

所以，在理想迷失的学生找到目标、找回动力、回归正轨之后，我会告诉学生，生命，就是做自己，你不是一定要和谁比，你不是一定要超过

谁、成为谁，而是要发现自己的价值、发掘自己的潜能、寻找自己的幸福，做自己就好。

【附录】主题班会课例：为自己加油

活动背景

高三第一次测试之前，全班学生学习都非常努力，也取得了比较明显的进步。测试之后，学生在短期内失去了努力目标，状态开始松懈。如何激发起学生继续努力的动力，是当前的一项重要工作。

活动目标

（1）帮助学生认清当前的学习状态，意识到重新奋起、努力学习的必要性。

（2）借助自我激励语等方式，激发学生努力学习的斗志，为学生下一阶段的学习注入新的动力。

活动准备

明确班级当前存在的主要问题；做好班会课课件。

活动过程

一、自我审视，引发思考

1. 自我评分活动

（1）请大家认真思考一下考试之前你的努力状态和你在上次考试中的成绩，如果最高分为100分，请问你对自己上次考试的成绩满意度是多少，打多少分？（设计意图：让学生认识到两点：第一，虽然自己上次考试有进步，但是进步的取得源于前一阶段扎实的努力；第二，自己对自己要有更高的预期，不要满足于现状，沾沾自喜）

（2）请大家认真思考一下考试之后你的努力状态，如果最高分为100分，你给自己最近两周的学习状态打多少分？哪些方面是你扣分的依据？（设计意图：让学生意识到考试之后自己放松了，而且明确认识到放松自我的具体表现，如不够珍惜时间、没做错题归纳、忽略了系统复习等）

2. 教师提问

对比以上两个数据，你有什么感想？

3. 小结与过渡

很多同学经常产生"我要努力""我要改变""我要进步"之类的想法。但是也许在别人眼里，你是这样的（此部分罗列班级学生当前存在的主要问题，使教育更有针对性）：

你说你很努力，却看到你经常闲聊、看小说，格外轻松；

你说你很勤奋，却看到你一下课就不知所踪；

你说你很专注，却看到你上课从来没有回应老师的问题；

你说你很拼搏，却看到熄灯已久，你还在走动、聊天、吃夜宵、洗衣服……

为什么我们的行为和愿望是背道而驰的？为什么我们有过的成功愿望不能持续下去？答案也许就是：我们的学习动力消退了。

所以，我们要——找回自己的动力！

4. 导入主题

为自己加油！

二、目标设问，提升士气

教师：同学们，请回答我，你渴望获得高考的成功吗？有多渴望？如果你真渴望获得高考的成功，那么，先做到以下几点，为我们寻求丢失的动力做好准备工作：

（1）下定一个决心：年轻人，要对自己狠一些！

（2）扔掉那些总是使你分心的手机、MP4、课外书……

（3）深呼吸，然后认真地对自己说：我准备好了，我们一起来寻求前进的动力吧！

（设计目的：通过设问，提升士气，营造气氛，让学生做好挑战自我的心理准备）

三、方法分享，激发动力

1. 够准、够狠、够辣的誓言

教师：找一句能够激励自己的誓言，并把誓言书写下来，贴在醒目的地方，这样能够提供给我们源源不断的动力。注意，誓言必须够准、够狠、够辣，这

样才能真正起到激励自己的作用。在此，提供几个誓言作为参考：

整天玩手机，跟练《葵花宝典》有什么区别？（玩手机把自己给玩废了）

辛苦12年，不是为了考一所连名字都没听过的学校！

教师：现在，请你为自己找一个这样的格言或誓言。也许同学们一时难以找到最适合自己的誓言，不着急，现在先认真想一想，今天晚上放学前交给老师，明天我们在班里分享。（当天晚上，教师把学生的格言或誓言收集起来，输入电脑，给每个学生打印3份，两张贴在床头、书桌，另一张先在教室大声宣读然后贴在励志墙上）

（设计目的：适合学生的、有针对性的激励语能够激发学生积极向上的动力；把激励语贴在床头、书桌，目的是便于学生随时看到，以便随时提醒、激励学生；在全班大声宣读，则是为了营造积极向上的整体氛围，同时利用集体舆论监督学生）

2. 找一个比你努力的竞争对手

（1）对手的重要性。俗话说，小成靠朋友，大成靠对手。一个人的进步固然离不开朋友的支持和帮助，但是要想取得更大的进步，则需要竞争对手的刺激。你的竞争对手表面上是你的敌人，但从另一个角度讲，他却是助你拥有大成功的贵人。很多人都不喜欢有对手跟自己竞争的感觉，但是，正因为有了竞争，一个人才不断感受到压力和挑战，从而不断调整自己，应对压力和挑战，使自己不断得到进步。所以，从一定程度上说，因为对手的存在，你的人生才得以不断提升和超越。因此，建议大家找一个比你努力的竞争对手。

（2）对手应该具备的条件。对手不是随便找的，一个合适的对手必须具备以下几个条件：成绩比你好一些，这样你才有追赶的空间，因为找个成绩比你差的人做对手不叫挑战，叫欺负；比你认真刻苦，因为找一个不努力就成绩比你好的人容易打击你努力的积极性；你可以经常看到他埋头学习的身影，因为看到他的努力更容易刺激你努力。

（3）找出一个这样的竞争对手，写下向他挑战的战书（给每个学生发一张挑战对手的战书，下节班会课在全班范围内公开向对手发出挑战）。

（4）比一比：谁更早到教室？谁上课回答问题更主动？谁作业完成得多和

好?谁能经得起诱惑?

（设计目的：采用目标激励法，并把目标激励法活化。其实每个对手都是一个活生生的目标，要超越对方就要不断努力，对手的存在可以为个人提供动力）

3. 认清学习背后的价值

教师：很多同学可能会觉得学习很累、很苦，但是我想对你们说：你不只是在抢一分钟一分钟的时间，你不只是在做一道道的题目，你不只是在听一节节的课，你不只是在完成一科科的作业。努力学习，对你而言意味着什么呢？我们一起来计算几个题目：

（1）计算题：重点大学和2A大学的学费是一年5000元左右，广东省2B大学的学费则是18000元左右（越是好的学校，学费越低）。高三从8月1日至明年6月1日，约300天。假如你经过努力，从2B大学提升到2A大学，四年本科的学费差距，相当于高三每天省下多少钱？

计算：（18000 − 5000）×4÷300=173.3元/天

思考：努力学习意味着什么？

参考答案：努力学习意味着——省更多的钱。

（2）计算题：《2011广东省普通高校毕业生就业工作白皮书（本专科）》显示，2011年大学生平均起薪，本科生为2544元，专科生为1811元（越是毕业于好的学校，越可以找到更高收入的工作）。现暂不考虑长期的职业上升空间上本科生的较大优势，仅考虑工作最初5年内的工资差别，假如你经过努力，成绩从专科提升到本科，工作最初5年内的工资差距，相当于高三每天赚了多少钱？

计算：（2544 − 1811）×12×5÷300=146.6元/天

思考：努力学习意味着什么？

参考答案：努力学习意味着——赚更多的钱。

（3）情境体验：设想，现在处于高三毕业的暑假，你最可能被问到的问题是什么？你如何回答？设想，你大学毕业后找工作时，面试人员问你第一学历是什么，你的答案会是什么？工作后一起吃饭，大家谈起毕业院校时，你的感受是什么？

中学德育问题与对策

（参考答案：最可能被问到的问题是："你考得怎么样？被哪个学校录取了？"你的回答是一脸骄傲地报出一个一流大学的名字，还是低下头不好意思地说出自己考到了哪里？你考取的第一所大学是你整个12年读书生涯的见证和果实，它将是你身上一辈子揭不掉的标签）

综上：努力学习意味着什么？

参考答案：努力学习意味着——更多价值和尊严。

教师小结：是的，努力学习意味着——省更多的钱，赚更多的钱，拥有更多的价值和尊严。

四、教师作结

教师：学习显然没有玩电脑那么轻松，但正因为有了这些不是那么轻松的东西的存在，我们才不会在午夜梦醒时感觉到空虚的恐慌——正如昆德拉所讲的"生命中不能承受之轻"。

在学习的过程中，当然会遇到困难，但这些不能成为借口。因为别人在遇到这些困难的时候竭尽全力去解决了；更因为如果没有解决困难的过程，我们如何彰显人性的高贵？同学们，让我们一起，为自己加油，向梦想迈进！

 精要点评

多年的德育与心理教育教学经历，让我有一个深刻的体会和感悟：改变一个学生，先改变他的自我期望；改变一个教师，先改变他的价值取向；改变一所学校，先改变它的精神追求。一切改变的基础是自我改变，自我改变的根本是内驱力，而对于对未来充满憧憬和期待的青少年学生来说，对理想、抱负、志向的追求是最大的内驱力。它源自人的自我成就的本能价值需求。教育的价值和艺术在于激励、唤醒和鼓舞。教师是学生成长的心灵鼓手，是学生理想的激励者和成就者。唤醒学生对学习、对生活、对人生、对未来的积极追求和热情向往，帮助和引导学生将理想目标转化为成长动力、生涯规划、学习计划和日常行为，是教育的使命，是教师的职责。

第九章 网络成瘾问题与对策

 现象扫描

随着信息时代的到来,互联网在给人们的生活带来极大便利的同时也诱发了许多新的问题,青少年网络成瘾问题就是互联网带来的最大问题之一。中学生使用互联网的人数比例高、时间长,平均每周使用8.98小时,假期高达21.34小时。青少年网络成瘾症发生率高达15%,人数超过244万,互联网已成为部分青少年的"电子海洛因"。

网络成瘾,又被称为"网络成瘾障碍"(Internet addiction disorder,简称IAD),它表现为对网络过度依赖,对现实生活漠然甚至失去兴趣,经常超长时间进行网上操作,以此来获得心理满足。当网络依赖失控,对人产生负面影响时,我们就把它当作心理上的一种障碍来看待,即网络成瘾障碍。学生是网络成瘾问题的高发人群,网络成瘾问题对学生的成长会产生较大影响。目前比较常见的网络成瘾行为有网络游戏成瘾、网络交际成瘾、网络色情成瘾、网上信息收集成瘾、网络技术成瘾五类。

 **案例情景**

【案例1】爱的感化

因为实行分层教学,我用心经营了两年的班级被打散了,我开始接手一个最基层的毕业班。

一天下午刚放学,班长急忙跑进办公室向我报告:"老师,小文借外宿生校卡出校门了,说要回家拿点东西,晚自习课前回来。""哦,那他怎么不请假?"出于职业的敏感,我连忙放下手中的工作拨通了他家长的电话。

家长说:"肯定又是上网去了。"

"那咱们分头去找吧。"我有点着急。

"老师,不用着急,他死不了,如果真死了我还省心了呢。"听到家长如此说,我明白小文是沉迷网络已久,家长对他是习惯而无奈了。

在我的催促下,小文家长很快赶到了学校。"老师,我这个逆子是个无可救药的网混,今天我给他800元钱来交住宿费,没想到他又拿去上网了。"小文家长一再强调着孩子的"无可救药",让我感到了巨大的压力。

晚自习,小文还没回来;晚上10:40,宿舍关灯休息了,仍然没见他的踪影。我与值班教师和家长四处寻找,直至凌晨2点多,把城区所有网吧地毯式地搜寻了一遍,仍旧没见到他的行踪,我们只好无奈地回学校。

24小时过去了,我越来越焦虑,不安的感觉越来越强烈。我发动全班学生通过QQ等各种方式联系他都杳无音讯。每次我联系家长,家长都会说:"老师,你不用担心,他死不了的,就是死了我们也不会怪学校。"我和学生在万分煎熬中度过了一天。

第二天下午6点多,家长来电话说,在城郊偏远的一间私人小网吧找到了小文。

按学校规定,给小文记大过一次、要求小文在班上做检讨,并保证以后再也不去网吧。

一个月后的一天中午,小文借了某班同学300元钱又失踪了,24小时后,家长报案。警察找到小文时,小文已经沉迷网络游戏"废寝忘食"了好几天,当我们找到他、他想站起来时,他竟然扑通一声——昏倒在地……

为了能让孩子远离网络,小文的母亲放弃了工作,每天专门负责接送小文上学放学。上学时要确保看着小文走进校园,还没下课她就在教室门口等着,生怕一不小心小文又偷偷溜走。学校也专门召开保安和值日教师会议,让他们记住小文的样子,确保小文不会上课期间悄悄溜出学校。

可是有一次，母亲刚送他走出家门，就在转身锁门的一瞬间，小文一溜烟又不见了踪影……这一走又是一整天。把他抓回来后，父亲把他狠狠地打了一顿。父亲边打边说："为什么说好了到学校上课你又跑？你怎么对得起老师和同学给你的机会？"小文哭喊着说："我上次做检讨时向同学和老师保证过不再上网，我也不想去的，可我控制不住自己啊！我没脸回去见老师和同学了……"

小文父母把孩子的话告诉我时，我愣住了。我责怪自己太粗心，对网络成瘾的孩子怎么能以简单的记过和检讨进行教育呢？"我也不想去的，可我控制不住自己啊！"这不正是很多网络成瘾的孩子力不从心的无奈吗？"我没脸回去见老师和同学了。"这不正是孩子对团结的集体、温暖的团队的渴望吗？

我被震动了，我决定用真诚的爱和集体的温暖让小文早日回到温馨的集体中，早日回归正常的学习和生活。我先把小文的心里话告诉了学生，然后说："同学们，小文每次出走都揪着我们每个人的心。在我们这个和谐、温馨的大家庭中，所有成员都应互帮互促，我不希望任何一个人掉队。小文知道自己错了，但他现在不敢回来面对大家，因为他自己无法控制自己，因为他曾跟大家做过保证……"

教室陷入了一片寂静，然后，全班学生一致认为在小文需要关心与帮助的时候，我们应该成为他最强大而温暖的依靠。于是，学生决定每人给小文写一句自己发自内心的、最想对小文说的话，然后一起帮助小文戒除网瘾。

首先，我们为小文制作了一本叫"爱的呼唤"的留言簿。留言簿上，每个学生都写下了关心和激励小文的话。每一句入情入理的话语都不只是引导，更是呼唤和力量的源泉，引导着小文反思自己的错误，呼唤着小文及时回归到温暖的班集体，支撑着小文下定决心和网瘾说再见。然后，班级学生制订了小组活动计划，不仅把小文纳入他想进入的学习小组，而且分组制订了陪伴和帮扶计划——陪伴小文，尽量不让他感到孤独；帮助小文，让他尝到进步的喜悦。

班里有些女同学以前和小文并不是很熟，但是当小文出现困惑时，都主动鼓励和关心他——他没吃午饭，于是主动把方便面让给他；他在学习上遇到了困难，主动为他讲题；得知他的视力下降，纷纷让出自己的座位……就这样，小文慢慢地远离了网吧，回归了正常的班级生活。期中考试，小文进步了192名！

手中拿着"最大进步奖",小文掩饰不住脸上的喜悦,激动地对同学们说:"谢谢大家,如果没有你们,我……"说着说着,小文泣不成声。我知道这泪水的含义和分量。我们走过去,和他拥抱在了一起。不知何时,我的脸上也早已满是泪水。

"冰冻三尺,非一日之寒。"在小文戒除网瘾的过程中,出现反复是正常的。在这个过程中,我和学生不断努力,"反复抓,抓反复",因势利导,终于帮助小文戒除了网瘾。

令我惊讶的是,这件事后,班集体更和谐、温馨了,班级的认同感、归属感、荣誉感更强了,班级更有正气了,学生也更真诚了。我想,这是教育对教育人的馈赠,这是教育对真心付出的一群孩子的回报,这是孩子成长的自然结果。

(特级教师、全国优秀班主任、广东省名班主任工作室主持人

何汝玉,有修改)

【案例2】我和学生一起打游戏

我喜欢在假期里与学生通过 QQ 聊天。一般情况下,我在接手一个班的时候都会将自己的 QQ 号公开。学生本着自主自愿的原则加我为好友。一旦他们加我,我就会很珍惜。将心比心,理解万岁吧!一个"90 后"的孩子能加一个比自己大那么多的老师为 QQ 好友,确实需要勇气。就凭这份勇气,就值得我去珍惜他们。因为珍惜,所以投入;因为投入,也无意间帮我解开了很多班级工作的难题,尤其是帮我解决了一些学生的网瘾问题。

"老师,联网打游戏?"

"可以,但我只会踢'实况'(即'实况足球',是一款足球游戏)。"

"真的?从来没和老师打过游戏。虽然'实况'我不怎么在行,但打一局怎样?"

……

"0∶3,老师我输了。没想到你'实况'踢得这么好。服了,在我最引以为傲的游戏世界里,我竟然连个老师都打不过,太没面子了。"

"别灰心,我读书的时候也爱打游戏,现在也爱打。只是我一直只玩这一款

游戏。熟能生巧罢了。你已经很厉害了。"

"你不会是要夸我聪明，如果把聪明用在学习上一定是个天才吧？"

"小家伙，自作多情了吧？好好打你的游戏吧！打游戏都不能专注，干别的还能专注吗？"

"啥意思？"

"没啥意思，就是说，做事要专一。凡事只要到了一个高境界，道理是相通的。"

"还是不懂。"

"游戏也是一种人生，就像我打'实况'。从基础打起，一点点地向高难度提升。这个过程需要耐性，不能好高骛远，否则就会前功尽弃；更需要勇气，敢于坚持自己的打法并与不同的对手交锋；不怕失败，并在失败中吸取教训、研究战略战术，最后自己的打法也丰富了起来。古人不是讲'术业有专攻'吗？"

"您的意思是支持我打游戏？不会吧？！每个老师都批评我玩物丧志，我爸妈对我打游戏更是深恶痛绝。您却支持我打游戏？"

"我不是支持，是尊重。人与人之间是独立的。你有你的选择，我尊重你的选择而已。"

"那您说说我在踢'实况'方面有什么问题？"

"嗯……第一，没有固定的章法，胡乱换人；第二，盲目相信强队的战斗力，没有自己的风格；第三，过分依赖球星，失去了足球是一项集体运动的根本意义。"

"天呐，果然是'职业玩家'。"

"不能这么说，我只是把游戏当作我的爱好。不偏爱，累了就打一打放松一下，对游戏没有过度的依赖。无欲则刚吧！不带功利性地去做一件事，可能结果就好一些，效率就高一些，这没什么大不了的。更关键的是，你打不过我是因为我比你玩这款游戏的时间长得多。你现有的水平比我在你这个年纪的时候要高多了。"

"我玩游戏就是杂，什么新玩什么，主要是无聊，想找刺激，结果哪个游戏都没玩好；越是玩不好，越想玩。"

"我觉得道理是一样的。专注于一款游戏，把它玩精。其他游戏的道理都是一样的。主要是游戏者的心态。精细地玩可以成就一个人，粗糙地玩可能会毁了一个人。"

"高！我尝试一下，进步了跟您报喜。"

"还是算了，希望你能享受真正的游戏乐趣。"

"什么是真正的游戏乐趣？"

"我觉得就是让人放松。但这个放松要有度，人不能任何时间都放松，要是那样，人成什么了？树懒还要去觅食呢！"

"您真搞笑，我差不多懂一点了。再见！有时间再约您打'实况'。"

"有时间的话一定奉陪，但只限假期。我奉行'工作是工作，生活是生活'。"

这是一个沉迷于游戏的孩子。接手这个班的第一天，我就注意到了他，几乎节节课趴在桌上睡觉，上课根本就没有精神的时候，下课就看游戏攻略。其他学生跟我讲，之前的班主任都拿他没办法，找了多次家长，但无济于事。家长工作非但没做通，反而家长双方相互指责，认为是对方纵容孩子，最终还在班主任的办公室里争吵起来，搞得后来班主任都不敢叫他家长了。

在这次QQ聊天之前，我也找过他谈话，但是主要是围绕宿舍纪律问题和手机问题，他表现得很无所谓。我认为教育引领这个孩子不是一次两次谈话就能搞定的，所以就没有再找他。我估计这次他加我QQ并和我约战"实况足球"也是有目的的，是想以自己的特长战胜我这位新班主任，然后以一种胜利者的姿态在班级颐指气使。如果我不应战，可能他也会在班级里说班主任胆小怕事等。不过人总有咬着自己舌头的时候，这一次，他败在了我手里。更重要的是，借助打游戏，我已经把自己的育人思路以他能接受的方式传达给他了。接下来，我们之间的沟通应该会顺畅一点……

又是一个星期天的晚上，我刚登录QQ……

"老师，救命。我爸妈又吵起来了。他们在客厅吵得好凶，我妈说要是我爸再管不住我就帮我转学。"

"这是家事吧？小伙子，清官难断家务事。父母之间的事，小孩子调节一下就好了，老师参与恐怕不合适。"

"就知道你不会管我,我爸妈对我都绝望了,说我没有上进心,再不改过来以后肯定没出息。其实,我这几周挺好的,上课也没怎么睡觉,到校都没带手机。"

"没睡觉这个确实是事实,我看得见,值得表扬。但手机你还是带了吧?"

"你怎么什么都知道?带了是带了,但绝对没在宿舍玩游戏,只是为了让爸妈来接我回家时方便。"

"哦,我是猜的。原来你是在宿舍用手机玩游戏呀!我说呢!舍监发现你12点多还在用手机,让你上交你又不肯。是游戏没过关还是升级关键点呀?"

"您就别说这些了,我都认,行了吧!不过您看我这几周也没给舍监添麻烦呀!"

"这倒是,你确实有变化。"

"那就帮个忙,出个主意吧!我还不想转学,我刚对学校产生点感情。"

"就是因为不想转学,才让我帮你?"

"也不全是,其实我觉得我挺对不起我爸妈的,他们吵架完全是为了我。"

"你小子总算有点良心。冲你这份心,我给你出一招。"

"快说!"

"在客厅吵架是吧?"

"嗯。"

"你到客厅去,打开电视,泡两杯茶放在茶几上,然后只管看你的电视。"

"就这些?"

"就这些,剩下的事情我做。"

"你以为你是神啊?"

"信不信由你,信则有,不信则无。我还不愿意掺和呢!"

"死马当活马医吧!就信你这一回,我去了。"

5分钟之后,我拨通了他父亲的电话:"您好,我是张老师。周一上午请您和孩子妈妈到学校来一下。"

"张老师,他又出什么状况了?您告诉我,我先教育教育他。这孩子不争气呀,现在还在家里看电视,不学习。我和孩子他妈都气糊涂了。"

"哦,没什么,前一段时间孩子犯了一些错误,经过说服教育,大有改观。希望您和孩子妈妈来学校,我们坐下来一起研究一下,下一步如何在教育孩子的问题上形成合力。不知道你们是否有时间?"

"有!"他的母亲抢过电话说道。

"爸妈,吵得差不多了吧,喝杯茶吧!""谁吵架了?只是意见不统一。回去写你的作业去。明天我们要去见老师了,你给我表现好一点。""唉。"

"那我先挂了,你们忙吧。"

次日上午,孩子的家长来到了学校,我将孩子也叫到了办公室。大家一起坐下来,聊了很久。我把孩子这几周的进步结合前一段时间的表现跟家长做了坦诚交流。孩子在这个过程中大部分时间是低着头的,只是偶尔抬起头对我给予他的评价表示赞同。这次交流很顺利,家长与老师达成了一致:给孩子一段缓冲期。这期间,班主任和家长在给予孩子充分尊重和放松时间的前提下明确要求,提出阶段性目标。在送走家长之后,这个孩子再次回到我的办公室对我说:"我不知道自己该说什么,但是我明白我该做点什么。谢谢!""人在做,天在看。只要用心,没有做不好的事情。天道酬勤。"

克里希那穆提说:"教师与学生之间有一种关系。教师时不时、有意无意地保持着一种优越感,总是占据重要的地位,使学生有一种我必须被教育的自卑感。它导致了学生的恐惧感、压迫感和紧张感。"奥秘就在这里。如果我们能将自己摆在与学生同等的水平上,如果我们在和学生交流时不是一再地给出"严禁""不能""否则"的指令,而是放低身段善于倾听,从学生的角度考虑问题,那么良性的师生关系才会得以建立,才能实现外在的价值灌输到品德自我建构的转变。唯有如此,我们所做的"努力"才成为"教育",因为品德形成过程是道德主体的自我建构过程。

(广东省中山市优秀教师、全国中语会中青年教师课堂教学大赛二等奖获得者 张岩,本文发表于《班主任之友》杂志2013年第10期,有修改)

 问题分析

以上两个都是关于学生网络成瘾问题的案例。两个案例中的教师的风格虽然有明显差异，但是每个案例中都有很多值得我们思考和学习的智慧。

案例1中的何老师让我们看到了老师对学生的爱、关心和转化的智慧。小文是一个网瘾很严重的孩子，从家长的"老师，不用着急，他死不了"的表达中，我们能够感到他的父母都已经对他失望乃至绝望了，但是何老师仍旧不厌其烦，发自内心地为小文担忧、焦虑，真诚地关心、爱护小文，发动全班学生去帮助小文。这份爱是大爱，让我们为之动容，值得我们学习！除了爱学生之外，何老师还有转化学生的法宝：温暖而强大的班集体和师生、生生之间的真诚帮助。所以，在爱的呼唤下，在集体的感召下，在团队的帮助下，小文告别了网瘾，回归了正常生活。

案例2中的张老师让我们看到了教师因势利导、借机发挥、四两拨千斤的智慧。面对学生的网瘾问题，张老师没有简单地讲道理，而是和学生一起打游戏，借助游戏和学生交流自己对游戏的看法："打游戏都不能专注，干别的还能专注吗？""做事要专一。凡事只要到了一个高境界，道理是相通的。""游戏也是一种人生，就像我打'实况'。从基础打起，一点点地向高难度提升。这个过程需要耐性，不能好高骛远，否则就会前功尽弃；更需要勇气，敢于坚持自己的打法并与不同的对手交锋；不怕失败，并在失败中吸取教训、研究战略战术，最后自己的打法也丰富了起来。""不能这么说，我只是把游戏当作我的爱好。不偏爱，累了就打一打放松一下，对游戏没有过度的依赖。无欲则刚吧！""专注于一款游戏，把它玩精。其他游戏的道理都是一样的。主要是游戏者的心态。精细地玩可以成就一个人，粗糙地玩可能会毁了一个人。"道德的形成过程不是外在的价值灌输过程，而是道德主体内在的自我建构过程。张老师也是在讲道理，但他的道理是建立在学生体验、感悟的基础上的，这种道理是一种自然而然、水到渠成似的结果，而不是空中楼阁、无根嫁接，这和我们一向强调的行为体悟的活动

中学德育问题与对策

德育的理念是一脉相承的。在整个案例中,可以说,张老师充分展现了无为而无不为、四两拨千斤的智慧。

现在,值得我们认真思考和分析的问题是:为什么会有那么多的学生沉迷于网络无法自拔?造成网络成瘾问题的原因有哪些?网络成瘾会给学生带来哪些危害?我们应该以什么态度对待学生的网络成瘾问题?弄明白这些问题,有助于为我们提出网络成瘾问题的对策提供依据和方向性指导。

1. 学生网络成瘾的原因

(1) 网络媒介的影响。

网络的虚拟性。网络所营造的是一个虚拟的空间,它可以使学生暂时逃避现实生活中不如意的人和事,可以不用考虑作业、不用考虑成绩、不用考虑学业、不用考虑责任。网络的虚拟性让学生在网络上可以扮演自己喜欢的不同角色、体验虚拟生活,带给学生新奇感。网络的虚拟性还表现在网络的匿名性和保护性,在网络上,人人平等,学生可以随意匿名发表各种新鲜、奇特的言论,畅所欲言,自由自在地展现自我。

网络的丰富性。网络上有各种丰富的资源,包括健康的、不健康的——有海量知识可以提升自我,有购物网站可以购物,也有网络游戏、聊天工具、色情信息等不良信息。人们可以根据自己的需要选择自己想获取的资源。

网络模式的社交化倾向。和传统的书籍、电视、收音机等工具相比,独特的社交功能是网络的一大优势。网络为上网者提供了一个庞大的交流平台,在这里,学生可以通过QQ等聊天工具和同学、朋友聊天,可以通过网络游戏等工具和他人一起团队作战、完成任务。这一特征在一定程度上替代了学生的社交需求。

(2) 学生自身的问题。

学习目标不明确,对个人发展缺少长远计划。学习目标不明确是导致网络成瘾的主要原因,很多网络成瘾的学生都是学习成绩不理想、对未来没有具体打算和明确目标的人。我所在的高中是一所区属重点高中,很多学生以高分进入高中后,失去了"中考——考个好高中"的目标,而距离高考还有三年的时间，短期内学习目标缺失，所以迷恋上网络无法自拔。还有些学生，在初中阶段完全是在教师或父母的强制管理和全程陪伴下学习，到了高中阶段，教师的管理不像以前那么严格了，需要学生更主动地自己管理自己，这时候，有些学生会感觉无所适从，不知道如何管理自己，于是迷上网络，造成网络成瘾。

自控能力欠缺，自我约束能力差。与成年人相比，青少年的自制能力和自我约束能力都比较欠缺，更容易受到网络的诱惑。青少年正处于迈向成人阶段的成长期，他们意志还不够稳定、成熟，容易被网上光怪陆离且层出不穷的新游戏、新工具和海量信息吸引，加之处于青春期的学生对性有较强烈的兴趣和渴求，更容易被网上的色情信息所吸引。不少网络成瘾者有时也会意识到网络成瘾的危害，他们也曾通过努力（如缩短上网时间、尽量不浏览不健康网站等）戒除网瘾，但是最终由于自我控制能力欠缺，以失败告终。当然，青少年的自我控制能力差也和我们一向的教育方式有关。现在的孩子大多在不需要自我管理的环境中成长，小时候有父母全程管理，小学、初中由教师和父母全程管理，到了高中和大学阶段，突然期望他们有更强的自我管理能力是不太现实的。

成人意识和独立意识增强，不愿意接受家长和教师的管理。有的学生在小学时家里就有了电脑，但是家长管理比较严格，对上网时间、上网频率都有比较严格的规定，学生还不至于网络成瘾。到了初中、高中阶段，随着年龄的增长，学生的成人意识和独立意识增强，不再信服家长、教师的管制，转而更渴望追求个人自由和个人空间，于是故意趁着家人或教师不备时偷偷上网，以致上网成瘾，难以自控。这是对家长或教师管理的对抗和叛逆。

沟通技巧的缺乏和社交障碍。人本主义心理学家马斯洛在"需求层次论"中将人类的需求分为五种，并将五种需求进行了等级的划分，按层次逐级递升，分别为：生理上的需求、安全上的需求、情感和归属的需求、尊重的需求、自我实现的需求。当人的低层次需求被满足之后，会转而寻求实现更高层次的需求。学生在满足了基本的生理上的需求（衣食无忧）、安全上的需求（有家庭、学校的保护）之后，情感和归属的需求就显得比较迫切。出于情感和归属的需要，学生渴望与他人建立关系并进行交流，但是有一部分学生性格内向，自卑、孤独，不善于交际，人际关系不好。他们无法在现实生活中满足自己情感和归属的需要，于是转而到网络上寻求支持和满足，与网友的交流为他们提供了人际支持和社交空间。

网络满足了学生的多种心理需求。 首先，网络可以满足学生逃避现实生活的需要，让学生体验成功感。网络所营造的虚拟空间能够让学生暂时逃避现实生活，到网络中寻求慰藉和成功。有的学生在现实中并不优秀，在日常的学习、生活、活动中缺乏愉快的成功体验，内心对成功的渴求难以得到满足。但是在网络中，学生可以通过QQ升级、网络游戏升级、网络游戏挑战赛（如魔兽争霸、斗地主、角色PK等）战胜对手，获得成功感。

其次，网络已然成为学生的共同话题，可以帮助学生融入集体。对现在的青少年来说，"网络"已然成为他们成长中共同的"伙伴"，不仅成为他们日常沟通的工具，更成为他们谈论的热门话题。很多学生一见面就互相问"QQ号""微博账号""游戏账号和等级"，这势必会带给没有开通QQ、微博和游戏账号的学生诸多压力。那些平时不上网或少上网的学生会被人认为"落伍""不入流"，甚至可能会被孤立、排斥。于是，很多学生为了和同学有共同话题，选择加入上网行列。

最后，网络可以满足学生的"猎奇心理"。青少年对新鲜事物有着强烈的好奇心，而网络上丰富的资源、网络游戏中的各种挑战（升级、冒险、新技能等）无不对青少年产生着强大的吸引力。对学生而言，每一次参与都可能是一次新的体验、新的挑战，这在一定程度上可以满足学生的猎奇心理。

(3) 外在影响因素。

家庭情感缺失因素是导致学生网络成瘾的一个重要原因。首先，家庭关系不和谐容易导致孩子染上网瘾。有的孩子父母的关系不和谐，经常吵架。面对父母的吵架，孩子烦闷而无奈，于是选择到网上去发泄不良情绪。

其次，家庭不当的教育方式是导致学生网络成瘾的原因之一。很多父母在教育孩子时只关注成绩而忽略了孩子的全面发展，或者对孩子溺爱有加，不管孩子提出什么要求都无条件满足。于是，在孩子的要求下，家里添置了电脑；添置电脑后，父母又没有对孩子的上网时间、上网频率进行有效的管理和控制，导致孩子上网无度以致网络成瘾；网络成瘾后，父母开始发现问题的严重性，于是限制、打骂、恐吓，但所有努力都无法让孩子走出网瘾，很多父母最终选择了放弃和默许。

学校教育的滞后性是导致学生网络成瘾的另一原因。20 世纪 90 年代，中国开始引入互联网，短短不到 20 年的时间，互联网以超乎想象的速度飞速发展。到今天，相当多的城镇家庭都配置了电脑，部分发达地区甚至实现了每家一台电脑。在电脑普及的同时，我国学校教育中的电脑技术应用存在一定的滞后性，比如，学校电脑室注重诸如配置高档电脑、设置网络电缆等网络硬件的投入，却容易忽略对学生网络使用的有效监管；学校注重对学生电脑和网络基本技能的教育，却忽视了对学生收集、分析、运用网络信息的能力的培养等。这样一来，学校对网络的管理无法规范学生的网络行为，学校关于计算机的教育无法满足学生的成长和发展需求，这种教育的滞后性容易导致学生自己随心所欲地在网络中探索、游走，最终网络成瘾。

不良的社会环境为学生的网络成瘾提供了便利条件。首先，网络监管不力。一方面，网络上有丰富的资源，可以为学生提供丰富的教育资源，助力学生成长；另一方面，网络上充斥着诸如暴力、色情、网络游戏等对学生成长不利的资源，这些资源对学生有极大的吸引力。对此，行政部门应当加强对网络资源的审查和管理，创造干净的网络环境。

其次，学校周边环境恶劣。国务院在 2002 年颁布的《互联网上网服务营业场所管理条例》规定："中学、小学校园周围 200 米范围内和居民住宅楼（院）内不得设立互联网上网服务营业场所；互联网上网服务营业场所每日营业时间限于 8 时至 24 时；互联网上网服务营业场所经营单位应当对上网消费者的身份证等有效证件进行核对、登记，并记录有关上网信息。"但是，事实上，我们发现，学校周围往往成为网吧最集中的地方。这些网吧为了吸引学生前来上网，采用各种优惠政策，如低价"包夜"、办会员卡、不使用身份证登记等，吸引未成年学生前来上网。他们赚取的是黑心钱，学生得到的却是网络成瘾、输掉前程。

2. 网络成瘾给学生带来的危害

关于网络成瘾给学生带来的危害，姚玉红、郝清华、刘格林的《青少年网络成瘾的危害性及防治对策》一文（参见《中国学校卫生》，2007年第5期）较有代表性。

(1) **妨碍身体健康**。长时间沉迷于网络可引起自主神经紊乱和体内激素水平失衡，使免疫功能降低，引发心血管疾病、胃肠神经官能症等。由于玩游戏时全神贯注，身体始终处于一种姿势，眼睛长时间注视显示屏，会导致视力下降、肩背肌肉劳损、生物钟紊乱、睡眠节律紊乱、食欲不振、消化不良、体重减轻、进食过多，而活动过少导致肥胖、体能下降、免疫功能下降。停止上网则出现失眠、头痛、注意力不集中、消化不良、恶心厌食、体重下降。青少年正处在身体发育的关键时期，这些问题均会严重妨碍他们身体的健康成长。

(2) **导致认知障碍**。网络成瘾者一旦停止上网便会产生上网的强烈渴望，难以控制对上网的需要或冲动，这种需要或冲动使其不能从事别的活动，工作、学习时注意力不集中、不持久，导致心理错位和行动失调，对周围现实环境的感受力、记忆力减退；长期的视觉形象思维，导致逻辑思维活动迟钝；沉迷于虚拟世界，对日常工作、学习和生活的兴趣降低，与现实疏远，为人冷漠，参与意识减弱，缺乏时间感。

(3) **造成心智情商失常**。网络为使用者提供了一个广阔的交流情感的空间，使用者可以和网友们尽情地沟通，享受无拘无束的愉悦。同时，网络也给他们造就了一个宣泄情绪、放纵冲动的场所。网络成瘾使得他们心理闭锁、情感迷失。网络成瘾者常常处于不敢面对现实的心理冲突之中，情绪低落、悲观、消极，情感自我迷失，常出现的情绪问题有忧郁症、躁郁症、焦虑等。

(4) **导致自我认识障碍**。网络成瘾者普遍不能约束自己，自我控制能力较差。过度地沉溺于网络中的虚拟角色，容易迷失真实的自我，将网络上的规则带到现实生活中，造成角色混乱。一方面，网络虚拟空间中的表现与现实生活中表现的强烈差异导致了沉溺者的双重人格，使他们夸大了自己的次要性格向本我妥协，在互联网上一味追求快乐原则；但另一方面，他们又受到环境的制约，因此产生焦虑。另外，出于好奇心，上网者容易形成异装癖、同性恋倾向等不健康人格。

(5) **产生逃避现实及社会适应困难的后果。** 有的青少年在学习、工作中遇到了挫折，就在互联网同步通信环境中宣泄自己的心理能量；有的青少年存在人际交往的困难，为逃避现实，就把大量的时间用于与现实生活大相径庭的网络交际之中。如果他们能够及时得到专家的指导，互联网也许会对矫正他们的心态起到积极的作用。如果他们将互联网当作逃避现实的唯一避难所，当作宣泄不良情绪的唯一渠道，甚至混淆、颠倒了网上网下的角色，就必然会出现心理和行为问题。

(6) **带来严重的学业困扰。** 学生沉溺于互联网带来了大量的教育上的问题。大部分学生学习习惯变差，学习成绩下降，并伴随显著的留级、逃学甚至辍学现象。多数教师认为，互联网并不能提高学生的学习成绩，因为互联网上大量零散的信息与学生系统的理论知识学习无关，它们对于学生的知识掌握和专业技能的提高没有太多帮助。

(7) **导致人际关系恶化。** 许多学生由于在现实生活中处理不好与同学的关系，产生了一些烦恼，转而借助互联网的双向沟通功能来达到与人交流的目的。而这种虚拟的交往关系不稳定，难以向深层次发展，更不利于现实社会中所需要的人际交往能力的发展。许多人沉溺于由虚拟性而衍生出的美好的人际关系中，更加深了对现实人际关系的厌恶，几乎完全脱离现实人际交往，而这种实际人际交往的欠缺又使其更为全身心地投入到互联网交往中去，从而形成人际交往方面的恶性循环。

(8) **造成严重的心理冲突。** 一个人长期沉溺于一个精心构筑的虚幻世界中，其性格极易扭曲。有关青少年因上网而导致心理、精神障碍甚至自杀的事件常有报道，更多的网络成瘾者明知过度使用互联网是有害的，但是不能自拔，长期陷于严重的心理冲突之中，从而产生自轻自卑的心理，甚

中学德育问题与对策

至导致自杀倾向或自杀行为的产生。

（9）**容易产生意外人身危害**。许多青少年通过互联网结交朋友，他们认为这些活动都是在计算机背后进行的，不像现实交往那样缺乏安全感，于是一些人大大放松了警惕。事实上，虚拟的背后也往往隐藏着杀机，放松警惕的青少年很容易受侵犯：美国宾夕法尼亚州一名40岁男子通过聊天诱骗了1名15岁少女，历经恐怖惊险后少女才获救；另一名20岁的姑娘艾米因上网被人跟踪，后被枪杀。

3. **如何对待学生网络成瘾问题**

（1）**认识网瘾危害**。充分认识网瘾对学生成长的危害，重视对网瘾问题的预防和治疗。

（2）**真诚帮助学生**。网络成瘾学生本身是最大的受害者，他们也渴望戒除网瘾，我们要提供的是真诚的帮助，而不是厌恶、不满或歧视。

（3）**不能一味恐吓**。面对学生的网瘾问题，教育者要因势利导，不能一味地制止或恐吓。

（4）**求助专业心理医生**。网络成瘾严重者就构成了心理疾病，需要专业的心理医生接手治疗。

（5）**形成教育合力**。网络教育问题已然成为社会问题，需要家庭、学校、社会共同努力，形成教育合力。

 对策措施

通过以上分析，我们发现，学生的网络成瘾问题是多种因素共同作用的结果。根治学生网络成瘾问题不能靠学校或家庭孤军奋战，学校教育必须和家庭教育、社会支持相协调，形成教育合力，这样才能事半功倍。当然，在此过程中，家庭教育和学校教育，尤其是学校教育应该起主导性作用，因为学校教育与家庭教育相比往往更系统、更理性、更科学。

考虑到网络成瘾对青少年的危害如此严重，为了降低网络成瘾危害，应该采取防治结合、预防为主的原则。通过一系列有效的预防措施，建立起网络教育的防火墙，这样可以大大减少网络成瘾学生的数量；在此基础上，再针对个别网络成瘾的学生进行个案治疗，这样才是可行的方法。下面，我们就具体从整体预防和个案治疗两个方面来谈针对网络成瘾问题的对策措施。

1. 有效预防，建立网络教育防火墙

（1）和谐家庭关系，调整教育方式，努力营造有利于孩子成长的良好环境。家庭作为具有血缘关系的社会群体，以其先入为主的重要性、多维性、家庭群体中交往接触的密切性，成为孩子接受教育的第一所学校，形成孩子最初的观念，成为他们接触其他现实影响的过滤器。家长是孩子的第一任教师，是孩子成长的"第一影响源"，对孩子的健康成长意义重大。很多孩子成长中出现的问题，追根溯源都是源于成长环境和家庭教育问题。因此，为了有效预防孩子网络成瘾，家长应该尽量为孩子营造一个和谐、有序的成长环境。

家长应尽量为孩子的成长提供和谐的家庭关系。和谐的家庭关系包括和谐的夫妻关系、和谐的亲子关系。家长应该在有条件的情况下积极地和孩子沟通，了解孩子在学校的学习、生活情况，了解孩子的心情变动，把好孩子的成长脉搏，赢得孩子的理解和信任。这样，当孩子遭遇挫折、心情郁闷时不至于选择到网上去发泄不良情绪，而可以选择向家长倾诉，从而降低孩子网络成瘾的可能性。

家长应注意保持家庭教育的一致性。家庭教育的一致性，是指家长对孩子的教育方式、教育观念、要求标准应尽量保持一致，这样可避免孩子在家长双方间的无所适从，从而使正确的教育得以贯彻。家庭教育的一致性，需要家长努力做到：

- 家长双方都要承担教育孩子的责任，共同教育孩子；
- 家长双方经常商讨孩子发展中的问题与教育对策，提前统一好意见，在面对孩子时做到口径统一；
- 家长在孩子面前不要说对方的坏话，以免影响对方在孩子心中的权威地位；

- 家长在教育孩子时不能互相拆台，有不同意见事后解决，在孩子面前要尽量保持一致性。

家长要树立正确的家庭教育理念。不要对孩子期待太高，以减轻孩子的心理压力；也不能对孩子期待过低，以保持孩子的进取心。同时，家长在教育孩子的过程中要注意遵守几个基本原则：

- 榜样性原则，家长以身作则地对孩子做出积极示范。不想让孩子沉迷网络，家长自身也要控制上网的时间和频率，尤其是在孩子面前要有所控制。
- 适当奖惩原则，正确运用奖惩这一教育手段。可以选择以奖励为主，惩罚为辅；以精神奖励（如赞扬、表示亲热等）为主，物质奖励为辅；奖惩分明，奖惩要讲清原因和道理，比如孩子某段时间抵制住了网络的诱惑，减少了上网的次数，可以给予奖励。
- 和孩子一起制定家庭网络行为协议书，对孩子每周的上网次数、上网时长、上网内容做出具体的规定，同时家长要关注孩子上网的劳动成果（如查资料等），确保孩子不会长时间地浏览无聊网站。

（2）丰富校园生活，明确成长方向，让网络成为学生健康成长的助推器。从一定程度上说，学生网络成瘾与学校教育的滞后性和校园生活的单调有着重大关系。校园生活越无聊、单调、乏味，学生就越想从校园生活外寻求快乐和刺激，于是很多孩子把注意力转移到了网络。所以，要预防孩子网络成瘾，学校方面要尽量开展丰富多彩的校园活动，如读书分享会、游园活动、义卖活动、"唱响青春之歌"活动、校园体育艺术节等。这些活动的开展如一道道华丽的精神大餐，不仅可以让学生感受到现实生活中的乐趣，占据学生的时间和精力，更满足了学生的精神需要，能够有力地推动学生的成长。

另外，对学生的网络教育要跟上学生成长的节奏。很多学生对网络感兴趣，在网上花费了大量时间。学生对网络的兴趣如果有专业计算机教师引导，可能会得到很好的发展。但是，如果没人引导，就难免放任自流，最终网络成瘾。所以，学校应充分发挥计算机教师的作用，对对电脑感兴趣的学生进行更高层次的专业技术教育，并对这些学生提出更高的要求。我所在的学校就有一部分学生通过参加全国计算机技能大赛并获得优异成绩，不仅被保送到了理想的大学，更发展了他们的兴趣爱好，成就了他们的成长。

所以，借助丰富多彩的校园生活，借助计算机教师的专业训练，网络完全有希望成为学生健康成长的助推器。

（3）加强网络监管力度，净化学校周边环境，让网络和学校周边环境干净起来。首先，行政部门应当加强对网络资源的审查和管理，对涉及色情、暴力等不健康内容的网站坚决取缔并予以重罚，创造干净的网络环境。其次，应加大力度整治学校周边环境，尽量确保学校周边没有网吧的存在。最后，应加强对网吧的管理力度，要求所有网吧不能接收未成年学生进入上网，违者重罚。

2. 个案治疗，帮助网络成瘾学生走出困境

我们可以从两个方面来开展工作：一方面，引导学生回归现实；另一方面，引导学生学会合理利用网络。

（1）引导学生回归现实。

必须引导学生意识到网络成瘾行为的严重危害。之前我们已经分析过网络成瘾带来的严重后果：影响身体健康、导致认知障碍、造成严重的学业困扰、人际关系恶化、产生严重的心理冲突等。长期沉迷于网络的学生难免在这些方面受到影响，我们不妨让学生认真思考网络给他们的现实生活带来了什么改变。也许因为网络成瘾，曾经优异的成绩一落千丈；也许因为网络成瘾，曾经亲密的朋友长期不曾联系；也许因为网络成瘾，曾经亲人的赞许和期望化作了无奈和失望；也许因为网络成瘾，曾经和谐的家庭关系变得坚硬而冰冷……借此可以让他们认识到虚拟的网络给现实生活带来的危害。

此外，可以建议学生尝试一下他们能否做到离开网络三天。网络成瘾的学生基本很难做到连续三天完全不上网，即使做到了，他们也会感觉特别痛苦、烦躁不安。可以借助这种现实的经历，让学生感受是自己在控制

网络还是网络在控制自己,借此让学生意识到:网络是工具,是为我们的生活服务的;但是网络成瘾的我们已然成了网络的"俘虏",主客颠倒。

当学生真正意识到自己成为网络的"俘虏"并意识到网络对现实生活的严重影响后,就会产生摆脱网瘾、合理使用网络的渴求。

确定目标,引导学生过"有尊严的生活"。很多学生之所以网络成瘾是因为缺乏现实目标,而现实目标的确立能够成为推动学生戒除网瘾的动力源泉和努力方向。所以,在学生渴望摆脱网瘾的控制时,我们要及时引导学生确定目标,并鼓励学生通过努力赢得"有尊严的生活"。

此时,我通常会让学生思考:"你在网络中的成就(如游戏升级等)能得到现实社会的认同吗?能让你在现实生活中获得尊严感吗?""当因为沉迷网络而没有完成作业时,你感受到的是同学们的尊重还是否定?""怎么才能过上更有尊严的生活?"我会告诉学生:"尊严不是别人给的,而是自己赢得的。在现实中,人们不会因为你是游戏高手而尊重你,而会因为你在现实生活中取得了进步、创造了价值而尊重你。换言之,只有脚踏实地、努力提升、创造价值的人才能赢得别人的尊重和认可。"(第一步和第二步的目的都是引导学生由虚拟世界回归现实世界)

然后,引导学生确立个人改进目标。需要提醒的是,学生制定的目标一开始不宜过大,改变不宜过快,要有渐进性和可行性。

签订"心灵契约",将学生的网络行为规范起来。在确定改进目标之后,可以结合学生制定的改进目标,教师、家长、学生三方签订"心灵契约"。在契约中,教师要明确规定学生每周(或每天)上网的频率、起始时间、上网内容,借此规范学生的网络行为。

为了鼓励学生认真完成现实目标,可以采用心理学中的"延迟满足法"。如果学生当天或者一周的课堂表现确实有所好转,精神面貌良好,作业质量有所提高,教师、家长和学生沟通后,可以给学生一些额外的奖赏,另外给学生增加一个时段的上网机会,借此强化学生对现实目标的努力。

实行"替代转移法",将学生从网络中拉回现实生活。所谓"替代转移法",即学校、家庭要借助一些活动和安排打破学生原有的上网习惯,借此将学生从网络中拉回现实。一方面,学校和家庭可以开展丰富多彩的活动,借此吸引学生的注意力,使学生没有时间、没有心思上网。比如,学校可以安排学生负责出板报、主持班级活动,这些工作需要学生投入大量的时间和精力,同时有助于打破学生原有的网络思维习惯。另一方面,弄清上网学生的上网习惯,然后反其道而行之,在原来上网的时间安排学生做其他事情。比如,学生以往的习惯是喜欢在晚上睡觉前上网,可以和学生一起商定把上网时间改为晚饭之前或者中午,这样学生即使上网了,也可能无法遇到平时深夜一起玩、一起聊天的网友。这有助于学生戒除网瘾。

培养学生健康的兴趣爱好,并帮助学生参与现实中的兴趣小组。培养兴趣、参与兴趣小组不仅可以转移学生的注意力,而且可以让学生在现实中获得归属感和认同感,有助于学生戒除网瘾。关于兴趣,琴棋书画、篮球足球、羽毛球乒乓球、钢琴二胡古筝手风琴等,只要学生感兴趣,就要积极鼓励学生去尝试。关于兴趣小组,为了把学生从网络中的"朋友圈"中拉出来,教师和家长要鼓励学生在现实生活中多交朋友,教会学生如何与人相处,让他们在现实中找到归属感和认同感。

让学生体验现实中的成功,逐步从网瘾中解脱出来。在学生戒除网瘾的过程中,难免会有反复。面对学生的反复,教师和家长要多理解学生戒除网瘾的艰难,肯定学生近期做出的努力,同时鼓励学生重新开始,把前期的成果坚持下去。

学生在努力实现现实目标的过程中难免会遭遇各种现实中的困难。一方面,我们要引导学生学会制定短期的、合理的、能够通过努力实现的目标。另一方面,我们要尽量为学生的成长提供一些外围环境性的援助。比如,在学生学习遭遇困难时,可以给学生进行一些额外的辅导;在组织班级活动时,可以考虑多给网络成瘾的学生一些工作,让他们忙碌起来;在学生取得进步时,给予及时的表扬和肯定;在学生遭遇挫折时,给予理解和情感支持等。这样,我们就可以帮助学生逐渐从网瘾中解脱出来。

(2) 引导学生合理利用网络。

让学生明白上网内容要有所选择。学生在上网时必须明白：网络上的海量信息有些是有价值的，有些是没有价值的，还有一些是有害的。因此，要学会利用网络中的有利资源，规避网络中的有害资源。

让学生明白上网时间要节制。一个人的时间是有限的，在网络上的时间多了，在现实中的时间就少了；在网络上的成就大了，在现实中的成绩就少了；网络中的成就是虚幻的，现实中的成就是真实的。网络是为现实服务的，不能让网络世界替代了现实世界。因此，借助"心灵契约"，教师、家长和学生要确定每周的上网时间和上网频率。

让学生明白上网要遵守网络道德规范。很多学生认为网络是虚拟的，可以为所欲为。其实，每个电脑的 IP 地址都是固定的、可以追踪的，上网也不可以为所欲为，想做什么就做什么、想说什么就说什么。一个人在网络上也要对自己的行为、言论负责。

教师和家长要对学生上网进行合理的引导。教师可以定期在网上组织一些班级竞赛活动等来激励学生学好电脑、用好电脑，如"班徽设计大赛""网络辩论大赛""DV 制作比赛"等，把学生上网的注意力引导到查资料、找信息、想创意上去。此外，教师和家长还可以提供一些有益的网站，让学生在这些网站中获取知识、得到进步。

关注学生的上网成果，鼓励学生在网络上取得成就。为了引导学生将上网时间用来做有利于个人成长的事，教师和家长要积极关注学生的上网成果，并对学生在网络上取得的成就给予积极肯定。比如，当学生在网上发表了一篇文笔优美的文章时，我们从中可以看到学生写作的潜质和兴趣。

对于以上方法都不奏效的学生，说明他们的网络成瘾程度已经非常严重，此时，教师和家长应求助专业心理医生，借用心理医生的专业知识对学生进行心理干预治疗，以免我们越忙越乱、学生越帮越差。

所谓事后控制不如事中控制，事中控制不如事前预防，对于学生网络成瘾问题，我们首先应该做的是积极预防。在学生已经网络成瘾之后才去帮助学生戒除网瘾，无论对学生、家长还是教师来说都是艰难而痛苦的。所以，针对学生网络成瘾问题，预防重于救治。

 精要点评

　　青少年沉迷网络、网络成瘾，是近年来困扰整个中国教育包括家庭教育、学校教育、社会教育的老大难问题。虽然这是一种社会现象，但是问题大都具有个别性，因此我们很难指望有一种包医百病、适合每个个案的灵丹妙药出现来拯救危机局面。

　　从行为心理学角度看，价值感、成就感是人的本能需要，处于"同伴压力"心理特点最凸显时期的中学生，当他们在学习上和现实生活中不能满足自身的价值感和成就感这种本能的需要时，很自然地就会转向虚拟世界中去寻找。这应该是网络成瘾问题的症结之所在，显然也是解决问题的出路之所在。

　　了解原理再找化解之道。任何一种社会行为现象，可以形成，自然也可以被消除，关键在于找到它形成的规律和消除它的原理、途径与方法。建立全社会合力联动的共同防控机制、网上问题网下解决、虚拟世界问题现实世界找出路、丰富学生的校内外生活、帮助学生寻找自我价值、通过亲情陪伴修复学生的情感缺失，这些都是行之有效的方法。

　　随着信息技术的发展，青少年一代不可避免地被卷入"自媒介时代"，在受媒介影响的同时，每一个人也是影响社会、影响他人的媒介。在这片汪洋大海中，教育青少年学会"游泳"以自我保护，学会自律、自为以发挥正能量，是一个现实的话题。

万千教育 基础教育类书目

书号	书名	著、译者	定价(元)
\multicolumn{4}{c}{班主任工作理念与方法系列}			
2877	班主任工作的60个"鬼点子"	刘坚新 郑学志 编著	52.00
2879	班主任与家长沟通的艺术 ——创建优质家校关系的60个策略	郑学志 著	52.00
2204	做一个会"偷懒"的班主任(第二版)	郑学志 著	48.00
1708	怎样教授道德才有效 ——德育心理学家给教师的建议	杨韶刚 等译	48.00
1709	学生特殊问题发现与应对 ——给普通教师的建议	昝飞 等著	48.00
7316	把班级还给学生 ——班集体建设与管理的创新艺术	郑立平 著	26.00
7344	遭遇问题学生 ——问题学生的教育与转化技巧	万玮 编著	25.00
7317	魅力班会是怎样炼成的	杨兵 著	25.00
8631	家校沟通,没有痛过你不会懂 ——知名班主任梅洪建的心路历程	梅洪建 著	32.00
0539	如何上好班级心理辅导活动课 ——钟志农答疑50问	钟志农 著	42.00
9902	德育主任新方略	丁如许 著	32.00
8611	班主任工作中的心理效应	刘儒德 主编	35.00
1135	班主任有效沟通的艺术与技巧	李进成 著	36.00

编号	书名	作者	定价
0541	班主任如何破解德育低效难题	赵坡 著	35.00
9135	班主任，青春万岁——王君带班之道	王君 著	34.00
8770	班主任如何带好差班	赵坡 著	30.00
8309	扶年轻班主任上马	王莉 著	38.00
7926	教师必须掌握的教育惩戒艺术	郑立平 等著	28.00
7928	做一个聪明的班主任——对常见七类学生的教育艺术	郑立平 等著	28.00
班主任工作理念与方法系列合计			694.00
中学/中职班主任专业技能系列			
0938	好班是怎样炼成的——中学班主任班级建设之道	谢云 主编	38.00
9882	初中主题班会设计技巧与优秀案例	郑学志 主编	34.00
9056	高中主题班会设计技巧与优秀案例	郑学志 主编	32.00
9557	打造高中卓越班级的42个策略	覃丽兰 著	38.00
9990	打造中职卓越班级的41个策略	李迪 著	32.00
9905	中职主题班会设计技巧与优秀案例	李迪 著	35.00
9604	中学德育问题与对策	李季 贾高见 著	35.00
8463	中学班主任的70个临场应变技巧	刘令军 等著	34.00
中学/中职班主任专业技能系列合计			278.00
教育理念与实践系列			
4098	STEAM教学指南——用现实世界的问题吸引学生	邵卓越 等译 刘徽 审校	46.00

3371	教师情商修炼之道	杨敏毅　等著	52.00
2754	教师怎样说话才有效（第2版）	李进成　著	58.00
8771	教师怎样说话才有效	李进成　著	32.00
2597	教师怎样说理才有效	李进成　著	52.00
1566	教导主任工作问题案例集	黄银美　主编	42.00
1139	如何当好教研组长 ——中小学教研组长专业素养与行动	杨向谊　著	36.00
1471	闪闪发光的故事：童书阅读与欣赏	周益民　著	32.00
0801	故事、儿童和作家的秘密——走近儿童阅读	周益民　著	32.00
0163	童年爱上一本书——教师、父母如何伴读	周益民　著	28.00
1564	教育：一场惊人的旅行	史金霞　著	62.00
8557	王晓春给青年教师的100条建议	王晓春　著	28.00
0734	怎样评价学生才有效 ——促进学习的多元化评价策略	陶志琼　译	48.00
0540	从生活中悟教育智慧——教育隐喻启示录	严育洪　著	36.00
0035	重构教师思维——教师应知的28条职业常识	刘祥　著	32.00
9137	跟禅师学做教师	谢云　著	28.00
8952	教育管理学：理论与实践（新版）	朱志勇　等译	88.00
7615	零距离美国课堂	王文　著	28.00
8604	一位青年教师的专业成长之路 ——王君专业求索笔记	王君　著	32.00
8271	让教师偷着乐——校园幽默笑话396则	唐劲松　主编	18.00

5655	从教第一年——新教师职场攻略	赵丽 等译	45.00
5088	培养中小学生的创造性——理论与实践	胡清芬 等译	16.00
7704	心与心的约会——孙明霞的生命化课堂	孙明霞 著	28.00
教育理念与实践系列合计			**899.00**

心理健康教育课程设计系列			
0059	中学生心理课——生涯发展	廖丽娟 等编著	28.00
0060	中学生心理课——情绪管理	杨红梅 等编著	32.00
0185	中学生心理课——综合篇	中学生心理课综合篇教研组	52.00
8446	中小学生自伤问题——识别、评估和治疗	唐苏勤 等译	25.00
5834	心理健康教育课程设计	吴增强 蒋薇美 著	32.00
心理健康教育课程设计系列合计			**169.00**

教学理论与策略			
1790	优质提问教学法——让每个学生都参与学习（第二版）	盛群力 等译	48.00
1750	激发中学生脑的力量——适于脑的8种教学策略	吁思敏 卢小蕾 译	38.00
1594	设计与编写教学目标（第八版）	盛群力 等译	42.00
0226	多元智能教与学的策略（第三版）	霍力岩 等译	60.00
0150	教师怎样提问才有效——课堂提问的艺术	宋玲 译	45.00

……
欲了解更多图书信息，请登录：www.wqedu.com
联系地址：北京市西城区三里河路6号院2号楼213室　万千教育
咨询电话：010-65181109，65262933
*本目录定价如有错误或变动，以实际出书为准。